KB139572

이문열과 김용옥

문화특권주의와 지식폭력

이문열과 김용옥

ⓒ2001, 강준만

초판1쇄	2001. 9. 28
초판8쇄	2007. 4. 6
지은이	강준만
편 집	홍석봉/임현주/박상문
디자인	김은정
마케팅	이태준
기 획	강준우
펴낸이	최은자
펴낸곳	인물과사상사

등 록	1998. 3. 11(가제17-204호)
주 소	서울시 강동구 성내동 434-10 광명빌딩 3층
전 화	(02) 471 - 4439
팩 스	(02) 474 - 1413
우 편	134 - 600 서울 강동우체국 사서함 164호
E - mail	personak@orgio.net
홈페이지	http://inmul.co.kr

값 8,500원

ISBN 89 - 88410 - 50 - 5 04300
      89 - 88410 - 49 - 1 (세트)
파손된 책은 교환하여 드립니다.

이문열과 김용옥

문화특권주의와 지식폭력

인물과
사상사

제2부 김용옥

제3부 이론적 논의

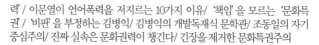

제2부 김용옥

김용옥은 '지식폭력'의 희생자였다

'KS'와 '하버드'의 정치학

김용옥의 '학위 수집벽'

이문열을 이해하는 데에 가장 중요한 포인트가 그의 부친에 관한 것이라면, 김용옥을 이해하는 데에 가장 중요한 포인트는 그가 어린 시절에 당한 '지식폭력'이다. 따라서 본격적인 김용옥론에 들어가기에 앞서 여기선 그 '지식폭력'에 대해서만 살펴보기로 하자.

김용옥은 1948년 충남 천안에서 의사 김치수의 6남매 중 막내로 태어났다. 6남매 중 5명이 박사 학위를 갖고 있다 하니 아무래도 공부가 체질인 집안인 모양이다. 그는 초등학교 시절까지 천안에서 보낸 후 상경하여 보성 중고등학교를 졸업했고 1965년 고려대 생물학과에 입학했다. 그러나 그는 악성 관절염으로 낙향하여 1년 이상 병실에서 투병 생활을 하는 불운을 겪어야 했다.

김용옥은 그 투병 생활 중 독서에 열중했는데 나름대로 깨달은 바가 있어 목사가 되기로 결심했던 모양이다. 그래서 한국신학대학 신학과에 입학했다. 그러나 그는 1967년 가을 한의사 권도원을 우연히 만나 기철학에 대한 발상을 하게 되었고, 그 영향 때문인지 1968년 다시 고려대 철학과에 입학했다. 그는 대학 3학년 시절 노자에 심취하게 되는데, 이 노자와의 만남이 그의 인생을 결정짓는 계기였던 것으로 보인다. 그는 후일 자신을 다음과 같이 규정했다.

"나는 좌도 아니요 우도 아니다. 마르크스도 아니고 예수도 아니고 콩쯔도 아니다. 나는 나일 뿐이다. 나의 전공은 영원히 나의 삶일 뿐이다. 그러나 구태여 날 기존의 틀에서 규정하려 한다면 따오이스트(도가 사상가)라 해도 무방할 것이다."

김용옥은 1972년 대학 졸업 후 동 대학원에 재학 중 국립대만대학 철학연구소로 유학길을 떠난다. 그는 그 곳에서 노자에 관한 석사학위 논문을 쓰고 일본으로 건너가 동경대학 중국철학과에서 신유학을 연구했다. 그리고 또 다시 미국으로 건너가 하버드대학에서 『주역』 해석으로 박사학위를 받고 1982년 가을 고려대 철학과 부교수로 임용되었다.

김용옥은 왜 한 곳에 머무르지 않고 대만, 일본, 미국의 대학들을 섭렵했을까? 도서출판 통나무 대표 김홍유는 "서양철학사의 한 페이지를 장식하는 금세기 분석철학의 거장 콰인 교수는 그를 가리켜 학위 수집벽이 있는 사람이라고 조크를 했을 정도"라고 말하고 있다.[1] 그런데 그게 과연 '조크'일 뿐일까? 물론 콰인은 조크로 한 말이었을망정 김용옥에겐 일부러 그렇게 해야 할 어떤 사연이 있었던 건 아니냐는 것이다. 김용옥은 『여자란 무엇인가』라는 책에서 이렇게 고백하고 있다.

---

1) 김홍유, 〈김용옥 선생님을 소개합니다〉, 김용옥, 『중고생을 위한 김용옥 선생의 철학강의』(통나무, 1989, 중판 1997), 8쪽.

"우리 형제들이 소위 케이-에스 마크(경기 중고교-서울대학교 출신)를 단 사람들이었고 또 나와 같이 자란 조카들이 모두 케이-에스 마크였기 때문에 케이-에스를 못 단 나는 항상 머리가 나쁘다는 콤플렉스 속에서 살았다. 나는 보성중고를 좋지 못한 성적으로 다녔고 서울대학도 미끄러지고 고려대학교 생물과도 2차 꽁지로 겨우 붙은 인간이다."[2]

김용옥의 지독한 '학벌 콤플렉스'

보성고, 고려대 출신들이 들으면 정말 기분 나쁘겠다. 꽤 좋은 학교를 나오고서도 그 놈의 케이-에스 마크에 주눅이 들어 살았다니 이런 야만적인 '지식폭력'이 또 있으랴. 그는 『중고생을 위한 김용옥 선생의 철학 강의』에서도 자신이 당한 '지식폭력'을 다음과 같이 자세히 말하고 있다.

"나는 장형(제일 큰형) 집에서 조카들과 함께 생활하면서 학교를 다녔습니다. 그런데 내 조카들은 머리가 탁월하게 좋았습니다. 그들은 아버지로부터 시작해서 세 아들이 모두 경기중학을 들어갔으니까요. 요새는 중고교에 학벌경쟁이 예전같이 없어서 참 좋아졌습니다만 나 학교 다닐 때만 해도 경기중학생이라는 것은 과거의 장원급제생보다도 더 뻐길 수 있는 그러한 높은 프라이드를 지닌 인물들이었습니다. 정말 천재가 아니면 발을 들여놓을 수 없는 그러한 곳이었죠. 그들의 교모의 배지와 가슴에 달린 마름모꼴의 명찰은 정말 눈부시게 빛났습니다. 나는 사립의 명문이라는 보성중학을 다녔지만 나의 조카가 다니는 공립의 왕중왕 경기중학에는 감히 명함을 내밀 수가 없었습니다. 정말 그 앞에서는 부끄러운 존재였습니다. …… 나의 형집에는 당대의 유명한 문인과 학자들이 많

---

2) 김용옥, 『여자란 무엇인가』(통나무, 1989, 중판 1996), 60쪽.

이 들락거렸기 때문에 조카는 나보다 매우 아카데믹한 분위기에서 성장했다고 생각됩니다. …… 나는 조카 입에서 형이상학이라는 말만 나오면 그만 야코가 질리고 말았습니다. 그리고 나는 왜 저런 말을 모르나 하고 일종의 콤플렉스에 걸리고 말았습니다. 그때는 요새와 달리 누구에게 함부로 질문을 못했고 혼자 생각하는 경향이 강했습니다. 더구나 나는 삼촌인 체면에 조카에게 그 뜻을 물어볼 수는 없었습니다. 그리고 그 말이 나올 때마다 나는 점잖게 아는 척했습니다. 그러나 나는 양심에 걸렸습니다. 아무래도 이 괴로운 심정을 해결해야만 할 것 같았습니다. ……"[3]

죄송하지만, 참으로 가슴 아프면서도 재미있는 이야기가 아닐 수 없다. 내가 중학교에 입학하던 1967년에도 경기중학의 위세는 대단했지만, 나는 김용옥의 위와 같은 평가엔 좀 어리둥절하다. 천재? 쯧쯧쯧. 무슨 얼어죽을 천재! 경기중학교 들어간 애들이 머리야 좀 좋은 편에 속했겠지만 부모가 좀 극성스러웠거나 어떻게 그 어린 나이에도 공부를 좀 열심히 할 수 있게 된 그런 상황에 처해 있었다는 차이 정도지 뭐 그렇게까지 기죽을 필요가 있나 말이다. 그러나 김용옥은 기가 팍 죽은 정도가 아니라 엄청난 상처를 입었다. 김용옥은 4년 후에 쓴 글에서도 또 그 콤플렉스에 대해 다음과 같이 말하고 있다.

"내가 고등학교를 졸업할 때는 나는 내 주변의 모든 사람에 대한 심각한 콤플렉스를 떨쳐버리지 못했다. 그들은 모두 나보다 훌륭했고 우수했고 좋은 학교엘 다녔다."[4]

한이 맺혔던 걸까? 자신의 가족과 일가 친척을 포함하여 그 잘난 케이-에스 마크들에게 복수를 해야겠다고 생각했던 걸까? 김용옥은 동경대학에서 열린 국제학술대회를 참관하고 쓴 글에서 다음과 같이 말하고

---

3) 김용옥, 『중고생을 위한 김용옥 선생의 철학강의』(통나무, 1989, 중판 1997), 124-126쪽.
4) 김용옥, 〈나의 큰형, 김용준〉, 김용준, 『사람의 과학』(통나무, 1994, 3쇄 1995), 33쪽.

있다.

"나는 사실 솔직히 말해서 제국대학에 대한 콤플렉스가 있다. 그 이유는 단순하다. 내가 고려대학 촌놈이니까. 이런 말하면 또 많은 사람이 기분 상한다 하겠지만, 우리 때만 하더라도 서울대학 전체 꼴찌가 고려대학 전체 수석을 차지하고도 남았던 상황은 일촌의 거짓이 없는 사실이었다. 고려대학생이란 그 정도의 사회인식밖에는 얻을 수 없는, 그다지도 지식사회학의 분포도가 말씀이 아니었던 시대상황을 어슬렁거리고 살았던 나였기에 경성제국대학에 대한 콤플렉스는 사실 변명의 건덕지가 없는 것이다. 혜화동 로타리를 6년 동안 지나다녔던 나에게는 동숭동 개천을 넘나드는 베리타스(VERITAS)의 월계관이 그렇게도 부러운 것일 수가 없었다. 에이 빌어먹을, 이왕 그른 김에 '혼모노'(本物)나 한번 쑤셔보지. 여기서 혼모노라 함은 경성제국대학의 에미뻘 되는 동경제국대학을 지칭하는 것이니 이왕 월계관 배지 달기 그른 마당에 아예 차원을 달리하여 그 원전을 한번 공략해보자는 단수높은 병가의 속셈이 있었던 것이다." 5)

'지식폭력'이라는 국민 사기극

물론 그 '병가의 속셈'은 하버드대학 6)으로까지 이어진다. 그는 기회만 닿으면 한사코 자신의 화려한 학벌을 우려먹는다. 처음부터 KS 마크를 달지 못해 그걸 벌충하느라 바친 세월과 노력에 한이 맺힌 것일까? 그는 『대화』에선 이렇게 말한다.

---

5) 김용옥, 〈유교와 아시아사회와 서울올림픽〉, 『신동아』, 88년 11월, 546-567면.
6) 하버드는 세계적 차원의 '지식폭력' 공장이며, 서울대는 하버드를 그대로 흉내내고 있다. 그러나 국내적으로만 본다면 서울대는 하버드를 포함한 미국의 모든 아이비 리그 대학(명문대학)을 다 합한 것보다 더 큰 괴물이 되어 버리고 말았다. 믿거나 말거나, 이매뉴얼 월러스틴의 다음과 같은 말이 재미있다. "보편주의는 하나의 인식론임과 동시에 하

"나의 기철학의 역정은 눈물겨운 것이었다. 케이-에스의 수재들이 편하게 남의 사상을 흡수할 때 나 돌대가리 도올은 부족한대로 나의 삶의 정직한 체험 속에서만 나 자신의 사상을 하나 둘 쌓아 올렸던 것이다. …… 케이-에스도 못나온 불과 고려대학 철학과 촌놈으로서 70년대 당대 학문의 최고봉을 모두 최우수성적으로 정복하였다. 중국 국립대만대학, 일본 동경대학, 미국 하버드대학이라는 이 세 개의 학위는 지금 보자면 그리 대단한 것은 아니다. 그리고 이런 외면적 학위가 없이도 그 이상의 학문적 성취가 얼마든지 가능하다. 그러나 당대에 있어선 도올 나의 이러한 편력은 무서운 집념이 아니면 실현키 어려운 것이었고, 또 그러한 학위취득에 대한 필연적 논리가 나라는 개체의 내면에서라기보다는 내가 살았던 역사로부터 주어진 것이다. 당시 '외국유학'이란 나같이 부유치 못한(집안이 빚더미) 학생에게 있어서 그리고 재능이 있다 하더래도, 여권 하나 받기 위해 도장이 한 말이나 필요했던 그 시절에 결코 실현키 용이한 것이 아니었다. 나는 조선 역사의 사상적 징크스(병목현상)를 뚫지 않으면 안 되었던 것이다. 권위를 부정하기 위하여 권위를 새로 창출하지 않으면 안 되었던 것이다. 조선민족의 사유의 우수성을 증명하기 위하여 국제적 공신력을 획득하지 않으면 안 되었던 것이다. 그리고 그러한 국제적 공신력을 빙자하여 잠들어 있는 조선의 심령들을 일깨우지 않으면 안 되었던 것이다."[7]

김용옥이 잘난 척하는 게 다소 역겹기는 하지만, 이 발언은 나의 '지

나의 신앙이기도 한 것이다. 그것은 진리라는, 포착하기 어렵지만 그래도 실존한다고 일컬어지는 현상에 대한 존경만이 아니라 숭배까지를 요구한다. 대학들은 그런 이데올로기의 제조공장이자 그런 신앙의 신전이 되어왔다. 하버드대학은 그 문장(紋章)에 진리(veritas)라는 말을 새겨넣고 있다. ……문화적 이상으로서의 진리는 하나의 아편으로서, 그것도 어쩌면 근대세계에서 유일하게 심각한 아편으로서 기능해왔다." 이매뉴얼 월러스틴, 나종일·백영경 옮김, 『역사적 자본주의/자본주의 문명』(창작과비평사, 1993, 제7쇄 1996), 85-86쪽.

7) 김용옥, 『대화: 김우중·김용옥 나눔』(통나무, 1991, 8판 1993), 157, 162-163쪽.

식폭력론'을 뒷받침해주는 데에 중요한 의미를 갖는 것이라 내 글쓰는 욕심에 반가움을 표시하지 않을 수 없다. 그렇다. 바로 그것이다. '지식폭력'에 주눅 들고 찌든 한국인에게는 '지식폭력'으로 대처하는 게 먹힌다. 지금이야 서울대에만도 하버드 박사가 38명이나 될 정도로 흔해졌다지만, 80년대만 해도 하버드 간판의 위력은 대단했다. "하버드 박사 간판이 삐까번쩍 아직 그 광이 죽지 않았을 때다"는 김용옥의 말을 상기할 필요가 있겠다.[8] 아닌게아니라 한국의 지식인들 가운데엔 하버드 간판 덕 본 사람들이 여럿 된다. 그러나 김용옥은 거기서 한 술 더 뜬다.

"내가 1970년대 세상의 최고 명문대학을 누비며 나의 생각을 확인한 결론은 무엇이었던가? …… '좆도 아니더라!' 칸트도 헤겔도 맑스도, 콩쯔도 멍쯔도 뭐쯔도, 캠브릿지도 하버드도 토오다이도, 다 좆도 아니더라! 나는 속아 온 것이다. 나는 좆은 된다고 생각해온 자들에게 속아 온 것이다. 아니, 내가 속은 게 아니라, 우리 역사가, 우리 민족이 속아온 것이다. 나는 좆도 아닌 새끼들 권위에 속아왔다는 이 단순한 사실 하나를 깨닫는데 꼬박 이십 년이나 걸렸다."[9]

김용옥의 팬들은 이 말을 듣고 "정말 멋져!" 할지도 모르겠지만, 그렇게 멋있게 생각할 것 없다. 그는 그 말을 김우중과 같이 여행하다가 들른 파리에서 대우 지사원들을 대상으로 한 연설에서 한 것인데, 이 또한 자신의 KS 마크에 대한 한(恨)풀이의 일환으로 보아야 할 것이다.

그러나 김용옥의 말인즉슨 옳다. 그건 내가 말하는 '지식폭력' 개념과도 통하는 것이다. '좆도 아닌 것'에 엄청난 뭐가 있는 것처럼 범국민적으로 사기쳐서 학력과 학벌 좋지 않은 사람들 주눅들게 만드는 것, 이걸 가리켜 '국민 사기극'이라 한다.

---

8) 김용옥, 『나는 불교를 이렇게 본다』(통나무, 1989, 중판 1997), 312쪽.
9) 김용옥, 『대화: 김우중 · 김용옥 나눔』(통나무, 1991, 8판 1993), 165-166쪽.

"동양 앞으로"... 동양학 열풍

노자 불교 기 사상의학 등 각광- 사회 분위기 '親東洋' 으로 기우는 추세

'동양' 이 뜬다. 동양의 '복권' 이 이렇게까지 확실히 전개된 적이 또 없었다. 방랑객이 떠돌아 다니던 동양담론의 풍화이 모처럼 제자리를 잡아가는 분위기다. "마침내 동양이 주체' 라고 말문을 연 학계의 독소리도 전에 없이 기운차게 들린다. 디지털시대 광란의 질주를 제어하는 유일한 대안은, 과연 '동양' 인가? (편집자주)

황수길기자 (sjh@kdaily.com)

텔레비전 속에서 최근 십수간에 스타덤에 올라선 인물은 단연 노자다. 2천500년간 노자 이야기가 새삼 불…

이하 본문 생략

(『뉴스피플』, 2000년 3월 2일)

김용옥은 어떤 사람을 평가할 때에도 '전형적 케이에스(KS) 합리주의를 바탕'으로 할 정도로 그의 '케이-에스병(病)'은 중증이다. 무슨 제품에 달려 있는 케이에스 마크를 보고서도 경의를 표하는 건 아닌지 모르겠다.

김용옥이 그러한 '국민 사기극'을 깨달았는지는 모르겠지만, 그걸 깨려는 실천엔 매우 인색했다. 가난하게 살던 사람이 부자가 되면 가난한 사람들한테 더 가혹하게 구는 경우가 있다. 김용옥 역시 그런 경우에 속한다. 그는 자신의 콤플렉스를 우월감으로 바꾸는 데 성공했다. 그가 한때 지방대학을 모독하는 발언으로 물의를 빚었던 것도 결코 우연은 아니다. 그는 SBS 특강에서도 '똥' 이야기를 하면서 "하루 아침에 하버드 박사가 똥박사가 됐다"는 말로 청중들을 웃기면서 휘어잡았는데 그건 그냥 지나가는 말이 아닌 농담 이상의 것이다. 김용옥이 아무리 상스러운 말을 해도 그건 그의 하버드 박사 학위의 후광 덕분에 무언가 깊은 뜻이 있는 것처럼 비쳐지는 효과를 얻기 마련이다. 김용옥은 그런 효과를 최대한 활용하였다.

'학벌 콤플렉스'와의 눈물겨운 투쟁

많은 사람들로부터 욕을 먹은 김용옥의 자화자찬은 그가 아직도 해소하지 못하고 있는 자신에 대한 학벌 콤플렉스와의 눈물겨운 투쟁이기도 하다. 그는 도올서원의 학생들에게 강의할 때도 자신이 얼마나 당하며 살았던지 그 이야기를 빠뜨리지 않는다. 앞서 언급한 바 있는 이야기이긴 하지만, 너무도 눈물겨운 이야기인데다 김씨를 이해하는 데 매우 중요한 의미가 있으므로 1994년에 나온 『도올선생 중용강의』의 한 토막을 여기 옮겨보자.

"난 중, 고, 대학 시절을 상당한 열등의식 속에서 보냈습니다. 형에 대한 것도 그렇지만 큰형의 애들이 5남매인데 거기서 딸 하나만 빼고 아들 넷이 전부 경기중학교를 들어갔거든요. 큰형도 경기였고, 그래서 5부자가 모두 경기 출신이에요. 그 당시는 그게 쉬운 게 아니죠. 영국의 이튼스쿨보다 더 어려운 게 경기였으니까. 집안에는 조카들의 찬란한 경기뺏지가 우르르르……난 그때 큰형집에서 살았는데, 나 혼자만 보성 출신에다가 서울대 뺏지를 못 달았습니다. 그러니깐 내가 이런 환경 속에선 주눅들어 살 수밖에 없었죠. 안 그렇겠습니까? 그 중에 큰 조카 한둘은 나와 나이가 비슷해서 지금도 나를 잘 이해 못해요. 저 새끼는 보성에서도 공부 못한 새낀데 지금 폼 잡아봐야 얼마나 잡겠니 하고 생각할지도 모르죠. 걔들이 내 실체를 볼 수 없는 것은 좀 운명적일 것 같애요."[10]

이게 한두 번 나온 이야기가 아니다. 그의 책마다 자주 출몰하는 이야기다. 얼마나 한(恨)이 맺혔으면 그럴까? 그는 1990년 9월에 쓴 글에서도 일본 학자들에게 김용옥을 욕하면서 김용옥의 일본 초청을 반대한 '서울대학 동양사학의 대가라는 민모 교수'를 욕하면서도 자신의 한(恨)을 토로하는 걸 빠뜨리지 않는다.

"네끼 이 녀석! 회의장에 나와 끼웃거리는 그 놈의 민가 놈 쌍판때기에다가 검지와 중지의 기절골의 강한 압력을 세차게 가하고 싶은 마음 굴뚝같았으나 내 이미 마하트마 간디보다도 더 심오한 비폭력철학을 확립한 터인지라 허허 웃고 말았다. 국제적으로 그렇게 씹어대서라도 자기의 국제적 석학임을 확인하고 싶어하는 학인의 가련한 꼬라지가 한없이 연민스럽게만 보였다. **허긴 가까운 집안 내에서조차 케이-에스를 나왔다고 자만에 빠져 옛날 생각만 하고 있는 어린 학동에게 지금까지도 무시를 당하는 씁쓰름한 심정에 사로잡힐 때가 한두 번이 아닌 다음에야** 내가 서울대학에게 뭘 더 바랄 게 있으랴!"(고딕체는 인용자 강조)[11]

일가 친척이 저지른 '지식폭력'에 대한 전쟁

김용옥은 혹 자기 가족을 포함한 일가 친척과 투쟁을 벌이고 있는 건 아닐까? 그들로부터 인정을 받기 위한, 어린 시절 10여 년 넘게 그들로부터 받았던 냉대와 차별에 대해 복수를 하려고 하는 건 아닐까? 그래서 어떻게 해서든 자기 존재 증명을 스스로 해야 하는 건 아닐까? 김용옥의 글을 읽으면서 김용옥의 가족에 대한 집착이 보통 사람들보다 훨씬 더 강하다고 느낀 사람들은 나의 그런 의문이 결코 지나치지 않다는 데에

---

10) 김용옥, 도올서원재생술(述), 『도올선생 중용강의』(통나무, 1994, 4쇄 1997), 224-225쪽.
11) 김용옥, 『도올세설: '신동아' 명칼럼』(통나무, 1990, 제9쇄 1995), 29쪽.

동의할 것이다.

그의 가족에 대한 집착은 어느 정도인가? 그는 공개적으로 쓰는 글에서도 '어머니'가 아닌 '엄마'를 쓴다.[12] 김용옥이 막내라곤 하지만 모든 막내가 다 그런 건 아니니 김용옥이 유별나다고 봐야 할 것이다. 널리 알려진 이벤트이지만, 김용옥 스스로 『여자란 무엇인가』에 소개한 이야기를 인용해보자.

"자살이라도 하고 싶을 만큼 나를 바쁘게 만든 사건은 쿠로즈미 교수의 내한도 내한이지만 그보다는 우리집안 가정행사였다. 10월 30일자 『조선일보』 5단 기사를 시작으로 그 동안 많은 신문, 텔레비전, 잡지 등의 대중매체를 통하여 이미 소개가 된 사건이기 때문에 기억하시는 분들은 기억하실 것이다. 1985년 11월 1일(금), 서울 롯데호텔 크리스탈 볼룸에서 하오 5시 반부터 8시 반까지 있었던 나의 엄마와 아버지의 회혼례 행사(결혼 60주년 기념 전통예식)를 기획하고 연출하고 진행을 도맡아 했던 것이 누구 아닌 바로 나였다."[13]

김용옥은 김우중과 세계여행을 떠나기로 했을 때에도 '엄마'에게 보고를 했는데, 팔순이 넘은 그의 '엄마'는 다음과 같이 타일렀다고 한다.

"김우중이 큰 사람인가부다. 너같이 아직 드러나지 않은 재목과 명예를 걸다니, 허나 시기하는 사람이 많을 테니 근신하거라."[14]

김용옥은 TV 강연 때에도 자신의 '엄마'를 지극 정성으로 모셨다. 그 나이에 그런 사람 정말 쉽지 않다. 그렇게 그에게 대단한 의미가 있는 가

---

12) '어머니'를 쓴 경우도 없지 않지만, 그 내용은 '엄마 콤플렉스'라고 해도 좋을 정도로 더욱 야하다. 다음과 같은 대목이다. "내 인생의 궁극적 모델은 맑스가 아니요 예수가 아니며 공자가 아니요 맹자가 아니며 석가가 아니며 미륵이 아니다. 나는 그저 내 어머니가 살라고 가르쳐준 방식대로만 사는 사람이다." 김용옥, 『나는 불교를 이렇게 본다』(통나무, 1989, 중판 1997), 296쪽.
13) 김용옥, 『여자란 무엇인가』(통나무, 1989, 중판 1990), 69쪽.
14) 김용옥, 『대화: 김우중·김용옥 나눔』(통나무, 1991, 8판 1993), 79쪽.

정에서 그가 학교 때문에 사람 대접을 제대로 받지 못했다면 그 한(恨)이 어떠했을지 보통 사람들이 어찌 짐작이나 할 수 있으랴.

김용옥은 어떤 사람을 평가할 때에도 "전형적 케이에스(KS) 합리주의를 바탕으로 한 그의 논리는 빈틈이 없었다"[15]는 식으로 말할 정도로 그의 '케이에스 병(病)'은 중증이다. 그는 무슨 제품에 달려 있는 케이에스 마크를 보고서도 경의를 표하는 건 아닌지 모르겠다. 그러니 그로선 그 저주스러운 KS를 '하버드' 상표로 누르는 수밖에 없는 건지도 모른다. 그의 책들엔 친절하게도 '색인'이 달려 있는데, 『대화』와 『나는 불교를 이렇게 본다』엔 각각 '하버드'가 모두 10번 나오는 걸로 돼 있다. 100번이 아니라 다행이긴 하지만, 그것도 좀 많다는 생각이 든다. 예컨대, "하버드 박사 간판이 삐까번쩍 아직 그 광이 죽지 않았을 때다"는 따위의 말이 꼭 필요했는지는 의문이다.[16]

김용옥의 학벌 콤플렉스에 대한 투쟁은 지금까지도 계속되고 있으며, 그건 어김없이 자화자찬으로 나타나고 있다. 그는 어떤 글에서 "동경대학에 가면 물론 나를 아는 사람 주변의 이야기가 되겠지만, 나를 둘러싼 신화가 적지 않다. 이에 구구한 필설을 낭비할 필요는 없을 것이다"라고 말해놓곤 계속해서 구구한 필설을 낭비해가며 그 신화에 대해 다음과 같이 이야기하고 있다.

"일본 땅에 떨어졌을 때 난 일본어의 카나도 잘 몰랐다. 그러던 내가 4개월 남짓한 후에 동경대학 대학원 인문과학연구과 중국철학과정에 정규학생으로 입학한 사건, 그리고 첫 일 년 동안에 보통 2,3과목 신청하면 끽인 것을 7과목이나 신청하여 다 해치우고 그 다음해 일 년 동안 논문 집필에 몰두하여 온전한 내 실력으로 학위를 따낸 일, 그리고 또 촌음

---

15) 김용옥, 『대화: 김우중·김용옥 나눔』(통나무, 1991, 8판 1993), 116쪽.
16) 김용옥, 『나는 불교를 이렇게 본다』(통나무, 1989, 중판 1997), 312쪽.

의 여유도 없이 족적도 남기지 않고 하버드로 훌쩍 떠나버릴 때 동대 중국철학과의 전 교수님들과 전학생이 함께 융성한 송별회를 열어주었던 사건, 역시 지금 생각해봐도 두 번 다시 있기 힘든 사건들의 연속이었고 한 인간 유기체로서 두 번 다시 감당하기 힘든 긴장 속의 나날이었다."[17]

사실 나는 김용옥의 치기를 이해하고 인정하면서도 끊임없이 '동경대학'과 '하버드대학'을 팔아먹는 김용옥의 그 치졸한 수법에 대해선 가끔 짜증이 난다. 내가 직접 보진 못했지만 그건 꼭 50여 년 전 이승만이 '하버드대 석사, 프린스턴대 박사, 우드로우 윌슨의 제자이자 친구'를 내세우며 식민지 지배에 주눅이 든 순진한 국민들을 현혹케 한 '그때 그 시절'이 연상되기 때문이다.

그러나 그가 자신의 호까지 '도올'('돌대가리'라는 뜻)로 짓지 않으면 안 되었던, 그의 일가 친척이 그에게 가한 '지식폭력'을 생각하면 가슴이 아프다. 김용옥은 "내 특히 '돌'을 취한 뜻은 내 어려서부터 공부가 부실하고 머리가 나빠 주위 사람들이 날 '돌대가리'라고 부른데서 연유한 것"이라고 밝히고 있다.[18] 그는 『중고생을 위한 김용옥 선생의 철학강의』에서도 그 슬픈 사연을 다음과 같이 적고 있다.

"나의 인생을 회고해 볼 때 정말 나는 돌대가리였고 정말 나는 아둔한 놈이었습니다. 그리고 참으로 나는 나의 형, 누이로부터 또 친구로부터 이런 말을 많이 들어 왔습니다."[19]

나는 정도의 차이일 뿐, 한국엔 수많은 김용옥들이 있을 거라고 생각한다. 나는 불행 중 다행으로(?) 내 집안에서 그런 '지식폭력'을 전혀 당하지 않고 자랐지만, 주변에서 김용옥들을 많이 목격했다. 지금도 전국의 많은 가정에서 "니 형을 봐라!"느니 "왜 동생만도 못 하냐?" 하는 '언

17) 김용옥,〈유교와 아시아사회와 서울올림픽〉,『신동아』,88년 11월, 546-567쪽.
18) 김용옥,『도올세설: '신동아' 명칼럼』(통나무, 1990, 제9쇄 1995), 35쪽.
19) 김용옥,『중고생을 위한 김용옥 선생의 철학강의』(통나무, 1989, 중판 1997), 30쪽.

어폭력'이 저질러지고 있을 터인데, 그거 참 큰일났다. 다 김용옥처럼 될 수는 없는 데다, 또 김용옥처럼 그 '지식폭력'이 성공의 원동력으로 작용한다 해도 그 후유증 때문에 많은 사람들로부터 불필요한 오해를 사고 경멸의 대상이 될 수 있으니 이 어찌 안타까운 일이 아니랴.

그러나 안타까워하자고 지금 이 글을 쓰게 된 건 아니다. 김용옥의 그런 깊은 상처를 이해해야만 그의 기행(奇行)도 이해할 수 있다는 뜻에서 드린 말씀이다. 우리는 의외로 '상처받은 사람들'에 대해 둔감하다. 그러면 안 된다. 우리는 '지식폭력'을 척결하기 위해서도 '지식폭력'의 후유증을 앓는 사람들을 따뜻하게 껴안아야 할 것이다. ▨

극단적 옹호와 극단적 비판

김용옥을 둘러싼 다차원적 갈등 구도

'도올 신드롬'은 합리적 현상

"이번 '논어논쟁'을 통해 알게 된 놀라운 사실은 도올의 숭배자들은 도올이 팥으로 메주를 쑨다 해도 팥메주로 만든 환상적 요리를 죽기 전에 맛보고 싶다고 할 것이고, 도올을 가증스러워하는 사람들은 아무리 그를 변론해주고 떠받쳐주어도 그에 대한 평가를 달리하지 않을 것이다. 그러니 그에 대한 옹호도 비판도 아무런 실효성은 없다."[1]

고려대 교수 서지문의 말이다. 왜 그럴까? 왜 이런 일이 벌어졌을까? 나는 그게 전혀 놀라울 것이 없는, 매우 당연한 현상이라고 생각한다. 그것은 도올을 보는 각자의 관점이 전혀 다르기 때문이다. 서울대 교수 김

1) 서지문, 〈비판과 모함 혼동하는 사회〉, 『문화일보』, 2001년 4월 27일, 6면.

종서는 "도올 강의에 신도(信徒)가 생기는 까닭은 아무도 딱 부러지게 설명을 못하고 있다. 혹시 요즘 제대로 된 박수무당이 죄다 죽어버린 탓은 아닐까? 살다 보면 합리적인 눈만으로는 이해되지 않는 게 참 많다"고 비아냥댔지만,[2] 내가 보기에 '도올 신드롬'은 대단히 합리적인 현상이다.

어느 정도로 합리적인가? 한국의 대학입시 전쟁이 사회 전체 차원에선 광기(狂氣)일망정, 개개인은 대단히 합리적인 판단을 내린 결과다. 도올의 지지자들도 마찬가지다. 그간 한국 사회가 자랑해온 '지식폭력'에 주눅이 들었거나 짜증을 내온 보통 사람들이 도올 덕분에 지식인들의 전유물로만 간주되던 '지식'에 접할 수 있게 되었다는 것에 열광하는 건 지극히 자연스러운 현상이다.

대부분의 지식인들은 도올의 그러한 '대중화'[3] 작업이 안고 있는 문제를 지적하기에 바쁘지만, 보통사람들은 그런 문제가 도올이 기여한 공로에 비하면 '새발의 피'라고 생각하는 것이다. 『도올 김용옥』의 저자인 박정진은 김용옥의 의미에 대해 다음과 같이 말한다.

"그는 철학 부재, 아니 대중적 철학이 부재한 이 땅에 신선한 충격을 주면서 철학이 몇몇 철학자나 학자들, 또는 지식인들의 전유물이 아니라 농사짓고 고기잡고 장사하는 보통사람들도 향유할 수 있는 것임을 깨우쳐주는 계기가 되었다. 철학이라는 것이 보통사람들의 인식지평에 내려

---

2) 김종서, 〈'황금가지'와 도올 미스터리〉, 『조선일보』, 2001년 3월 10일, 6면; 김용옥에 대해 '무당'이라는 말을 긍정적으로 쓴 경우는 박정진, 『무당시대의 문화무당: 김용옥 · 강신표 모델의 예술인류학적 비교』(지식산업사, 1990, 제2쇄 1994)를 참고하시기 바랍니다.

3) 이 '대중화'는 '지식의 대중화' 또는 '철학의 대중화'를 의미하며, '대중화'는 '세속화'로 볼 수도 있을 것이다. 그러나 김용옥은 세간의 그런 시각에 대해 철학적으로 다음과 같이 외치고 있다는 건 밝혀둘 필요가 있겠다. "나는 철학을 세속화하지 않습니다. 나는 세속을 철학화할 뿐입니다. 나의 철학은 궁극적으로 철학의 인간화지요." 김용옥, 『중고생을 위한 김용옥 선생의 철학강의』(통나무, 1989, 중판 1997), 331쪽.

(『동아일보』, 2001년 2월 28일)

김용옥의 '철학의 대중화'는 문화의 권력화와 보수화를 추구해 온 이 땅의 전통에 일대 회오리바람을 일으켰다.

와서 논의되고 실천되어야 진정 그 나라의 철학이 되고 이를 바탕으로 새로운 자생적인 철학이 태동한다고 볼 때 그의 '철학의 대중화'는 문화적 수혜를 몇몇 지배·지식층에 한정시킴으로써 문화의 권력화와 보수화를 추구해온 이 땅의 전통에 일대 회오리바람을 일으킨 형국이었다. 자유분방한 그의 사고와 명쾌한 그의 해석학은 발신자 중심이 아니라 수 신자 중심으로 전환하는 일대 전기를 마련하는 것이었으며 분명 철학을 철학의 공급자 중심으로 보는 것이 아니라 철학의 수요자 중심으로 보기 시작하는 신호탄이었다." [4]

그게 과연 철학이냐에 대해선 의문의 여지가 있을 것이고 실제로 많은 사람들이 이의를 제기해왔다. 중요한 것은 박정진이 지적한 바와 같이 보통사람들이 "나도 철학을 할 수 있구나", "철학이 무슨 대단한 사람들만 하는 것이 아니구나"라는 자각에 이르게 하였다는 것이다. [5] 이 점을 무시해선 안 된다. 사람들이 도올에게 반하는 이유도 바로 그것 때문이다. 예컨대, 숙명여대 교수 홍사종은 다음과 같이 말한다.

"누가 뭐래도 초저녁잠이 많은 팔순의 나의 어머니까지 TV 앞에 붙잡아 놓는 도올 강의의 대중적 카리스마는 불가사의가 아닐 수 없다. 다른 시각의 비평도 많았지만 고답적 지식의 창고 안에 갇혔던 도가와 유가의 사상들을 세상 밖으로 꺼내 세인의 관심을 불러일으킨 공로를 인정해야 한다는 것이 나의 견해다." [6]

도올의 유사종교적 카리스마

도올 강의의 대중적 카리스마는 거의 유사종교에 가깝다. 종교학자인 미국 조지메이슨대 교수 노영찬은 "나는 이러한 고전강의에 이렇게 열을 올리는 국민을 일찍이 본 일이 없다. 물론 강사의 탁월한(?) 능력과 재주 때문이라고 말할 수 있겠지만 또한 이러한 것을 갈망하는 한국 대중지식인의 심성을 생각하지 않을 수 없다"고 말한다. [7]

---

4) 박정진, 『도올 김용옥 1권』(불교춘추사, 2001), 16쪽.
5) 박정진, 위의 책, 16쪽.
6) 홍사종, 〈센 자를 물어 뜯어라〉, 『중앙일보』, 2001년 4월 21일, 7면.
7) 노영찬, 〈노자를 웃기고 울리는 나라〉, 『문화일보』, 2001년 6월 28일, 6면.

노영찬은 '대중지식인'이라는 표현을 썼지만, 그렇게 어렵게 말씀하실 것 없다. 그냥 보통사람들이다. 한국만큼 '지식폭력'이 심한 나라가 없다는 걸 감안한다면 김용옥의 탁월한 능력과 재주가 일반 대중을 대상으로 해서 유사종교적 분위기를 만들어 냈다고 해서 크게 놀랄 일도 아닐 것이다.

덕성여대 철학과 교수 이은봉은 김용옥을 '강의하는 샤먼'으로 묘사하는데, 그러한 샤머니즘의 바탕에 '지식폭력'이 깔려 있다는 것에 주목할 필요가 있겠다. 도올이 자신의 학벌과 박학다식을 끊임없이 강조하는 걸 빼고 그 어떤 '굿'이 가능할까? 이은봉은 다음과 같이 말한다.

"우선 그의 외모를 보면, 샤먼의 울긋불긋한 옷 대신에 두루마기를 걸치고 있다. 무당의 모자 대신 중처럼 까까머리를 하고 있다. 그는 무당의 '무가' 대신에 '동양철학'을 '풀고' 있다. 그의 강의 장소에는 항상 굿판이 벌어진다. 굿치고는 큰 굿이다. 대한민국 제일의 방송사가 전국에 실황중계를 하고 있을 정도니까 말이다. 굿을 할 때 어떻게 무당이 될 수밖에 없었는지에 대한 '무당 내력' 대신에 김용옥은 항상 자신이 대만대와 동경대, 하버드대를 거쳐 원광대에서 한의학을 공부했다는 '내력'을 반복하고 있다. 『노자와 21세기(전3권)』(통나무)에서 김용옥은 『도덕경』전편을 자신이 어떻게 태어나 어떻게 연애했으며 어떻게 공부했는지에 대한 '내력'을 도구 삼아 풀고 있다. 무당에게는 자신의 내력이 슬픈 '한'으로 읊어지지만 김용옥에게는 하나의 '자랑'으로 읊어지는 차이점이 있기는 하지만 말이다. 샤먼들에게 때로 엑스터시(沒我)가 있고 그것을 매우 중요시하는 것만큼 김용옥도 강의하다가 때로 엑스터시에 들어가는 것 같다. 그는 국제회의에서 영어로 강의한 경험을 이렇게 말한다. '두 시간 동안 미동도 없었다. 기침 소리 하나 들을 수 없었다. 오직 낭랑한 나의 목소리만 울려 퍼졌을 뿐이다. 내가 생각해도 신기하게 영어가 잘 되었다. 아니 영어를 잘했다기보다는, 단 위에 올라선 후 순식간에 나는 내가 외국어로 나 자신을 표현하고 있다는 생각을 까맣게 잊어버렸다.'(앞의 책 1권, 23-24면)" [8]

철학자 전호근은 "도올 최대의 공로는 그가 아무리 어려운 한자를 써도 사람들이 경청하게 한 데 있다. 도대체 그런 기적이 어떻게 가능한지 감탄할 뿐이다"고 일단 긍정적인 평가를 내리면서도 "학문적 철저함을 우스갯거리로 만들었다는 점에서 커다란 과오를 저질렀다. 도올의 강의를 듣고 있자면 마치 맞춤법이 틀린 글을 읽고 있는 것처럼 마음이 불안하다"고 말한다. [9]

글쎄 웃으면서 공부하면 학문적 철저함이 얼마나 망가지는 건지 의아한 생각이 들긴 하지만, 내가 여기서 문제삼고자 하는 건 '어려운 한자'에 관한 것이다. 그건 기적이 아니다. 도올은 '어려운 한자에도 불구하고'가 아니라 '어려운 한자 때문에' 높은 인기를 누릴 수 있었다. 그걸 놓치면 안 된다. 한자는 김용옥이라는 '교주'의 권위를 돋보이게 만드는 데에 큰 영향을 미쳤던 것이다.

하층 계급의 무지는 신(神)의 축복?

그러나 대학이 독점해온 지식의 대중화에 대해 열려있는 지식인들도 많지만 아직도 절대 다수의 지식인들은 지식의 대중화에 대해 적대적이다. 예컨대, 서강대 명예교수 차하순은 다음과 같이 말한다.

"1990년부터 지식인을 깎아내리는 움직임이 나왔다. 대학이 지식을 독점하는 현상에 대한 반동으로 지식의 대중화가 강조됐다. 하지만 지식의 대중화가 아니라, 지식의 저속화가 이뤄진 게 문제다. 문화는 수준 있

---

8) 이은봉, 〈강의하는 샤먼이 벌이는 신명나는 굿판〉, 『출판저널』, 2001년 3월 20일, 12면.
9) 전호근, 〈도올-이경숙 동양학 논란을 보고: "저마다의 공자만 있고 '모두의 논어'가 없다"〉, 『중앙일보』, 2001년 4월 30일, 15면.

는 사람에 의해 형성되고 선도돼야 가치가 유지된다. 20세기 들어 대중 민주주의가 우세하면서 문화의 수준이 떨어졌다."[10]

차하순과 같은 사람의 기준에서 보자면 '대중화'는 '저속화'를 수반할 수밖에 없는 것이다. 그러나 '대중화'라는 단어에 정면 도전할 자신이 없기 때문인지 차하순은 '대중화'와 '저속화'가 마치 다른 것인 양 말한다. 절대 그렇지 않다. 보통사람도 알아들을 수 있게 이야길 해야 하는데 어찌 '저속화'하지 않을 수 있으랴. 그런데 바로 이런 '저속화'에 대한 지식계의 반발이 만만치 않은 것이다.

하긴 이런 반발은 어제 오늘의 일도 아니고 한국의 일만도 아니다. 서양에선 적어도 인쇄술의 발명 이후로 이런 논쟁이 그칠 줄 몰랐다. 『문학의 죽음』의 저자인 앨빈 커넌은 다음과 같이 말한다.

"18세기 무렵에 범람하는 인쇄물은 '교양의 위기'의 두려움까지 불러일으켰다. 하지만 그것은 오늘날 우리들이 사용하는 의미와는 정반대로, 독서량이 너무 적어서가 아니라 독서 과잉으로 인한 위기였다. 18세기에는 독서량의 실제적인 증가에 관한 해답 없는 논쟁이 끊임없이 이어졌다. 당시 사회 지도자들은 독서가 너무 지나치게 보편화되는 것을 두려워했던 것이 틀림없다. 특히 하층 계급의 독서량 증가에 따른 위험에 대해 많은 논란이 있었다. 예를 들어 (존) 로크는 가난한 사람들에게 글을 가르치는 일을 찬성하지 않았다. 비교적 편협한 사고에서 벗어난 사람들조차 무지를 자비하신 신이 하층 계급의 비참함을 덜어주기 위해 내려주신 아편으로 생각했다. 또한 지나친 독서는, 20세기 미국에서 지나친 텔레비전 시청이 일종의 문화적 해악으로 여겨지는 것과 똑같은 두려움을 불러일으켰다."[11]

---

10) 차하순 외, 〈긴급좌담/위기의 지식인 사회: "욕지거리 수준의 토론… '지적 편식' 개선해야"〉, 『조선일보』, 2001년 7월 24일, 19면.
11) 앨빈 커넌, 최인자 옮김, 『문학의 죽음』(문학동네, 1999), 181-182쪽.

김용옥의 '지식폭력'에 대한 도전

차하순과 같은 사람은 별난 지식인이 아니다. 한국 지식계의 다수의 목소리로 보는 것이 타당할 것이다. 그런 점에서 문화비평가 권정관이 반년간지 『비평과 전망』 2001년 하반기호에 기고한 〈모반의 언어, 혹은 성(聖)과 속(俗)의 사이에서: 도올철학의 발생론적 의의〉라는 글은 주목할 만하다. 그는 도올을 둘러싼 논쟁 구도에서 감지되는 몇몇 혐의점들에 대해 다음과 같이 말한다.

"첫째, 그간 도올에 대한 비판들이 전혀 없었던 것은 아니나, 도올의 TV를 통한 동양 철학 강의가 일반 대중들의 성황 속에 거의 절정에 이를 무렵부터 학계 내부로부터 비판적인 목소리들이 동시 다발적으로 터져 나왔다는 점이다. …… 둘째, 도올의 TV 강의에 대한 반응은 격렬한 찬반을 불러일으켰는데, 그 찬반의 대립 구도가 대체로 강단 학자 그룹 대 일반 대중들로 나누어진다는 점이다. 즉 강단 학자들은 대체로 도올에 대해 상당한 반감을 드러내고 있는 데 반해, 일반 대중들은 열렬한 찬사를 보내고 있는 것이다. 이는 일견 매체의 성격으로 보아 대수롭잖은 일로 치부할 수도 있다. 그러나 이는 담론 권력의 맥락에서 보면 자못 심각한 사건일 수가 있는 것이다. 곧 강단 학자들의 눈에는 이것이 기존 담론 권력의 생산과 유통 방식에 모종의 위협을 주는 사건으로 다가왔을 수도 있다는 것이다. 셋째, 도올에 대한 비판의 내용들이 대체로 그의 강의 스타일을 표적으로 삼고 있다는 점이다. 그리고 그의 강의 내용을 문제 삼을 때조차도 내용에 대한 언급과 더불어 그의 강의 스타일에 몇 마디라도 짚고 넘어간다는 점이다." [12]

---

12) 권정관, 〈모반의 언어, 혹은 성(聖)과 속(俗)의 사이에서: 도올철학의 발생론적 의의〉, 『비평과 전망』, 제4호(2001년 하반기), 22쪽.

권정관은 이런 세 가지 혐의점들을 지적한 후 '일부 강단 학자들 대 김용옥'이라고 하는 논란의 겉 이면에는 담론의 위계 구조가 교묘히 작동되고 있는 것으로 보인다고 말한다. 나는 이걸 기존의 '지식폭력' 구조를 둘러싼 다차원적 갈등으로 해석하는데, 일단 권정관의 진단을 들은 후에 자세히 살펴보기로 하자. 권정관은 다음과 같이 말한다.

  "이 담론의 위계는 당연히 권력의 위계를 함축하는데, 최근 일고 있는 논란의 양상은 기존 권력을 담지한 한 지배 담론이 자신의 동일화 욕망을 추구하는 가운데, 타자를 그 동일화의 범주 바깥으로 끊임없이 배제하려는 식으로 전개되고 있는 것이다. 더구나 그간 약간씩의 국소적인 균열들을 경험하지 않은 것은 아니나, 이 지배 담론은 지금까지 한국 지식사회라는 한 담론의 장에서 보편성의 이름으로 별 무리 없이 자신의 신화화를 구축해오고 있던 터였다. 그렇다는 것은 이 지배 담론은 세계들의 경계를 지우며 세계 해석의 권력을 틀어쥔 채 자신들의 담론을 일원론으로 자명화하려는 욕망을 천연덕스럽게 작동해오던 중이었기 때문이다. 그런데 하나의 타자가, 그것도 나름의 담론 생산과 그 유통 능력을 갖춘 강력한 타자가 나타나 그 신화의 한쪽 축을 허물려 하고 있는 것이다. 목하 도올을 비판하고 있는 일부 강단 학자들의 말에서 어떤 불편한 심기가 묻어나고 있는 것이다. 이런 심리는 나름대로 진리 가능성을 가장 많이 담지하고 있는 것으로 자부되는 최상층위의 담론이 궁극으로 가 닿고, 그리하여 그것이 권력을 누릴 수 있는 지점, 즉 자신들의 담론과 일반 대중과의 접촉점을 김용옥 씨가 교란하거나 훼손하고 있다는 나름의 의식적, 무의식적 판단에서 오는 듯하다. 더욱이 도올의 성공적인 접촉은 그들 담론의 아랫자락을 축소, 왜곡한 우려가 있다는 판단도 내심 작용하지 않았나 하는 게 나의 판단이다."[13]

---

13) 권정관, 〈모반의 언어, 혹은 성(聖)과 속(俗)의 사이에서: 도올철학의 발생론적 의의〉, 『비평과 전망』, 제4호(2001년 하반기), 23쪽.

그렇다. 분명히 그런 점이 있다. 김용옥은 기존의 '지식폭력'에 도전한 것이다. 나중에 다른 글에서 자세히 다루겠지만, 그는 성장 과정에서 엄청난 '지식폭력'을 당한 피해자로서 오래 전부터 그런 도전을 꿈꾸었는지도 모르겠다. 그러나 그 역시 그러한 도전의 과정에서 전혀 다른 유형의 '지식폭력'을 행사하게 되는 문제점을 드러내게 된다. 이 또한 나중에 다른 글에서 살펴보기로 하자.

김용옥 비판의 10가지 유형

그러나 권정관의 글은 김용옥을 둘러싼 갈등의 가장 중요한 포인트를 꿰뚫긴 했지만 모든 걸 다 설명해 주진 못한다. '김용욕 현상'은 매우 복잡한 현상이다. 질문을 쉽게 던져보자. 김용옥을 비판하는 사람들은 왜 비판하는가? 나는 다음과 같은 10가지 유형이 있다고 생각한다.

첫째, 권정관이 지적한 그대로 '지식의 대중화' 자체에 반감을 느끼는 경우다. 그러나 그런 반감을 그대로 노골적으로 표현하는 사람은 많지 않다. 아마도 그러한 반감을 밑에 깔고 다른 건수(주로 김용옥의 스타일)를 잡아 김용옥을 비판하는 게 가장 흔한 경우가 아닌가 생각한다.

둘째, '지식의 대중화'에 대해 반감을 느끼되 기득권의 입장이라기보다는 오히려 피해를 받을 수 있는 입장에서 비판적인 경우다. 아마도 철학자 김영건의 다음과 같은 발언이 그런 경우에 속하지 않을까?

"『노자와 21세기』가 방송을 통해 전파되지 않았다고 할지라도 김용옥의 학문적 가치는 여전할 수 있다. 그러나 우리 사회는 방송을 통해 문화적 스타로서 자리매김해야 비로소 그가 살아 있는 학자이며, 진정한 철학자인 것처럼 여긴다. 방송이라는 매체를 통한 상황적 특수성, 거기에 참여하는 철학적 아마추어들, 현란하고 요란한 현상을 우연히 바라본 몇몇 '먹물'들, 이들이 모두 함께 모여 철학의 본성과 철학적 사유의 책임에 대해서 아무런 책임 없이 내뱉는다. 이들은 그러면서 말한다. 자기가 이해하지 못하는 철학은 쓸모없는 말장난이라고." [14]

공감할 수 있는 점이 전혀 없지는 않으나, 과장과 왜곡이 지나치다. "우리 사회는 방송을 통해 문화적 스타로서 자리매김해야 비로소 그가 살아 있는 학자이며, 진정한 철학자인 것처럼 여긴다"는 건 명백한 사실 왜곡이다. 나는 김용옥이 다른 학자들처럼 행동했다면 철학계에선 상당히 높은 평가를 받을 수도 있었을 것이라고 믿는다. 김용옥은 '문화적 스타'가 되었기 때문에 학계에선 필요 이상으로 폄하되고 왕따를 당하는 희생을 감수하지 않을 수 없게 되었다. 사람들이 그걸 모를까? 김용옥을 좋아하는 사람들이 과연 '자기가 이해하지 못하는 철학은 쓸모없는 말장난이라고' 여길까?

셋째, 고려대 교수 서지문의 경우처럼 김용옥의 상스러운 행태에 대해 분노하는 경우다. 나중에 이야기하겠지만 서지문은 '지식의 민주화'에 대해 적극적인 호의를 갖고 있는 바, 서지문의 김용옥에 대한 분노는 이른바 '지식 엘리트주의자'들의 그것과는 좀 다르다. 이는 별개의 글로 다루도록 하겠다.

넷째, 기독교, 불교, 유교, 동학 등 종교와 관련하여 김용옥의 상스러운 언어 구사와 그 내용에 대해 분노하는 경우다. 기독교의 경우, 전국의 많은 교회에서 목사들의 설교를 통해서까지 김용옥 비판이 이루어졌고 김용옥에 대한 집단적인 압력도 가해진 바 있다. [15] 불교와 유교의 경우엔 칼럼뿐만 아니라 책으로 여러 권의 비판서가 나왔다. [16]

---

14) 김영건, 『철학과 문학비평, 그 비판적 대화』(책세상, 2000),121쪽.
15) 정중한 비판서로는 김호환, 『도올의 콘텍트렌즈: 그의 기독교 오해에 대한 비판』(개혁주의신행협회, 2001)을 참고하시기 바랍니다.
16) 변상섭, 『김용옥 선생 그건 아니올시다: 도올 선생의 불교관 비판』(시공사, 2000); 서병후, 『도올에게 던지는 사자후: 망상의 돌 깨뜨리는 금강 몽둥이』(화두, 2001); 이기동 · 배요한, 『도올 김용옥의 일본 베끼기』(동인서원, 2001); 홍승균, 『김용옥이란 무엇인가?: 알곡은 없고 쭉정이만 날리는 매스컴의 동양학』(선, 2000); 이상학, 〈이색반론/

다섯째, 기성 질서와 권위를 소중히 하는 수구적인 사람들이 김용옥의 '튀는' 행태 자체에 반감을 느끼는 경우다.

　　여섯째, 김용옥이 막강한 힘을 가진 기성 학계의 방식에 전면 도전했듯이, 그 '거울 이미지' 방식으로 김용옥이 행사하는 문화권력을 조롱한 경우다. 『노자를 웃긴 남자』(자인, 2000)라는 책을 낸 이경숙이 이 경우에 속한다고 볼 수 있다. 김용옥을 옹호하는 사람들은 이경숙에 대해 분노하고 있으나,[17] 그의 글이 원래 인터넷용이었다는 걸 감안하는 것이 좋을 것 같다. 나는 그의 글을 일종의 풍자로 이해했다. 그리고 이경숙의 다음과 같은 발언은 비판의 진짜 대상이 도올이라기보다는 도올도 어쩔 수 없이 타협하지 않을 수 없었던 한국 사회의 '지식폭력'이라는 걸 말해주는 게 아닐까?

　　"내가 어느 학교를 나와 어떻게 공부했다고 밝히면 누구나 하버드대와 비교하면서 '별거 아니네'라며 예단할 것이 뻔하다. 그런 우리 사회 편견에 도전하고 싶어서라도 '초등학교 졸업이 전부'라고만 밝히고 싶다. 하버드대를 나오지 않아도 자신의 생각을 당당하게 밝힐 수 있다. …… 책으로 판단해 달라. 내가 책에서 정작 말하고 싶던 것은 학력이나 권위에 맹종하는 풍조에 대한 통렬한 풍자다."[18]

　　일곱째, 김용옥이 문화권력으로서 행사하는 '지식폭력'을 문제삼은

　　김용옥 교수 '논어 강좌' 비판: 도올은 종교의 참메시지 모르는 '철부지'〉, 『월간중앙』, 2001년 3월, 286-295쪽 등을 참고하시기 바랍니다. 김용옥을 옹호하는 책으로는 김상철, 『저급한 '도올 비판'을 비판한다』(씨앗을뿌리는사람, 2001); 박정진, 『도올 김용옥: 요한인가, 광자(狂者)인가, 무당인가, 원효인가』(불교춘추사, 2001) 등을 참고하시기 바랍니다.

17) 김상철, 『저급한 '도올 비판'을 비판한다』(씨앗을뿌리는사람, 2001); 박정진, 『도올 김용옥: 요한인가, 광자(狂者)인가, 무당인가, 원효인가』(불교춘추사, 2001) 등을 참고하시기 바랍니다. 김용옥과는 무관한 비판으로는 박원재, 〈우리 시대 동양 철학 열기의 자화상: 어느 베스트셀러에 대한 유감〉, 『오늘의 동양사상』, 제4호(2001년 봄), 6-29쪽을 참고하시기 바랍니다.

18) 배영대, 〈『노자를 웃긴 남자』 2권 내고 모습 드러낸 이경숙씨 인터뷰: '도올 철학논쟁' 이제부터다〉, 『중앙일보』, 2001년 2월 24일, 33면.

경우로, 철학자 김진석의 비판이 이 경우에 해당된다. 이는 별개의 글로 다루도록 하겠다.

여덟째, 다소 국수주의적인 관점에서 김용옥의 '사대주의'를 문제삼은 경우로, 철학자 탁석산의 비판이 이 경우에 해당된다고 볼 수 있다. [19]

아홉째, 진중권의 경우처럼 진보적 입장에서 비판을 하는 경우다. 진중권은 나의 김용옥 옹호를 비판하면서 다음과 같이 말한 바 있다.

"나는 '공정한' '잣대'를 가지고 한국 진보적 지식인의 '치정주의'를 비판하는 강준만이 '살랑살랑 꼬리를 치는' 정도를 넘어 아예 노태우, 김우중 똥구멍을 핥으려 했던 김용옥 '똥' 강아지를 종자 있는 강아지 족보에 올려놓고 '대국적으로 밀어 주자'고 말한 걸 읽은 기억이 난다." [20]

열 번째, 페미니스트의 관점에서 김용옥의 공자 예찬론과 남성 특유의 권위주의에 대해 비판을 하는 경우다. [21]

나는 어떤 유형에 속하는가? 나는 굳이 분류를 하자면, 열한 번째 경우에 속한다. 그건 김용옥에 대해 인정할 건 인정하면서 비판할 건 비판하자는 식의 양시양비론적인 입장이되 김용옥의 학문적 능력에 대한 평가는 자신의 능력 부족을 들어 유보하는 경우이다.

이 또한 별도의 글로 다룰 것이나, 예컨대, 나는 김용옥에 대해 호의적인 생각을 갖고 있다가도 그가 TV 강의에서 김수환 추기경을 모셔 놓고 자신이 "박해와 모함을 받고 있다"고 주장하는 걸 보면 그런 행태만큼은 인내하기가 어려워진다. 사람이 인기를 누리는 만큼 감수할 건 감수해야지, 모든 일을 그런 치기(稚氣)로 대응하는 건 옳지 않다는 게 내 생각이다.

---

19) 탁석산, 〈김용옥은 탤런트 혹은 약장수이다〉, 『주간조선』 2001년 3월 1일, 70~73쪽.
20) 진중권, 〈강준만: 한 전투적 자유주의자의 지식인 혐오증?〉, 김동춘 외, 『자유라는 화두: 한국 자유주의의 열가지 표정』(삼인, 1999), 56쪽.
21) 예컨대, 류숙렬, 〈공자의 부활을 꿈꾸는 도올 김용옥 선생에게〉, 『페미니스트 저널 이프』, 2001년 봄, 68-75쪽을 참고하시기 바랍니다.

김용옥과 인문학

지식인들 가운데 인문학의 정체성을 어떻게 보느냐에 따라 김용옥에 대한 평가가 달라졌다는 것도 짚고 넘어갈 필요가 있겠다. 우선 김용옥은 인문학과 관련, 다음과 같이 주장했다는 걸 유념할 필요가 있겠다.

"불교의 진정한 개혁은 불교 교리 자체의 개혁으로부터 출발한다. 즉 자내적 자각의 체계로부터 출발한다. 이것이 바로 얄팍한 사회과학을 외치는 정상모리배들과 이 김용옥이라는 철학자와의 차이다. 우리 나라는 지금 너무 사회과학으로 모든 것을 해결하려고 하고 있을 뿐이며 인문과학이라는 강력한 무기를 휘두를 수 있는 통재(通才)가 없다. 오로지 인간 그것이 있을 뿐이다! 불교는 궁극적으로 자각의 체계일 뿐이다!" [22]

인문학에 대한 인문학자들의 생각도 각기 다르기 때문에, 이는 어디까지나 김용옥의 생각일 뿐이다. 많은 인문학자들이 인문학을 살리기 위해 '자각'이라는 대안보다는 사회과학적인 처방에 더 주목했었다는 걸 상기할 필요가 있겠다.

최근의 이른바 '신지식인론'에 대한 비판은 타당한 점이 많았지만, 그러한 비판 가운데 일부는 분명히 기존의 '지식폭력 이데올로기'에 근거했다는 것도 부인하기 어렵다. '신지식인론'을 가능한 한 악의로 해석하여 조롱한 비판들이 적지 않았기 때문이다. 그런 문제점을 김용옥에 대한 지지를 표명한 『한겨레』 문화부장 곽병찬은 다음과 같이 말한다.

"학문의 위기는 그것이 대중으로부터 멀어지면서 시작된다. 또 학문이 자폐적 구조 속에서 현실을 읽어내고 비판하고 전망하는 데 실패하거나, 대중이 그야말로 '어리석은 무리'로 통속화될 때 또는 양쪽이 모두 그런 자폐적 현상을 보일 때 완성된다. 그런데 학계는 외적 요인만 강조

---

22) 김용옥, 『나는 불교를 이렇게 본다』(통나무, 1989, 중판 1997), 307쪽.

(「주간동아」, 2001년 6월 7일)

김용옥을 천재로 보면 안 되나? 김용옥에게 그 어떤 과오가 있건 그가 '지식의 대중화' 또는 '지식의 민주화'를 위해 애를 쓴 건 분명한 사실이다.

했다. 우선 세계 자본주의 체제 속에서 이미 최고의 신격으로 추앙받는 자본의 영향력 아래 세상의 눈이 '머니머니'에 뒤집혀버린 세태를 개탄한다. 자본의 신을 섬기는 최고의 덕목으로 돈벌이 경쟁력이 꼽히는 세상에서 인문학이 설 자리가 어디 있겠느냐는 한탄이 뒤따른다. 게다가 정치권력과 경제권력은 세계자본의 교리인 신자유주의를 앞세워 국민들에게 '오로지 금을 찾아서' 황량한 서부로 서부로 내몰았다고 주장한다.

사실 이런 세태는 한편에선 명상이나 선 등 극단적 신비주의로 나타났다. 인간이 소외되면서 인문학의 공간이 좁아진 것은 당연하다. 하지만 이들은 대개 권력에 대한 하소연으로 결론을 맺는다. 인문학은 신자유주의의 천박성 속에서 학문적 품위와 인간적 품위를 유지시키는 구실을 하니 육성책을 마련해 달라는 투다. 권력과는 태생적으로 맞설 수밖에 없는 인문학이 권력에 애걸하는 꼴이다. 그런데 '논어 이야기'는 대중이 여전히 인문학에 귀를 열어놓고 있음을 확인했다." [23]

물론 김용옥과 관련된 곽병찬의 발언엔 이의가 제기될 수 있겠지만, 인문학 위기의 모든 책임을 자본주의 탓만으로 돌리면서 내적 성찰을 하지 않았다는 지적에 이의를 제기할 사람은 없으리라 믿는다.

연세대 교수 함재봉은 "인문주의(humanism)에 대하여 제대로 알지 못하면 도올의 사상적 작업을 이해할 수가 없다"면서 "인문주의는 인간을 절대적인 가치를 지닌, 모든 것의 궁극적인 기준 또는 척도가 되는 존엄한 존재로 보는 사상"이라고 정의한다. [24]

박정희를 긍정적으로 평가하는 함재봉이 그런 말을 한다는 게 좀 웃기지만, '전통'을 부르짖는 함재봉은 아마도 '동양적 전통'을 염두에 두고 그리 말했을 것이다. 함재봉보다는 덜 하지만, 박정희를 긍정적으로 평가하면서 '동양적 전통'에 관심을 갖고 있는 문학평론가 이동하 역시 김용옥에게 높은 점수를 주고 있다는 게 흥미롭다.

이동하는 "김용옥 선생의 책을 읽고 자란 세대와 그렇지 못한 세대간에 생각하는 방법에 있어 어떤 차이가 있을 것"이라는 백대웅의 주장을 긍정적으로 인용하면서 "비평의 자리에서 동양적 전통의 문제를 생각하는 사람이라면, 김용옥이라는 인물의 사상과 업적에 대하여 깊은 관심을

---

23) 곽병찬, 〈인문학 위기와 도올 강의〉, 『한겨레』, 2001년 5월 24일, 10면.
24) 함재봉, 〈도올 김용옥의 해석학과 인문주의〉, 『전통과 현대』, 제15호(2001년 봄), 150-151쪽.

가져야 마땅할 것이다"고 말한다. [25)

그런가 하면 김용옥을 '낭만성'의 관점에서 보고자 하는 시각도 있다. 예컨대, 문학평론가 신철하는 다음과 같이 말한다.

"김용옥의 경우, 나는 그에게서 인문학이 근본적으로 내장해야 할 낭만성을 소유하고 있다는 점에 기본적인 신뢰를 하게 되었다. 그의 제스처와 말의 고약함과 과격성이 그를 매도하는 화제가 될 때 우리가 저잣거리의 약장수 이상으로 관심을 기울인 것은 추문이었다." [26)

그러나 '낭만성'을 과연 무엇으로 볼 것인지, 그것도 만만치 않은 일이겠다. 전혀 달리 보는 시각도 있을 수 있기 때문이다. 철학자 윤평중은 비교적 중립적 위치에서 김용옥의 명암에 대해 다음과 같이 말한다.

"도올 강의는 매우 선정적이고 충동 유발적이라는 의미에서 반(反)인문적이었다. 인문성은 자기 절제와 반성을 핵심 덕목으로 삼고 있기 때문이다. 그러나 '김용옥 현상'이 내포하는 자기 모순적 특징은, 반인문적인 그의 강의 태도가 살아 있는 현재진행형의 인문주의적 관심을 많은 사람들에게 촉발시켰다는 데 있다. 따라서 인스턴트식이라 해서 다 해롭다고 미리 선언할 것까지는 없다. 일회용 식품이 필요할 때가 분명 있기 때문이다. 일회용 식품에 질리면 우리는 다시 먹을거리의 근본에 주목하는 것이다." [27)

"인간 '김용옥'에 관한 텍스트" 탐구는 안 되나?

나는 이 글의 제목을 〈극단적 옹호와 극단적 비판: '지식폭력'을 둘러싼 다차원적 갈등 구도〉라고 붙였다. 나는 김용옥을 둘러싼 논쟁에 직접

25) 이동하, 『혼돈속의 항해: 이동하 평론집』(청하, 1990), 23쪽.
26) 신철하, 〈다시 원점에서: 비평, 비판, 글쓰기〉, 『비평과 전망』, 제4권(2001년 하반기), 167쪽.
27) 윤평중, 〈"한국 인문학 자기 성찰의 계기"〉, 『주간동아』, 2001년 6월 7일, 64면.

뛰어들었던 사람으로서 내 경험을 통해 무언가 정말 커뮤니케이션이 안되고 있구나 하는 걸 절감했다. 그 이유는 앞서 10가지 비판 유형을 말씀드린 것처럼 김용옥을 둘러싼 담론이 매우 다양한 차원에서 다양한 방향과 내용으로 이루어지고 있기 때문인 것으로 보인다.

얼마나 엉뚱한 오해 또는 왜곡이 발생하고 있는지 한 가지 사례를 연구해 보자. 문화평론가 함종호는 〈도올의 고전 대중화 작업을 다시 보자: 열린 해석의 지평을 위하여〉라는 제목의 글에서 다음과 같이 말한다.

"김용옥과 관련된 텍스트는 두 가지의 경우로 나누어 살펴볼 수 있다. 하나는 인간 '김용옥'에 관한 텍스트, 다른 하나는 김용옥의 철학적 방법과 그 내용에 관한 텍스트가 그것이다. …… 이 글의 처음부터 논의된 내용은, 고전을 열린 텍스트로 삼아 그것을 어떻게 해석해야 하는가 하는 문제를 해결하기 위해 김용옥이 고전을 대하는 태도를 거울삼아 우리가 나아가야 할 바를 점검해보려는 것이었다. 또한 여기서 파생된 문제, 즉 김용옥이 제기하고 있는 철학의 대중화에 고전의 해석이 어떤 기여를 하고 있는가를 아울러 살펴보려는 것이었다. 우리의 논의가 이와 같은 기준으로 전개되려 한다면, 위에서 언급한 인간 '김용옥'에 관한 텍스트에 대한 해석은 우리에게 아무런 도움도 줄 수 없다는 것을 쉽게 알 수 있다. 그것은 어디까지나 특정한 인간에 대한 사적 해석에 머물 위험성이 클 뿐만 아니라 저자를 괄호 안에 넣고 텍스트를 해석하려는 우리의 논의에서도 벗어나기 때문이다. 이와 같은 오류를 범하고 있는 예를 강준만에게서 찾을 수 있다. 강준만은 '김용옥은 천재이다'(『인물과 사상 3』, 개마고원, 1997)라는 다분히 인상적인 평가를 내리고 있다. 그것은 추상화된 김용옥에 관한 논의에 불과할 뿐만 아니라, 김용옥의 철학적 기반을 희석화시켜 그가 가지고 있는 사상과 관련된 논의를 흐리게 만드는 데에 일조를 하고 있기 때문이다. 그러므로 김용옥을 어떻게 볼 것인가

하는 물음과 관련된 텍스트로는 위에서 언급한 '김용옥의 철학적 방법과 그 내용에 관한 텍스트'로 국한시켜야 할 것이다."[28]

나는 이 글을 읽고 좀 황당했다. 이게 바로 '지식폭력'의 전형이라는 생각까지 들었다. 그러니까 동양 철학을 모르는 사람은 김용옥에 대해 입 닫아라, 이건가? 그래서 함종호의 글에 무슨 고급스러운 이야기가 있는가? 없다. 이후 '철학의 공유화'니 '해석학'이니 '괄호'니 '텍스트'니 하는 말들이 계속 열거되고 있을 뿐, 나와 같은 보통사람에게는 도무지 무슨 말인지 알 길이 없다. 철학 저널에서야 그런다면 모르겠지만, 그 글이 실린『민족예술』은 그냥 나 같은 보통사람 보는 잡지 아닌가?

곧 별도의 글로 다루겠지만, 서지문의 경우도 그에 대해 쏟아지는 주된 비판은 동양 철학에 대한 전문가도 아닌 주제에 감히 김용옥에 도전했다는 것이었다. 나는 서지문의 김용옥 비판에 대해 별로 동의하지 않지만, 서지문에게 비판할 자격은 얼마든지 있다고 보는 사람이다. 그의 비판 내용도 그러한 '자격'과 합치했다는 게 내 생각이다.

왜 동양 철학을 모르면 김용옥에 대해 말할 자격이 없다고 생각하는 걸까? 그것도 일종의 '지식폭력' 아니냐 이 말이다. 아인슈타인 할아버지 되는 물리학자라도 그가 대중매체를 통해 '지식의 대중화'를 시도하는 한, 막말로 그 대중매체를 수용하는 그 누구건 다 비평의 자격이 있다는 게 내 생각임을 분명히 알아주시기 바란다.

김용옥을 천재로 보면 안 되나?

나는 김용옥에 대한 찬반을 떠나 김용옥을 둘러싼 담론의 복잡성에 있어서 이게 가장 중요한 갈등 전선이라고 생각한다. 함종호도 그걸 눈

---

28) 함종호, 〈도올의 고전 대중화 작업을 다시 보자: 열린 해석의 지평을 위하여〉,『민족예술』, 2001년 5월, 15-16쪽.

치챈 것 같다. 그래서 그도 김용옥과 관련된 텍스트는 두 가지의 경우로 나누어 살펴볼 수 있다며 "인간 '김용옥'에 관한 텍스트"와 "김용옥의 철학적 방법과 그 내용에 관한 텍스트"로 나누지 않았는가.

함종호는 이 두 가지 텍스트 가운데 "김용옥의 철학적 방법과 그 내용에 관한 텍스트"에 대해 말하겠다고 밝혔다. 좋은 일이다. 그런데 그는 엉뚱하게도 두 가지 텍스트가 있다고 말해 놓고선 "인간 '김용옥'에 관한 텍스트"를 다루는 걸 꾸짖는 태도를 취한다. 자신의 논의를 위해 "인간 '김용옥'에 관한 텍스트"가 아무런 도움을 줄 수 없다는 건 얼마든지 이해하겠는데, 그것이 "특정한 인간에 대한 사적 해석에 머물 위험성"이 크다고 호통을 친다. 아니 아예 '오류'란다. 참 희한한 양반이다. 그럴려면 처음부터 "인간 '김용옥'에 관한 텍스트"를 탐구하는 건 잘못된 짓이라고 말할 것이지, 무엇 때문에 두 가지 텍스트가 있는데 자기는 그 가운데 하나를 택하겠다고 '바람'을 잡느냐 이 말이다.

이 양반 글쓰는 능력에 문제가 있는 건가? 하도 어이가 없어 별 생각이 다 든다. "이와 같은 오류를 범하고 있는 예를 강준만에게서 찾을 수 있다"고? "강준만은 '김용옥은 천재이다'라는 다분히 인상적인 평가를 내리고 있다"고? "그것은 추상화된 김용옥에 관한 논의에 불과할 뿐만 아니라, 김용옥의 철학적 기반을 희석화시켜 그가 가지고 있는 사상과 관련된 논의를 흐리게 만드는 데에 일조를 하고 있기 때문"이라고?

죄송하지만, 정말 놀고 있다는 생각이 든다. 내가 왜 함종호의 이런 발언을 '지식폭력'이라고 하는 줄 아는가? 함종호의 말인즉슨, '인물비평'은 하지 않는 게 좋다는 뜻이기 때문이다. 인물이 쓴 텍스트만 갖고 놀자는 것이다. 그러나 나는 그렇게 못 놀겠다. 다분히 인상적인 평가건 그 무슨 평가건 나는 김용옥이 천재라는 주장에 양보할 뜻이 전혀 없다. 내가 장담하지만, '지적 엔터테이너'로서 김용옥 같은 천재를 또 구경하기는 대단히 어려울 것이다. 그건 그렇고, 나는 어떤 의미에서 김용옥을 천재라고 평가했던가? 다음과 같다.

"나는 김씨를 천재로 간주한다. 나는 그가 철학이라고 하는 학문 세계에서 천재라고 볼 수 있을 만큼 대단한 걸 보여줬는지 그건 잘 모른다. 그건 내 능력 밖의 일이다. 나는 그의 책을 거의 다 읽었지만 대부분의 독자들이 그러하듯 그의 독설만을 즐겨 읽을 뿐 좀 어려운 이야기로 들어가면 대충 훑어볼 뿐 아예 이해하려고 애쓰지도 않는다. …… 내가 김씨를 천재로 보는 건 기철학과는 무관하게 그의 탁월한 언어 구사 능력과 그것보다 더욱 탁월한 시간 관리 능력 때문이다. …… 나도 김씨 못지 않게, 아니 김씨보다 더 다작을 하는 사람이지만, 나는 글쓰는 일을 위해 인간관계를 아예 끊다시피 하면서 살고 있다. 사람을 만나는 시간도 문제지만 집중력이 방해받기 때문이다. 그런데 김씨는 그야말로 자유자재다. 내 어찌 그를 우러러 볼 수 있지 않으랴."

'지적 엔터테인먼트'도 소중하다

내 딴에 좀 재미있게 쓰자고 쓴 글이었다. 개그적 요소가 적지 않았다는 뜻이다. 이 글을 쓰면서 뒤늦게 재미있는 걸 하나 발견했다. 내가 출판사에 보낸 원고엔 위에 인용한 부분의 끝에 '용옥이 형님!'이라는 말이 들어가 있었는데 책을 보니 그게 없다. 아마 출판사에서 편집을 하면서 '해도 너무 한다'고 뺀 것 같다. 유감이다. 오히려 그게 있어야 내 의도가 살았을텐데 말이다. 이 글에 대해 정색을 하고 달려들면서 비판을 하는 사람들이 적지 않았기 때문에 하는 소리다.

물론 이 글의 문제에 대해선 내 탓이 크다. 여러 장르의 글을 동시에 써대는 바람에 헷갈리게 만든 책임이 내게 있다. 그래서 요즘엔 그런 장르의 글을 쓰지 않는다. 또 그 글을 쓴 이후 김용옥에게 생각했던 것보다 실망한 점도 있어 그에 대한 호의적 평가가 약화되었다. 그래서 이 글을 개작하면서 그런 점에 손을 보았다. 뒤에 실린, 〈철학이 '엔터테인먼트'가 되면 안 되나?: '지식폭력'에 대한 김용옥의 화려한 복수〉라는 글이 바로 개작을 한 글이다.

그 글에 대해 가장 혹독한 비판을 퍼부은 사람은 진중권이었다. 진중권의 비판은 나중에 또 다뤄지겠지만, 여기서 진중권의 비판 가운데 핵심적인 메시지라 할 만한 내용에 대해 잠시 해설을 하고 넘어가는 게 좋겠다. 진중권은 내가 김용옥을 옹호하는 이유에 대해 다음과 같이 말했다.

"아마 도올에게서 자신처럼 '상아탑의 세계를 박차고 …… 뛰어나와 …… 대중을 만나고자 하는 지식인'을 보기 때문이리라. 강준만 씨는 가끔 프로이트의 정신분석학을 원용하는데, 그럼 프로이트의 '햄릿론'도 알 것이다. 햄릿은 왜 숙부를 죽이지 못하고 고민하는가? 왜 강준만은 김용옥을 죽이지 못하는가? 아마 미크로 파시스트 김용옥 속에서 alter ego, 즉 또 다른 자신을 보기 때문이리라. 그는 도올을 내세워 간접적으로 자기의 '뛰는' 글쓰기를 변호한다. 굳이 그럴 필요 없는데."[29]

날카로운 분석이 아닐 수 없다. 그러나 이 분석은 매우 타당한 동시에 전혀 타당하지 않다. 무슨 말인가? 이렇게 설명을 하는 게 좋겠다. 진중권은 한국에서 둘째가라면 서러워 할 인터넷 논쟁의 대가다. 양(量)과 질(質) 모두 타의 추종을 불허한다. 그런데 『조선일보』가 인터넷 논쟁에 푹 빠진 어떤 사람을 단지 인터넷 논쟁을 많이 한다는 이유만으로 비난했다고 가정해 보자. 이때 진중권이 나서서 그 사람을 옹호한다. 이 경우, 우리는 진중권이 그 사람을 옹호하는 이유를 단지 그 사람에게서 '또 다른 자신을 보기 때문'이며 그 사람을 내세워 간접적으로 자신의 인터넷 논

---

29) 진중권, 〈강준만: 한 전투적 자유주의자의 지식인 혐오증?〉, 김동춘 외, 『자유라는 화두: 한국 자유주의의 열가지 표정』(삼인, 1999), 63쪽.

쟁을 옹호한다는 식으로 격하시켜도 괜찮은 걸까? "굳이 그럴 필요 없는 데"라고 토를 달아도 괜찮으냐 이 말이다.

절대 괜찮지 않을 것이다. 『조선일보』로부터 비판받은 그 사람이 '미크로 파시스트'라 할지라도 그 사람의 인터넷 논쟁 행위 자체를 옹호하는 것은 그간 사회적 논쟁을 독식해온 기득권 집단에 대한 저항의 의미가 있는 것이므로 진중권은 자신의 대의(大義)를 위해 그 사람을 옹호한 걸로 보는 것이 온당할 것이다.

나의 김용옥 옹호도 다를 바 없다. 김용옥에게 그 어떤 과오가 있건 그가 '지식의 대중화' 또는 '지식의 민주화'를 위해 애를 쓴 건 분명한 사실이다. 그게 '쇼'였을망정 나는 피곤에 지친 보통사람들이 그런 '쇼'를 즐길 수 있게 해준 공을 매우 소중하게 생각한다. 어찌됐건 '지식의 대중화'는 지금 내가 하는 모든 작업의 대전제이기도 하다. '지식의 대중화'가 부당한 비난에 직면해 있을 때 내가 나서는 건 매우 당연하며 마땅히 해야 할 일이다. 결코 "굳이 그럴 필요 없는" 일이 아닌 것이다.

다시 '천재' 이야기로 돌아가자. 나는 김용옥을 긍정적인 의미에서의 '지적 엔터테이너'로 간주하면서 그 분야의 천재로 평가한 것이다. 나는 진중권의 비판에 대한 반론에서도 진중권을 '천재'로 본다고 말했다. 말 나온 김에 말해두지만, 사회비평과 풍자에 있어서 진중권 같은 천재 만나기도 쉽지 않을 것이다. 진중권의 글을 좋아하는 사람들은 이게 무슨 말인지 잘 아실 것이다.

그런데 내가 답답하게 생각하는 것은 지식인들이 '지적 엔터테인먼트'의 가치를 너무 폄하한다는 것이다. 정말이지 나는 왜 많은 지식인들이 김용옥에 대해 그렇게 불편하게 생각하는지 모르겠다(물론 모르진 않는다. 그냥 해보는 소리다). 가수나 탤런트가 인기를 얻는 것에 대해선 불편하게 생각하지 않는데 왜 지식인이 TV를 통해 인기를 얻으면 문제가 심각하다고 호들갑을 떠는 걸까? 김용옥을 '지적 엔터테이너'로 간주하고 '김용옥 신드롬'도 일종의 대중문화 현상으로 봐주면 안 되는 걸까?

대중매체의 힘을 그렇게 과소평가하면 안 된다는 반론이 있을 수 있겠다. 그러나 내가 여전히 궁금한 것은 그렇게 대중매체의 문제를 잘 꿰뚫어보는 지식인들이 왜 신문에 대해선 이성을 스스로 마비시키는 걸까? 『조선일보』와 같은 조폭신문에 글을 기고하는 행위가 무얼 의미하는 건지 정말 모르는 걸까? 왜 자기의 대중매체 이용에 대해선 판단을 중지시키면서도 남의 대중매체 이용에 대해선 온갖 문제의식이 발동하는 걸까?[30]

이게 바로 두 번째의 주요 갈등 전선이다. 즉, '지적 엔터테인먼트'의 가치를 인정하느냐 인정하지 않느냐 하는 것이 김용옥을 평가하는 데 있어서 결정적으로 중요한 의미를 갖는다는 말이다. 그러나 이 갈등 전선은 앞서 언급한 첫 번째 갈등 전선과 분리돼 있는 게 아니다. "인간 '김용옥'에 관한 텍스트"를 무시해 버리면 '지적 엔터테인먼트'의 가치도 인정하지 않게 될 가능성이 높아진다. 이러한 다차원적 갈등 구도를 염두에 두면서 이제 김용옥에 대한 구체적인 논의에 들어가 보기로 하자.

---

30) 보수적인 기성 지식인들이 TV라고 하는 매체 자체에 대해 느끼는 반감은 보다 근본적인 것인지도 모르겠다. 부르디외의 다음과 같은 주장이 우리의 이해에 다소 도움이 될지도 모르겠다. "지배계급의 성원들, 특히 문화자본이 가장 풍부한 분파들이 TV나 라디오 퀴즈 쇼에 대해 얼마나 커다란 경멸감을 갖고 있는지는 익히 알려져 있는데, 그 이유는 그러한 프로가 사회(학)적 앙케트처럼 패러디를 통해 정통 문화에 대한 정통적 관계를 부정하려는 작태처럼 보이기 때문이다." 피에르 부르디외, 최종철 옮김, 『구별짓기: 문화와 취향의 사회학 上』(새물결, 1995), 157쪽.

지식인상을 둘러싼 '문화 충돌' 인가?

서지문의 김용옥 비판에 대해

취향의 충돌

'도올 논쟁'의 중심에 서 있었던 고려대 영문학과 교수 서지문의 김용옥 비판은 지식인상을 둘러싼 '문화 충돌'을 보여 주었다는 게 내 생각이다. 작게 보자면, '취향의 충돌'이라고 할까? 여기서 잠시 프랑스의 사회학자 피에르 부르디외의 주장을 음미해보자.

부르디외는 음악에 관한 이야기를 하는 데에 반감 같은 것을 가지고 있다. 그 이유가 재미있다. 음악에 관한 담론은 가장 인기 있는 지적 과시의 기회 가운데 하나가 되기 때문이라는 것이다. 음악에 관해 말하는 것은 자신의 교양의 폭과 해박성을 표현하는 훌륭한 기회인데, 그는 그것이 못마땅하다는 것이다. 음악에 대한 기호만큼 그 사람의 '계급'을 확인시켜 주는 것도 없으며, 또한 그것만큼 확실한 분류 기준도 없다고

하는 그의 주장은 귀담아 들을 만하다. [1]

한 개인의 기호 또는 취향이 그토록 많은 것을 폭로할 수 있는 것인지 의아하게 생각할 사람이 있을 것이다. 그러나 부르디외는 미적으로 편협하다는 것은 가공할 폭력성을 지니고 있다는 점을 상기시키면서, 기호는 혐오와 분리할 수 없다고 단언한다. 다른 삶의 양식에 대한 혐오는 계급 사이의 가장 두터운 장벽중의 하나라는 것이다. [2]

물론 서지문과 김용옥의 충돌은 계급적인 건 아니다. 계급으로 보자면, 김용옥이 대단히 귀족적인 취향을 갖고 있는 사람이라는 것이 반드시 지적되어야 할 것이다. 그 스스로 "난 역시 지독하게 귀족적인 놈이다"고 고백한 적도 있다. [3] 여기서 충돌의 내용은 지식인상에 관한 것이다. 그것 역시 취향의 일종으로 본다면, "우리의 자존심은 자기의 의견에 대한 비난보다는 자기 취향에 대한 비난에 의해 더욱 상하게 된다"는 말을 음미해 볼 필요가 있겠다. [4]

서지문은 도올 강의를 '공해(公害)'로 표현했다. [5] '계급' 보다 더 무서운 장벽이 두 사람 사이에 가로 놓여 있다는 걸 말해주는 게 아닐까? 두 사람은 1948년 동갑내기로 무슨 세대 차이가 있는 것도 아니다. 또한 두 사람 모두 서양 물을 많이 먹은 사람들이다. 도대체 무엇이 문제였을까? 서지문의 대표적인 발언 몇 개를 소개한 다음에 논의에 들어가 보기로 하자.

---

1) 피에르 부르디외, 문경자 옮김, 『피에르 부르디외: 혼돈을 일으키는 과학』(솔, 1994), 174-175쪽.
2) Pierre Bourdieu, 〈The Aristocracy of Culture〉, 『Media, Culture and Society 2』, (1980), p.253.
3) 김용옥, 『나는 불교를 이렇게 본다』(통나무, 1989, 중판 1997), 316쪽.
4) 라 로슈포꼬, 『잠언』; 피에르 부르디외, 최종철 옮김, 『구별짓기: 문화와 취향의 사회학 下』(새물결, 1996), 429쪽에서 재인용.
5) 김기철, 〈"도올 강의는 공해"〉, 『조선일보』, 2001년 2월 15일, 17면.

'소인이 군자를 강(講)하는 시대'

서지문은 『중앙일보』 2001년 2월 9일자에 기고한 〈소인이 군자를 강(講)하는 시대〉라는 제목의 칼럼을 통해 김용옥을 다음과 같이 비판하였다.

김용옥 교수는 이미 도올서원에서 공자를 몇 번씩이나 강의했다고 하는데 그의 태도와 분위기를 보면 공자가 제시했던 군자상의 지극한 아름다움을 한 번도 느껴보지 못한 사람 같다. 사람들이 길거리에서 자기를 알아본다고 의기양양하고, 비판을 받으면 분해서 펄펄 뛰는 김 교수는……쌍소리가 그의 트레이드 마크이자 공격과 방어의 청룡도인 김 교수는……김 교수는 증자와 유자를 자기 종이라도 꾸짖듯이 마구 폄훼(貶毀)하더니, 드디어는 공자마저 마치 자기의 문하생이나 되는 듯, "사무사(思無邪)라는 말로 나한테 점수 땄어"하는 것이 아닌가. 이런 사람이 소인이 아니라면 누구를 소인이라 하겠는가……1980년대에 김 교수가 쌍소리를 종횡무진으로 해서 충격파를 일으켰을 때는 비속어 구사가 일종의 권위거부적 선언성을 가질 수 있었다. 그러나 오늘날엔 권위의 부재가 위기상황에 이르렀고 젊은이들은 쌍소리하는 어른을 귀엽게 보아준다. 그러니까 중년을 넘긴 어른이 비속어를 남발하는 것은 젊은이들에게 재롱 떠는 것에 지나지 않는다. 게다가 도올의 비속어 사용은 천박할 뿐 아니라 지극히 부적절해서 역효과를 낸다.……계속 핏대를 올리며 쇳소리로 욕을 남발하는 사나이가, 남이 나를 알아주지 않아도 노여워하지 않고 오히려 내가 남의 가치를 모를까봐 걱정하고, 사욕이 없기 때문에 근심도 두려움도 없고 세속적 이익에 초연하기 때문에 몸과 마음이 언제나 편안하고 안색은 부드럽고 품격이 저절로 배어나오는 군자의 도를 강의하는 부조화가 재미있지 않아서 슬프다. [6]

金容沃 '논어' 논쟁 徐지문

徐 "小人이 君子를 강의…"

金 "9단이 9급에 무슨 말을"

"공자는 없고 소인(小人)만 있다. 논어의 도(道)는 사라지고 기교와 말장난만 남았다."

지난해 10월 시작된 KBS1TV '김용옥의 논어이야기'를 둘러싼 논란이 또다시 장안의 화제다. 도올 김용옥(金容沃)씨의 TV강의에 대한 논란은 어제오늘의 이야기가 아니지만 최근 한 대학교수의 강도 높은 비판이 이어지면서 김씨의 대응과 그 귀추에 관심이 쏠리고 있다. 서지문(徐之文·영문학) 고려대 교수는 9일 한 일간지에서 '소인(小人)이 군자(君子)를 강(講)하는 시대'라는 칼럼을 통해 '도올의 해석은 공자에 대한 모독이요 공자를 숭앙하는 모든 선비에 대한 모독'이라고 비판했다.

孔子는 어떤 생각할까…

서교수는 "김씨는 공자마저 자기의 분신이나 되는 듯 '공자가 나한테 점수 땄어'라고 말했는데 이런 사람이 소인이 아니면 누구를 소인이라고 하겠는가"라고 되물었다.

徐씨 "강의 비속어 남발"

서교수는 "김씨는 공자가 제시했던 군자상의 지극한 아름다움을 한번도 느껴보지 못한 사람"이라고 말한 뒤 "중년을 넘긴 어른이 비속어를 남발하는 것은 젊은이들에게 재롱을 떠는 것에 지나지 않는다"고 포문을 펴보였다.

김씨는 이날 밤 방송된 TV 강의에서 "나에 대한 여러 비판이 있는데 9단이 9급하고 바둑을 둘 수 있으나"고 말해 세간의 비판을 의축했다. 그러나 이날 강의는 서지문교수의 칼럼이 나가기 며칠 전 녹화되어서 서씨의 글과 직접 관련이 없는 것으로 확인됐다.

서교수는 이에 대해 12일 다른 일간지에 김씨를 비판하는 글을 발표했다. 서교수는 이 글에서 "김씨가 정말 동양학 9단이라면 그런 표현을 쓰지 않았을 것"이라면서 "동양의 대사상가들은 그런 식으로 자기를 높이는 인간을 가장 배우지 못한 인간으로 치기 때문"이라고 공격했다.

서교수는 "이 칼럼이 나간 뒤 '속 시원하다, 고맙다'는 전화를 많이 받았다"고 밝혔다.

김씨는 13일 저녁 서울 여의도 KBS 스튜디오에서 이번주 금요일 방영될 TV강의의 녹화를 끝낸 뒤 기자와 만나 자신의 입장을 밝혔다.

金씨 "내강의 인정받아"

그는 "서지문 교수의 글은 읽지 못한다"면서 "내 강의에 대한 비판에 의축해서 누구에게 무슨 말을 하겠느냐"는 말밖에 할 수가 없다"고 말했다.

김씨는 또 "나의 논어에 대한 해석은 학문적으로 가장 올바른 해석이라고 자부한다"고 말하면서 "내 강의 내용은 유교의 본산인 성균관대 교수들도 인정하고 있으며 내 강의로 인해 유교 문화를 다시 세울 수 있어서 다행이라고 말하고 있다"고 밝혔다. 그는 이어 "비판에 대한 반박은 이번 TV강의가 완전히 종료된 뒤로 미루겠다"고 말했다.

한편 김씨는 김우중(金宇中) 전 대우그룹 회장과 함께 아프리카를 여행하면서 나눈 이야기를 담은 책 '대화'(통나무출판사·1991년 출간)에서 김 전 회장을 가리켜 "한국기업사에서 새로운 전기를 이룩한 성인(聖人)"이라고 평가한 적이 있다. 이 책은 대우의 몰락에 이어 최근 김 전 회장의 비자금 사건이 붉거지면서 또다시 화제로 떠오르고 있다.

지난해 11월에는 이경숙씨(42)가 '노자를 웃긴 남자'(자인출판사·출간)라는 책을 통해 김씨의 지난번 EBS 노자강의를 "엉터리 삼류 개그쇼"라고 비판하는 등 김씨의 TV강의에 대한 비판이 이어지고 있다.

[이광표기자]

kplee@donga.com

('『동아일보』, 2001년 2월 14일)

"김용옥에 대해 가장 못마땅한 게 '9단이 9급하고 바둑을 둘 수 있으냐'는 따위의 권위주의다. '지식의 대중화'를 위해 나선 지식인이 커뮤니케이션의 쌍방성을 처음부터 봉쇄해 놓고 일방적으로 가르치기만 하겠다니 그게 말이 되나?"

김용옥의 스타일은 독보적인 것이긴 하지만, 지식인의 '치기(稚氣)'나 '자기 과시'는 김용옥이 처음은 아니다. 양주동을 비롯하여 여러 사람이 있었다. 서지문은 양주동을 어떻게 생각할까? 그 어떤 치기이건 간접적

---

6) 서지문, 〈소인이 군자를 강(講)하는 시대〉, 『중앙일보』, 2001년 2월 9일, 7면.

으로 전해 들었다면 그냥 웃어넘길 수도 있었을 터인데, 김용옥의 경우 안방에서 TV를 통해 직접 목격했기 때문에 서지문이 과민한 반응을 보이게 된 건 아닐까?

김용옥의 개그를 곧이 곧대로 받아들일 필요는 없으리라고 생각한다. 예컨대, 그는 『나는 불교를 이렇게 본다』에선 "성철 스님이 나에게 절을 삼천 배를 해도 나는 그를 만나주지 아니하리라!"[7]는 말을 해 많은 불교 신자들을 분노하게 만들었지만, 그가 백남준을 만나기 위해 애를 쓴 걸 보면 애처롭기까지 하다. 그의 『석도화론』에는 다음과 같은 이야기가 나온다.

> 난 도대체 백남준에게 접근할 방법이 없었다.
> "제가 올림피아로 며칠 전에 책 갖다드렸는데 기억하시죠?"
> "네, 네, 그런데 그게 전부 한글로 쓰여졌더군요. 난 그런 책은 안 봐요. 왜 스님이 한글로만 책을 쓰세요? 한문 없는 거는 책두 아녜요."
> 난 말문이 턱 막혔다. 내 『대화』라는 책을 거들떠 보지도 않는 모양이었다. 그리고 외관땜에 날 어늬 절간의 중놈으로만 알았다.[8]

'공자의 말씀과 후학의 혀'

서지문은 『문화일보』 2001년 2월 12일자에 기고한 〈공자의 말씀과 후학의 혀〉라고 하는 제목의 칼럼에서도 김용옥을 다음과 같이 비판하였다.

---

7) 김용옥, 『나는 불교를 이렇게 본다』(통나무, 1989, 중판 1997), 101쪽.
8) 김용옥, 『석도화론: 도올이 백남준을 만난 이야기』(통나무, 1992, 제6쇄 1996), 232쪽.

KBS에서 '도올의 논어 이야기'를 진행하고 있는 김용옥 교수는 지난 주, 최근 자신에 대한 비판이 있는데 상대할 가치도 없다는 의미로, "9단이 9급하고 바둑을 둘 수 있느냐"라는 비유를 썼다. 김 교수가 정말 동양학의 9단이라면 그런 표현은 결코 쓰지 않았을 것이다. 동양의 대사상가들은 하나같이 그런 식으로 자기를 높이는 인간을 가장 '배우지 못한' 인간으로 치기 때문이다. 게다가 그가 해설하는 성인들은 하버드대학 박사학위가 있는 사람만이 해석할 수 있는 도를 가르친 것이 아니고, 한문만 해독할 줄 알면 청소년도 충분히 알아들을 수 있는 도를 가르쳤다.…… 공자가 "내가 군자다"라고 자화자찬하는, 그런 사람인가. 도올의 해석은 공자에 대한 모독이고 공자를 숭앙하는 모든 선비들에 대한 모독이다.…… 그 이외에도 도올이 '논어 이야기'에 나와서 한 말 중에는 30년 이상을 학문을 닦아온 사람에게 너무도 어울리지 않는 말들이 많았다. 김정일이 사인(sign)도 잘하고 영화를 좋아하는 멋있는 사람이라든지, 김일성 유훈통치가 공자의 가르침에 맞는 것이라든지 하는 말들은 듣는 사람을 난감하게 한다. 북한동포의 비참상이 누구의 책임인가를 생각해 본 일이 없는가. 그래도 김 교수의 사회비판 중에는 새겨들을 만한 쓴소리도 많고 원용하는 일화들도 흥미롭고 여러모로 재미있는 프로인데, '논어'는 빼고 '이야기'만 해 줬으면 좋을 것 같다. [9]

내가 김용옥에 대해 가장 못마땅한 게 "9단이 9급하고 바둑을 둘 수 있느냐"는 따위의 권위주의다. 물론 그 말의 선의를 이해할 수도 있다. 그러나 '지식 대중화'를 위해 나선 지식인만큼은 절대 그런 말을 해선 안 된다는 게 내 생각이다. 커뮤니케이션의 쌍방성을 처음부터 봉쇄해 놓고 일방적으로 가르치기만 하겠다니 그게 말이 되나? 나는 그런 식의

---

9) 서지문, 〈공자의 말씀과 후학의 혀〉, 『문화일보』, 2001년 2월 12일, 6면.

'지식 대중화'엔 큰 문제가 있다고 생각한다. 그러나 서지문의 경우 TV 코미디나 개그 프로그램에 대해 어떻게 생각하는지 궁금하다. 지식인이 대중을 상대로 코미디나 개그를 할 수 있으며 그것이 바람직한 면도 있다는 것에 전혀 동의하지 않은 것 같아 안타깝다. 지식인상 또는 군자상에 대해 너무 경직돼 있는 고정관념을 갖고 있는 건 아닐까?

'화나면 밥도 안 먹는 군자?'

서지문은 『중앙일보』 2001년 3월 16일자에 쓴 〈화나면 밥도 안 먹는 군자?〉라는 제목의 칼럼에선 다음과 같이 말했다.

> 도올 김용옥이 자신을 동양학의 '9단'에서 '새발의 피'로 강등시켰다. 감히 아무도 도전할 수 없는 어마어마한 실력자에서 아무도 그 겸손을 따라갈 수 없는 간절한 구도자로 간판을 바꾼 것이다. 후자가 더 고차적이기는 하지만 역시 자신에 대한 비판에 정면대응을 회피하는 전략이다.…… 그가 공자 부자를 계속 "짱구 아들 잉어"같은 식으로 희화화하고, 유자나 증자의 가르침을 "개똥 같은 소리"라며 폄하하고, 심지어는 공자마저 자기 문하생처럼 점수를 매기는 그의 자세가 『논어』 해석자의 자세로서 부적절하다는 지적이므로 그는 자신의 자세와 언어를 중간 점검하고 앞으로도 같은 자세와 말투를 견지할 것인지를 밝혀야 할 것이다. 도올이 유포하는 부정확하고 불충분한 지식과 신중하지 못한 발언들은 그의 영향력을 고려할 때 지극히 근심스럽다. 그는 『논어 이야기』 20강 근처에서 한 강의를 전부 동서양의 철학과 종교를 개괄하는데 할애했는데, 헬레니즘은 세속적이고 합리적인 것이어서 유교와 공통된 것이고 헤브라이즘은 종교적이고 초월적이어서 불교와 같다고 주장하고 "나처럼 동서양을 포괄한 사람이 이제껏 없었다"며 자신을 극찬했다. 헬레니즘과

유교, 그리고 헤브라이즘과 불교는 유사성보다 본질적 상이성이 훨씬 큰데 둘씩 비슷하다고 생각하는 것은 이 사상들을 정확히 이해하는 데 도움이 되기보다 방해가 된다. [10]

결국 서지문과 김용옥 사이의 갈등은 김용옥의 '자세와 언어'에 있다는 것이 여기서도 잘 드러나고 있다. 물론 나도 김용옥의 "짱구 아들 잉어"니 "개똥 같은 소리"니 하는 김용옥의 언어 구사에 박수를 보내 줄 뜻은 없다. 그러나 그것만으로 김용옥의 강의를 공해(公害)로 규정하는 서지문의 반듯함에 대해선 더욱 박수를 보내주기 어렵다. 즉, 서지문의 김용옥에 대한 분노가 도를 넘은 것 아니냐는 것이다.

서지문의 이문열 비판

나로선 서지문의 일련의 비판이 좀 의외로 생각되었다. 평소 그가 쓰는 칼럼의 내용에 거의 대부분 공감해왔기 때문이다. 특히 이문열의 『선택』 사건'일어났을 때 그가 이문열을 호되게 꾸짖은 건 지금까지도 내겐 흐뭇한 기억으로 남아 있다.

서지문은 『문화일보』 1997년 8월 22일자에 쓴 칼럼에서 "『선택』이라는 소설을 보면 작가 이문열은 여권주의자들을 대부분 성도착자로 간주하고 있는 것 같다"고 일침을 가했다. [11] 그러자 웬만한 비판엔 대해선 끄떡도 않던 이문열이 『중앙일보』 1997년 9월 9일자 지면을 이용해 서지문의 실명을 거론하면서 "이제 그만 논쟁을 그치자"며 아주 구차스럽고 교활한 변명을 늘어놓았다. 그 변명이 어찌나 구차한지 서지문은 "안전

---

10) 서지문, 〈화나면 밥도 안 먹는 군자?〉, 『중앙일보』, 2001년 3월 16일, 7면.
11) 서지문, 〈남성들의 긴박한 선택〉, 『문화일보』, 1997년 8월 22일, 6면.

장치로 '그릇된 전도열에 감염된' 등의 수식구를 몇 개 넣었다고 해서 작가의 여성해방이념과 여성해방론자들에 대한 혐오와 적개심이 감추어지지는 않는다"면서 다음과 같은 따끔한 비판을 가한 바 있다.

> 이문열 씨는 이 책에서 여권론자들을 은근히 나병환자와 후천성 면역 결핍자에 빗대기도 했고, 9월 9일자 모 일간지 기고문에서는 '제멋에 겨워 신나게 돌아치는' 여권론자들에게 자기의 소설이 '뭣 좀 된다 싶은데 갑자기 덮어 씌워진 한 바가지 얼음물 같았을 것'이라느니 하며 여성운동가들에 대해 계속 야비한 언사를 남발하고 있는데, 이것이 영향력있는 작가이며 더욱이 고귀한 조상들을 자랑하는 양반의 후예가 써도 되는 말인가. 그리고 책에서 동료·후배들의 소설 제목을, 작품을 제대로 읽지도 않고서 부정적인 뜻으로 사용한 것이 '유감'이라고 했는데, 그는 일왕(日王)처럼 정식 사과를 할 줄 모르는 사람인가. 끝으로 말해두고 싶은 것은 비록 몇 사람 여성주의자들이 그의 소설의 어이없는 메시지에 대해 반박했지만, 그것이 무어 이 작품을 여성운동에 대한 가공스러운 위협으로 간주했기 때문은 아니라는 것이다. 그러니까 작가는 '선택'으로 인해 한국의 여성운동이 치명상을 입었으리라고 미안해하거나 또는 자축(自祝)하지 않아도 된다. 한 완고한 남성작가의 비이성적이고 억지스러운 비난에 흔들리기에는 수천 년을 내려온 부당한 억압과 인격말살을 거부해야 한다는 여성들의 자각과 의지가 너무나 강인하고 결연하니까.[12]

'공자'가 문제인가, 'TV'가 문제인가?

나는 이문열에 대해 말랑말랑하게 말하는 여성 지식인들을 좋아하지

---

12) 서지문, 〈『선택』의 어설픈 훈계〉, 『문화일보』, 1997년 10월 4일, 6면.

않는다. 이문열에 대해 좋게 이야기하는 여성 지식인은 경멸한다. 반면 이문열을 혹독하게 비판하는 여성 지식인에 대해선 아낌없는 찬사를 보낸다. 뭐 내가 대단한 페미니스트여서 그런 게 아니다. 이문열의 그런 '여성 모독'을 듣고도 지식인으로서 가만 있는다는 건 전체 여성에 대한 배신 행위라고 믿기 때문이다.

나를 그렇게 감동시켜 주었던 서지문인지라 나로선 그의 김용옥 비판이 너무 혹독한 것에 대해 의아하게 생각하지 않을 수 없었던 것이다. 서지문은 도올이 공자를 모독했다고 그러지만, 오히려 김진석의 다음과 같은 평가가 더 설득력이 있지 않을까?

"김용옥은 노자와 공자를 사랑하고 존중한다고 하지만, 실상 대중적 권력을 얻기 위하여 그들을 이용하는 몫이 더 크다." [13]

그렇다면 서지문은 도올의 '공자 이용'에 분노한 것일까? 아니면 문화평론가 조흡이 지적한 바와 같이, 서지문은 'TV 엔터테인먼트'라고 하는 형식을 문제삼은 걸까? 조흡은 다음과 같이 말한다.

간격과 경외심, 이는 상아탑에서 '객관적'으로 『논어』를 분석할 때 필요한 학자로서의 태도다.……따라서, 입에 거품을 흘려가며 갈라지는 목소리로 핏대를 올리는 도올은 우선 겉모습에서부터 이런 객관적 태도를 저버린 것이나 마찬가지다. 김용옥은 시청자들과 너무나 가까이 접근해 있을 뿐만 아니라, 그의 해석 또한 지극히 주관적이다. 서지문은 '어떤 사상가를 경모한다고 해서 그의 사상의 시대적 한계나 악용될 소지를 감지 못하게 되는 것은 아니다'고 전제하면서도 공자를 자신에게 '삶의 올바른 길을 제시해준 지고한 성인'으로 기리고 있다(『중앙일보』, 2월 15

---

13) 김진석, 〈철학의 광신적 대중화: 김용옥의 경우〉, 계간 『사회비평』, 제27호(2001년 봄), 37쪽.

서지문은 도올의 '공자 이용'에 분노한 것일까? 아니면 'TV 엔터테인먼트'라고 하는 형식을 문제삼은 걸까?

일). 비록 시간과 공간적 조건의 제약성을 인정했지만 여기서 그가 강조하는 것은 여전히 공자의 초월적인 영속성이다. 고전이란 도올이 마음대로 해석할 수 있는 것이 아니다. 오로지 한 가지 의로만 이해가 가능한 것이 고전이다. 공자는 절대적 가치를 지닌, '훼손'되어서는 안 될 존재인 것이다.……어떤 의미에서는, 서지문의 도올 비평이 결국 텔레비전이라는 형식을 문제삼고 있는 것이 아닌지 의문이 생긴다. 만약 김용옥이 신문에 똑같은 강의 내용을 기고했다면 그가 여전히 지금과 같은 비난의 대상이 될 수 있을지 궁금하다.……신문과 달리 방송은 지식인들의 매체라기보다는 평범한 시민들이 선호하는 미디어다. 그래서 텔레비전은 고급문화를 지향하는 대신 대중들의 기호에 열심히 '야합' 한다.……대중들은 텔레비전 『논어』 강의에서 김용옥이 점잖고 거룩한 목소리로 대학 교수처럼 강의하는 모습을 보고 싶어하지 않는다. 시청자들은 '계속 핏대를 올리며 쇳소리로 욕을 남발하는 사나이'가 훨씬 흥미롭다고 생각한다(『중앙일보』, 2월 9일). 그것은

그들의 심신이 지쳐 있기 때문이다. 그들에게 텔레비전은 힘들고 고달픈 일상의 걱정을 말끔히 잊게 해주는 유일한 수단인 것이다. 도대체 집에 돌아와서까지 어렵고, 딱딱하고, 졸리운 『논어』 강의를 무엇 때문에 주목해야 한단 말인가?……김용옥이 치기 어린 모습을 보여주면서 '상소리'를 섞어가며 『논어』를 요리하는 것은 나름대로 텔레비전이라는 매체의 속성을 제대로 파악하고, 자신의 역할에 충실하려는 노력의 일부로 생각해야 마땅할 것이다. 그는 자신이 상대하는 대상이 지식인이 아니라 평범한 대중들이라는 것을 잘 알고 있다. 그 또한 수강생이 바뀌면 그 사정에 맞게 강의 형식을 바꿀 줄 아는, 융통성 있는 지식인이라고 나는 믿고 있다.[14]

도올에 관한 '거짓말 같은 이야기들'

이젠 그만 빙빙 돌리고 곧장 내 생각의 핵심을 이야기하겠다. 나는 이 문제를 이렇게 생각한다. 어디 신문에도 나지 않은 이야기를 공개적으로 하는 게 꺼림칙하긴 하지만 이걸 거론하지 않고선 도올에 대한 제대로 된 논의가 불가능할 터인즉, 도올의 너그러운 이해를 바라마지 않는다.

우선 나의 도올에 대한 이해심은 내가 논어를 모르고 공자를 존경하는 마음이 없다는 데에서 비롯된 것일 수 있다는 걸 인정하지 않을 수 없다. 내겐 그냥 유익한 '엔터테인먼트'로 보일 수 있는 것도 논어를 알고 공자를 존경하는 사람에겐 전혀 달리 보일 것이며 얼마든지 분노할 수도 있을 것이다.

가장 중요한 건 도올에 관하여 학계에서 떠돌아다니는 거짓말 같은

---

14) 조흡, 〈텔레비전의 다양성인가, 신문의 획일성인가〉, 『월간 인물과 사상』, 2001년 4월, 156-159쪽.

이야기들이다. 물론 '100% 진짜' 인지 나도 장담할 수는 없지만 고려대 사람들로부터 여러 차례 '확실하다' 고 들은 이야기인지라 그 이야기들이 학계에서 도올에 대한 평가에 미치는 영향이 매우 크리라는 게 내 생각이다.

도올이 고대 교수로 있었을 때 몇 가지 유명한 사건들이 있었다. 구체적 내용은 밝히지 않겠다. 나는 그 이야기를 여러 번 반복해 들었는데, 들을 때마다 혀를 내두르며 박장대소하곤 했다. 도올이 대학교수로선, 아니 보통사람으로선 상상조차 할 수 없는 기행(奇行)을 여러 차례 저질렀으니 어찌 터져나오는 웃음을 참을 수 있으랴.

그런데 체질적으로 기행에 너그러운 나 같은 사람의 경우엔 그렇게 웃고 끝낼 수도 있겠지만, 대학교수로서의 최소한의 품위를 따지는 분들에겐 도올에 대한 경멸과 혐오가 극에 이르렀으리라는 건 충분히 짐작하고도 남을 일이겠다. 그런데 일반 대중은 이걸 전혀 모른다. 일부 학계 사람들만 아는 사실이다. 교수들의 도올에 대한 반감은 부분적으론 이와 깊은 관련이 있다는 게 내 생각이다. 나는 서지문도 그런 경우일 것이라고 생각한다.

도올에 대해 비교적 균형잡힌 시각을 보여주면서도 도올을 적극 지지하는 『도올 김용옥』의 저자 박정진은 자신의 책에서 김용옥에 대해 "왜 그렇게 매스컴을 좋아해 그 친구!"라고 비아냥대는 고대 교수들의 반응을 소개하고 있다.[15] 물론 박정진은 그런 비아냥에 대해 반론을 한다. 그러나 그건 결코 반론할 수 있는 일은 아닐 것이다. 김용옥이 과거에 고대 교수들을 겨냥한 것으로 이해될 수 있는 교수 비판, 아니 매도를 엄청나게 하고 다녔다는 걸 먼저 이해해야 할 것이다. 그의 매도 가운데엔 말되는 게 많긴 하지만, 표현이 너무 심했고 누워서 침뱉는 말도 있기에 그

---

15) 박정진, 『도올 김용옥 2』(불교춘추사, 2001), 135쪽.

걸 곱게 봐줄 교수들이 많을 것 같지는 않다. 그는 고대를 그만 둔 후 낸 『대화』라는 책에서만도 교수들을 다음과 같이 씹어댔으니!

"우리 나라도 이미 대학 졸업자 중에 대학원에 진학하느라고 남는 놈들은 대부분 갈 곳이 없는 놈들 아니면, 외곬로 빠진 좀 이상한 놈들 아니면, 모험심이 결여된 무기력한 인간들이다. …… 우리 나라에서 가장 책을 안 읽는 계층이 교수다. …… 교수들이 출간하는 학술서적도 서로 안 읽기 경쟁이라도 하는 듯 거의 서로 읽지 않는다. 그리고 그들의 라이브러리를 지배하는 장서라는 것은 대강 그 잘난 '원서' 라는 지식의 젖줄에 의존하는데, 그 원서라는 것의 학문 수준도 알고 보면 대부분 유치한 것들이다(단지 외국어로 쓰였다는 것일 뿐). 그리곤 교수연구실에 앉아 하는 잡담 몇 마디, 그리곤 신문조차 안 읽는 녀석들이 대부분이다. 그리곤 교수들일수록 저녁에 서로 만나 학문 얘기를 하면 죽을 놈이다. 될 수 있는 대로 학문과 거리가 먼 음담패설이나 가십에 능통할수록 그는 인기가 있다. …… 교수는 철이 안 든 녀석이 많다. 세상물정을 모르고, 조직상의 관례나 예의를 모르며, 오로지 저 잘난 맛에만 살며, 긴장과 경쟁이 없기 때문에 나른하며, 간섭을 받거나 사람에게 부대끼는 일이 없기 때문에 괴팍하며, 막상 인간을 대상으로 학문을 해야 하는 자들이 가장 인간의 현 실태에 대하여 무지한 경우가 많다. 사람을 모르는 놈들 그래서 철이 없는 놈들, 그래서 나른한 녀석들, 그런 녀석들이 교수의 99%를 형성하는데 비한다면, 내가 만난 기업사회의 사람들은 훨씬 더 인간적으로 세련되어 있었고, 영어로 쉽게 말해서 '나이스 피플' 들이었다. …… 내가 귀교했을 때만 해도 본교출신 패컬티로서 나만큼이라도 외국문물을 본격적으로 접한 인물은 희례에 속했다. 고대는 원래가 민족대학 운운하는 촌놈들 집단이었기 때문에 '외국유학' 과는 거리가 멀었다. …… 학자사회만 해도 도대체 술을 안 먹으면 나쁜 놈이 되어 버립니다. 니가 뭔데 술을 안먹느냐고 고래고래 소리지르는 학자놈들, 예술패들한테 심하게

당하는 게 한두 번이 아닙니다." 16)

『대화』를 읽지 않았을 리 없는 박정진은 그럼에도 불구하고 김용옥을 옹호하였지만, 그에게도 도무지 풀리지 않는 수수께끼가 있는 것 같다. 그는 자신이 강의를 나간 한양대에서 있었던 일을 다음과 같이 소개하고 있다.

"글쓴이는 한양대 학생들에게 고려대 학생들을 만나보고 그들의 이야기를 들어보라고 했다. 고려대 학생들을 만나보고 와서 하는 이야기는 놀라운 것이었다. 한양대에서 글쓴이가 하는 수업 시간에서 나눈 이야기와 달리, '선생님, 고려대 학생 간부들과 이야기를 해보니 이야기가 전연 다릅니다' 이다. '좋게 보지 않더군요' 라고 한다. 글쓴이는 놀라지 않을 수 없다. 선생들 가운데서는 몇몇이 '씹히는 대상' 임을 이미 알고 있지만, 젊은 대학생들은 김 선생의 강의를 들었고, 그리고 그들은 이 땅의 내일을 짊어질 '새싹' 이라는 점에서 김용옥 교수가 다른 형태로 수용되며, 꽃피우게 되리라는 것을 기대했었다. 그러나 '씹는 선생의 씹는 학생일 뿐' 이라는 데 생각을 다시 하지 않을 수 없었다. 물론 여기서 짚고 넘어가야 할 것은 '새싹' 은 분명히 있을 것이며, 많을 것이라는 인식이다. 우리 학생이 만나본 것은 소수일 것이고, 동시에 그가 놀랍게 들었던 것만을 과장해서 내게 이야기한 것일 수도 있다." 17)

도올 기행(奇行)의 경험 방식이 중요하다

그럴 수도 있겠지만, 그렇지 않을 수도 있다. 어찌됐건 여기서 중요한 건 '기행' 을 어떻게 볼 것인가 하는 점이다. 나는 일단 그걸 이해하는 쪽

---

16) 김용옥, 『대화: 김우중·김용옥 나눔』(통나무, 1991, 8판 1993), 100, 101, 104, 136, 244쪽.
17) 박정진, 『도올 김용옥 2』(불교춘추사, 2001), 137-138쪽.

으로 이야기를 해보겠다. 예컨대, 교수들끼리 사석에서 만나서 하는 소리를 들어보자. 돈 이야기를 포함해 자기를 알아준다는 등 안 알아준다는 등 별 이야기가 다 나올 것이다. 그 교수가 쓴 어떤 글을 읽고 깊은 감동을 받은 사람이 그 사석에서의 대화를 듣게 된다면 무척 놀라고 실망할지도 모른다.

내가 아는 어떤 분은 만나기만 하면 돈 타령이다. 모든 걸 다 돈과 연결시킨다. 그러나 나는 그런 그가 좋다. 그렇다고 해서 그 분이 정말 돈을 그렇게 밝히느냐 하면 그건 아니기 때문이다. 그냥 버릇이다. 오히려 여러 명이 밥 먹는 경우 자기 돈 못 써서 안달이다. 그러나 누가 그의 돈 타령을 듣고 그 분을 판단한다면 어떻게 될까?

나는 내가 사석에서 하는 말을 누가 듣는다 하더라도 큰일날 건 없다고 생각하는 편이다. 물론 욕은 꽤 하는 편이지만, 겉 다르고 속 다른 모습은 별로 없다고 생각한다 이 말이다. 그러나 큰일날 건 없다는 것이지, 난들 어찌 공적인 자리와 사적인 자리를 구분하지 않겠는가? 모든 대학 교수들이 다 그럴 것이다.

그런데 내가 알기로 단 한 사람 예외가 있다. 그게 누군가? 지금은 교수가 아니라곤 하지만, 바로 김용옥이다. 나는 은밀한 사적인 자리에서 해도 낯이 뜨거울 수 있는 이야기를 공개적으로 마구 해대는 김용옥을 보고 놀랐다. 아니 김용옥의 바로 그 점을 좋아하는 사람들도 적지 않을 것이다. 나는 그 점을 좋아하지는 않는다. 그의 치기(稚氣)가 지나치다고 생각하는 편이다.

그러나 나는 동시에 김용옥의 그런 행태에 대해 분노하지도 않는다. 그렇지만 분노하는 교수들도 있으며 그 수는 매우 많을 수도 있다. 나는 이건 누가 옳다 그르다 하고 따질 수 있는 문제는 아니라고 생각한다. '문화'의 문제라고나 할까? 나는 김용옥을 둘러싼 찬반양론을 볼 때마다 그 기저엔 어떤 '문화 충돌'이 자리잡고 있다고 생각한다. 일단 '문화 충돌'로 인해 한 번 나쁘게 보기 시작하면 이렇게 볼 수도 저렇게 볼 수도 있는 일까지 나쁘게 볼 수 있지 않을까?

앞서 말씀드렸다시피, 문제는 어떤 경로를 거쳐 김용옥의 기행을 알게 되었는가 하는 것이다. 나는 멀리 떨어져 있는 사람일수록 더 김용옥의 기행에 관대할 수 있을 것이라고 생각한다. 초당대 교수 김영주는 그 점을 꿰뚫어 보고 있는 듯, 김용옥에 대해 다음과 같이 말한다.

"그의 치기(稚氣)어린 거친 모습이 타고난 성질머리를 고치지 못해서인지 아니면 노장사상에 빠져서 무위(無爲)의 추구가 긴 세월에 젖어들어서인지 알 수 없다. 그것이 가까이 접한 사람에게 심한 상처를 주는가 싶기도 하다. 그러나 글과 책 그리고 화면으로 그를 만난 나는, 그의 거친 모습이 좀 심하다 싶어 거부감이 들면서도, 오히려 거꾸로 순진무구하고 귀엽게까지 보이는 걸 어쩔 수 없었다. …… 그가 아직 학문의 고결함에 많은 구멍과 헐렁함이 있고, 언행의 소박함에 치기어린 거침을 벗겨내지 못하고 있기에, 나는 그를 존경하지는 않는다. 그래도 이 땅의 학자가 협소하고 경직된 전문지식과 세속의 허영으로 가득 찬 위선에 분노하는 그의 모습에서, 나는 타는 목마름에 샘물 같은 신선함을 맛본다. 그의 원대한 꿈이 달성되기를 진심으로 바란다." [18]

'비판과 모함 혼동하는 사회'

여태까지 매우 조심스럽게 말은 했지만, 나는 서지문의 김용옥에 대한 비판에 동의하지 않는다는 걸 분명히 했다. 그러나 서지문과 관련해 내가 정작 하고 싶은 말은 이제부터다. 서지문은 『문화일보』 2001년 4월

---

18) 김영주, 〈도올 김용옥의 『노자와 21세기』를 말한다〉, 『사회연구』(광주사회조사연구소), 창간호(2000년), 186, 191쪽.

27일자에 쓴 〈비판과 모함 혼동하는 사회〉라는 제목의 칼럼에서 다음과 같이 말했다.

> 도올의 추종자들에게서 폭우처럼 쏟아지는 욕설들도 믿어지지 않을 만큼 격렬하고 비이성적인 것이었지만, 신문의 기사나 칼럼에서 나의 비평을 '인신공격'이나 '인상비평'이라고 부르고, 내가 도올의 성공과 인기를 질투해서 그를 공격했다는 주장은 나를 어리둥절하게 했다. 내가 도올의 사생활을 뒷조사해서 공개를 했다면 '인신공격'이 될 수 있을지 모르지만 그가 전국에 방영되는 프로에 나와서 한 언사를 비판한 것이 어떻게 인신공격이 될 수 있으며, 그의 논어구절의 해석이 잘못 되었음을 지적한 것이 어떻게 '인상비평'인가. 그리고 나는 도올과 전혀 경쟁적인 위치에 있지 않은데 내가 왜 그를 질투하겠는가. 최근에 어떤 대학교수는 도올같이 '불가사의한' 카리스마를 갖고 있는 문화권력자를 공격하는 것은 "뜨고 싶으면 센 자를 물어뜯어라"는 연속극 '아줌마'의 주인공의 책략과 같다고 주장했다. 강력한 카리스마의 소유자는 비판의 성역인가. 지식인은 막강한 문화권력자의 언행과 강의태도를 비판해서는 안 되는가. 이런 사람은 아마 공분(公憤)에서 비판 충동을 느껴본 일이 한 번도 없고, 남을 물어뜯고 싶을 때만 비판하는 모양이다.[19]

나는 서지문의 김용옥 비판 동기를 놓고 '소설'을 쓰는 사람들에 대해 서지문 이상으로 분노한다. 이걸 좀 단단히 짚고 넘어가야겠다. 서지문의 칼럼에서 언급된 '어떤 대학교수'는 숙명여대 교수 홍사종이다. 앞서 인용된 부분도 있지만, 홍사종은 『중앙일보』 2001년 4월 21일자에 쓴 〈"센 자를 물어 뜯어라"〉라는 제목의 칼럼에서 다음과 같이 말했다.

---

19) 서지문, 〈비판과 모함 혼동하는 사회〉, 『문화일보』, 2001년 4월 27일, 6면.

"그의 수난은 TV라는 대중적 권력매체와 결합하면서 시작된다. 권력을 획득한 자를 그냥 내버려 둘 세상이 아니다. 지식사회가 본질에서 한참 벗어난 도올의 언행과 강의 태도까지 맹렬한 물어뜯기를 시작하자 대표주자들이 갑자기 신문지면을 통해 뜨기 시작했다. 하긴 센 자 물어뜯기에 편승해 같이 뜨는 것도 신문이기 때문에 이 물어뜯기 경쟁에 가담하지 않은 미디어도 없었을 것이다. 도올을 폄훼해 얻어지는 것은 별반 노력 없이도 그가 획득한 권력 위로 물타기해서 올라가 손쉽게 누리는 또 다른 맛의 권력이 아닌가 싶다. …… 그러나 진정으로 더 심각한 일은 세상사람들조차 이런 지식사회의 선동에 휩쓸려 병리적 현상에 가까운 묘한 카타르시스를 느끼며 함께 몸을 떤다는 사실이다. 이제 물어뜯어야 뜨는 지식사회의 이러한 해악적 풍토가 온 나라를 그르칠까 염려스럽다. 물론 센 자도 비판의 대상이 돼야 한다. 그러나 물어뜯는 것은 비판이 아니다." [20]

정말이지 이러시면 안 된다. 홍사종의 이 주장은 명백한 실언(失言)이다. 권력을 획득했으면 획득한 만큼 비판을 받는 게 당연하다. 그러한 비판에 대해 뜨기 위해 물어뜯는 것이라니, 세상에 이런 말이 어디에 있나? 그런 식으로 따지자면, 홍사종의 이 칼럼도 뜨기 위해 누군가를 물어뜯는 게 아니고 무엇인가?

지식계엔 '긴장'이 필요하다

내가 긍정적으로 평가하는 책 『도올 김용옥』의 저자인 박정진마저도 '뜨기 위해 물어뜯는다'는 실언을 수용하는 것 같아 이만저만 안타까운 게 아니다. 도대체 왜들 이러는 걸까? 우선 나는 박정진이 『세계일보』에

---

20) 홍사종, 〈"센 자를 물어 뜯어라"〉, 『중앙일보』, 2001년 4월 21일, 7면.

도올 김용옥의 가장 큰 약점인 자기과시는 자기폭로와 자신이 몸담은 학계 현실의 폭로로 이어지는 이중상을 짓고 있다.

(『경향신문』, 2001년 7월 6일)

한국 사회, 특히 지식계엔 '긴장'이 필요하다. 이름을 얻으면 얻는 만큼 언제든지 씹힐 수밖에 없다는 걸 각오해야 한다. 지식인이 되면 '씹히지' 않으려고 공부를 열심히 하게 될 것이기 때문이다.

기고한 글에서 한 김용옥에 대한 다음과 같은 평가에 동의한다는 걸 밝혀 둔다.

"그는 무엇보다도 지식의 계급화를 타파하는 데 일등공신이었다. 우리의 알량한 지식인들은 언제나 패거리를 지으면서 자신의 성(城)을 만들고 거기에 안주하면서 향원(사이비 지식인)으로 전락하여 왔다. 그래서 우리의 문화는 저 민중의 바닥에 이르는 총량의 확대에 실패하기 일쑤였고 민중의 바닥에서 새롭게 태어나는 창조적이고 주체적인 문화를 이루는데 다른 나라에 뒤처졌다. 이것이 사대주의의 정체인 것이다."[21]

---

21) 박정진, 〈도올 김용옥을 말한다〉, 『세계일보』, 2001년 5월 28일, 20면.

그렇다. 크게 보자면, 김용옥은 분명히 그렇게 평가할 만한 점이 있다. 그러나 작게 보자면, 김용옥이 저지른 과오는 하나 둘이 아니다. 그런 과오에 대해 비판을 한다고 해서 "왜 김용옥의 가치를 몰라주느냐?"는 식으로 항변하는 건 온당치 않다는 것이 내 생각이다. 또 김용옥은 사대주의에 저항한 면도 있지만 동시에 사대주의를 이용하고 사대주의적인 면을 보인 점도 있다는 걸 인정하는 것이 공정할 것이다. 어찌됐건, 박정진이 김용옥의 큰 가치에만 매몰돼 다음과 같이 말한 것엔 결코 동의할 수 없다.

"지금 그를 무대에서 내려오게 한 몇몇 사람들은 무슨 개선장군처럼 으시댈지 모른다. 그러나 그들 대부분은 김용옥의 인기를 편승하려고 했거나 자신도 할 수 없는 것을 남이라고 해서 함부로 요구하거나 아니면 자신의 성(城)에 갇혀서 선악을 제멋대로 재단하는 심판자의 횡포를 부리지는 않았을까. 김용옥의 독설과 광기 속에 숨은 민중에 대한 애정을 살피고 김용옥의 오만과 좌절 속에 천재들의 고독을 볼 줄 알았다면 결코 우리는 그를 쉽게 매도할 수 없었을 것이다."[22]

지나치다. 김용옥 비판자들이 김용옥의 어린애 같은 치기에 대해서까지 관대해야 할 이유는 없잖은가. 박정진이 주장하는 식으로 따지자면 김용옥은 '심판자의 횡포'를 부리지 않았던가? '민중에 대한 애정'이라니 이건 또 무슨 말인가? 그 유명한 '노태우 사건'과 '김우중 사건'은 어떻게 설명하실 생각인가? 박정진은 『도올 김용옥』에서도 다음과 같이 지나친 말씀을 해대신다.

"김용옥에게 맡겼으면 춤을 추던 노래를 부르든 굿판을 벌이든 그냥 두고 바라볼 필요가 있지 않을까. 괜히 사사건건 트집 잡으면서 비판의 도마 위에 올리는 폼이 내가 보기에는 제도권에 안주하는 지식인이 자신

---

22) 박정진, 〈도올 김용옥을 말한다〉, 『세계일보』, 2001년 5월 28일, 20면.

들의 보수진영을 흠집내고 그 동안 자신들이 저질러온 직무유기를 드러낼까, 행여 권위에 손상을 당하지 않을까, 지레 안달하는 혐의가 짙다." [23]

이렇게 말씀하시면 절대 안 된다. 이건 정말 위험한 생각이다. 김용옥에게 맡기긴 누가 무얼 맡겼단 말인가? 김용옥에 대해 비판하는 사람들은 맡긴 적 없다. 그리고 그들은 전기세 내고 시청료 내는 만큼 TV에 대해 이러쿵저러쿵 할 권리가 있으며, TV에 출연하는 사람은 그 누구든 비평과 비판의 대상이 되게 돼 있다. 그게 그 매체의 속성이다.

내가 "잘 나가는 사람 씹으면 큰다"는 돼먹지 않은 속설에 대해 분노하는 이유가 있다. 그 속설이 힘을 얻게 되면 사람들이 오해받지 않기 위해서라도 거물이나 잘 나가는 사람에 대한 비판을 자제하게 될 것이다. 그건 사회적으로 아주 좋지 않은 결과를 초래하게 된다.

물론 자기가 크기 위해 잘 나가는 사람 씹는 사람이 전혀 없진 않을 것이다. 그러나 무조건 씹는다고 크나? 제대로 씹으려면 실력이 있어야 한다. 엉터리로 씹었는데도 클 수 있다고 생각하나? 천만의 말씀이다. 오히려 함부로 까불다가 자기가 죽는다. 한국 사회가 아무리 개판이라도 그 정도까지 개판은 아니다. 제대로 씹을 정도의 실력이 있다면 크는 게 당연하다. 배 아파할 것 하나도 없다.

한국 사회, 특히 지식계엔 '긴장'이 필요하다. 지금 그게 너무 없어서 탈이다. 이름을 얻으면 얻는 만큼 언제든지 씹힐 수밖에 없다는 걸 각오해야 한다. 그건 매우 공평한 게임이다. 유명 지식인들이 씹히지 않게끔 몸조심하고 계속 공부도 열심히 하는 가운데 나라가 잘 된다. 조금만 크면 학연으로 패거리 만들어 제왕(帝王)처럼 군림하는 게 바람직하다고 생각하는 게 아니라면 앞으로 제발 그런 실언은 모든 사람들이 삼가야 할 것이다.

---

23) 박정진, 『도올 김용옥 1권』(불교춘추사, 2001), 3쪽.

김용옥에 대한 비판도 그렇다. 나는 조중동(조선 – 중앙 – 동아)이 신문 장사를 위해 김용옥 비판을 이용한 게 역겨웠고 김용옥에 대한 비판에 대부분 동의할 수 없었지만 김용옥을 비판한 사람들 가운데 자기가 크기 위해 비판에 임한 사람은 한 명도 없었을 거라 믿는다. 아니 또 있으면 어떤가? 그런 식으로 따지자면 김용옥은 처음에 그런 식으로 크지 않았나? 내가 김용옥에 대해 상당히 긍정적인 생각을 갖고 있으면서도 제일 싫어하는 게, 개그가 아니라 진지하게, 타인과의 논쟁 자체를 인정하지 않으려는 오만함이다. 그러면 안 된다.

'비판의 양지화'가 필요하다

우리 나라 사람들이 남 잘 되는 꼴을 못 본다는 주장도 좀더 세심한 질적 분석을 필요로 한다. 그건 음지에서 이루어지는 일이지 사회적 공론장에 적용시켜선 안 될 말이다. 활발한 논쟁과 토론이라는 것은 앞서 가는 사람을 씹는 걸 전제로 한 것인데 그걸 가리켜 남 잘 되는 꼴을 못 본다고 말해선 안 될 것이다.

자꾸 이걸 오해하는 분들이 많은 것 같아 여기서 확실하게 짚고 넘어가야겠다. 이규태는 우리 나라 사람들이 남 잘 되는 꼴을 못 본다는 게 근거가 있다며 그 이유를 촌락공동체의 생리에서 찾고 있다. 그는 다음과 같이 말한다.

"누군가가 잘 되거나 누군가가 잘 살게 되면 배리감을 갖고 그것이 질투로, 그 질투가 모략과 헐뜯는 일로 곧잘 진전하는 이유가 바로 한국인의 촌락공동체의 평균 인간 체질 때문인 것이다. 모나지 않는 평균 인간으로서 공존하고 싶은데 누군가가 그 평균성을 벗어나려 하면 발을 끌어내려 평균층에 있게 하려는 심리 취향이 곧 시기 질투로 발전한다. 예부터 한국인을 '독 속의 게 꼴'이라고 비유했다. 오지독 속에 많은 게를 잡아 넣어두면 제각기 독의 벽을 타고 기어오르려 한다. 그러나 다른 게가 기어오르는 게를 붙들고 늘어져 밑으로 떨어진다. 독 속에서 제각기 기어오르고 붙들고 떨어지고 하는 반복운동을 계속함으로써 어느 한 마리도 기어나오질 못한다. 한국인의 집단생활에서 '독 속의 게' 현상은 너무나 보편적이고 자연스럽다. 어려워지거나 불행해지면 서로를 잘 돕지만 누군가가 출세를 하거나 돈을 잘 벌거나 승진이 빠르거나 하면 숨어서 욕을 하고 흉을 본다. 누군가가 이 비평균 인간을 헐뜯으면 속으로 시원해지는 카타르시스마저도 느낀다." [24]

전적으로 동의할 수는 없을망정 일리 있는 말이라고 생각한다. 그런데 여기서 중요한 건 이규태도 지적하였다시피 "숨어서 욕을 하고 흉을 본다"는 점이다. 바로 이게 문제인 것이다. 자기 자신을 떳떳하게 드러내고 공개적으로 비판하는 건 장려해야 할 일이다. 그런데 많은 사람들이 그 중요한 차이를 구분해주지 않고 공적인 비판 행위를 비아냥대면서 우리 나라 사람들은 남 잘 되는 꼴을 못 본다고 말하고 있으니 이 어찌 개탄하지 않을 수 있으랴.

사실 나는 숨어서 욕을 하고 흉을 보고 뒤통수 때리는 행위의 피해자다. 나는 숨어서 욕을 하고 흉을 보고 뒤통수 때리는 인간들에 대해 강한 혐오감을 갖고 있다. 또 그런 자리에서 나온 욕과 흉이 무슨 대단한 것이나 되는 것처럼 평가하면서 그걸 공개적으로 나에 대한 비판의 근거로 삼는 인간들에 대해서도 강한 혐오감을 갖고 있다. 그러나 나는 자기의 얼굴과 이름을 드러내고 나에 대한 실명 비판에 임하는 사람에게는 정반대의 생각을 갖는다. 내가 그러한 비판에 대해 동의할 수 없을 뿐만 아니라 그러한 비판에 화를 내게 될지라도 그런 '비판의 양지화'야말로 우리 사회가 잘 되게 하는 길이라는 강한 믿음을 갖고 있는 것이다.

---

24) 이규태, 『한국인의 버릇: ①버리고 싶은 버릇』(신원문화사, 1991, 12쇄 1994), 73쪽.

물론 비판적 지식인들도 분명히 반성할 점이 있다. 20대나 30대 초반까지는 열심히 비판하다가 자기가 조금만 나이 먹으면 이젠 자기가 당할 수도 있다는 생각이 들어 비판을 멈추는 사람들이 수두룩하다. 사실 그런 사람이 많아 그런 말이 나오게 된 건지도 모른다. 그러면 안 된다.

바로 그런 잘못된 문화 때문에 '책임'이 실종됐다. 한국의 지식인들은 모름지기 10대 소녀의 감수성을 버리고 좀더 강해져야 하지 않을까. 밤낮 사회를 향해 훈계하면서 자기는 비판을 받지 않겠다니 그게 말이 되나? 또 좀 독설이 섞인 비판을 받았다고 해서 비판을 한 사람을 마치 원수처럼 생각하는 밴댕이 소가지를 발휘해서야 쓰겠는가?

이제 페이지를 넘겨 읽게 될 〈철학의 광신적 대중화인가?: 김진석의 김용옥 비판에 대해〉라는 글은 전혀 다른 관점에서 김용옥을 비판하고 있어 흥미롭다. 김진석은 서지문 이상으로 김용옥을 혹독하게 비판했지만, 김진석의 비판과 서지문의 비판은 여러 점에서 충돌된다. 사실 '알맹이'를 놓고 보자면 서지문이 더 반발해야 할 글은 김진석의 글인지도 모른다. 물론 서지문은 김용옥의 '스타일'만 문제삼았을 뿐이라고 볼 수도 있겠지만, 서지문의 그러한 문제 제기는 고전에 대한 지극한 존중심에서 비롯된 것이었기 때문에 '알맹이'와 결코 무관한 게 아니다. 나는 서지문이 김진석의 글에 대해 평가를 한다면 그러한 평가를 통해 자신의 김용옥 비판의 적실성을 검증해보는 기회를 가질 수 있으리라 믿는다.

철학의 광신적 대중화인가?

김진석의 김용옥 비판에 대해

'권위주의적 해석 행위'

인하대 교수인 철학자 김진석은 계간 『사회비평』 2001년 봄호에 〈철학의 광신적 대중화: 김용옥의 경우〉라는 글을 썼다. 탁월한 글이다. '문화특권주의'와 '지식폭력'이라는 이 책의 테마와 관련해 내가 가장 주목한 김용옥 비판은 바로 김진석의 것이었다. 차례대로 내가 중요하다고 생각하는 대목들을 인용한 후에 내 생각을 말씀드리도록 하겠다.

> 노자와 공자의 말씀을 기록한 기록물을 해석하는 일은 '성서'를 해석하는 일에 상응한다.…… 이러한 종교적 해석은 역사 기록에 대한 왜곡이며 아전인수이다. 더 나아가서 성서의 권위를 황금빛으로 덧칠해야만 가능해지는 동양고전의 해석학, 그것은 음험한 권력욕을 감추고 있는 권위

주의적 해석 행위이며, 자신을 성스러운 말씀의 독점적인 대행인으로 내
세우는 신학적이며 보수적인 해석 행위이다."[1]

나는 분명히 김용옥에게 그런 면이 있다고 생각한다. 그런데 내가 궁
금하게 생각하는 것은 김용옥 특유의 엔터테인먼트 요소, 즉 '혼자 잘난
척하기'나 '과장하기'와 같은 것들을 다른 지식인들의 글과 똑같은 방식
으로 비판의 대상으로 삼는 것이 과연 온당하냐는 것이다. 예컨대, 김진
석이 위와 같은 주장을 뒷받침하기 위해 인용한 김용옥의 다음과 같은
말을 어떻게 보아야 할까?

"내가 다 해설을 못해도, 한 글자도 그냥 지나칠 수 없도록 그 배면에
는 오묘한 뜻이 배어 있다는 것을 기억하고 함부로 천박하게 억측하지
말 것이며, 나 같은 전문가들의 해설을 들어보는 것이 좋다."[2]

그러니까 나는 김용옥의 해석 행위에 대한 김진석의 평가엔 동의하는
데, 학생을 가르치는 교수들이 자기 잘난 척하는 재미로 떠드는 발언에
대해 정색을 하고서 '음험한 권력욕'이라고 할 것까지야 있겠느냐는 것
이다.

나는 처음엔 그렇게 안이하게 생각했다가 김용옥이 수십, 수백 명의
학생을 대상으로 강의를 하는 사람이 아니라는 점에 주목하게 되자, 내
생각보다는 김진석의 생각에 더 설득력이 있다는 것을 인정하게 되었다.
그러나 여전히 김진석이 느끼는 분노 또는 문제의식의 강도까진 공감하
기 어렵다.

---

1) 김진석, 〈철학의 광신적 대중화: 김용옥의 경우〉, 계간 『사회비평』, 제27호(2001년 봄),
   22-23쪽.
2) 김진석, 위의 글, 22쪽에서 재인용.

'기회주의적 언동'

사실 이런 신학적 해석은 이미 거의 광신적인 수준에 닿아 있다. 광신
적? 김용옥은 때로는 한국 불교와 기독교의 구태의연한 행태들을 혹독하
게 비판하지 않았는가? 말로는 그렇다. 그러나 비판 행위의 정당성은 비
판의 내용 못지 않게 비판하는 자의 자기 비판의 태도에 따라 평가되어야
한다. 이 점에서 김용옥의 종교계 비판은 좀더 세밀한 분석이 필요하다고
여겨진다. 맞는 말을 한다고 그 말하는 실천이 정당한 것은 아니다. 사실
말하는 내용은 그 자체로 추상적이고 공허하기 때문에, 실제 실천의 의도
와 맥락에 상관없이 이렇게 사용되고 거꾸로도 사용된다. 과거에도 김용
옥은 자신의 필요에 따라 후안무치하게 많은 사람(한 예로 김우중)에게
아부했으며, 못 먹는 감은 사정없이 씹고 또 씹었던 것이다. 이런 기회주
의적 언동은 읽을 수가 없을 정도로 유치하였으며, 비판이 가져야 할 최
소한의 신뢰성과 정당성을 훼손하기에 충분한 것이었다. [3]

여기서 김진석이 김용옥의 종교계 비판에 대해 이의를 제기하는 것은
김용옥의 김우중에 대한 '아첨'과 노태우에 대한 태도 변화 등과 같은
'기회주의적 언동'에 대한 경멸감에 크게 영향받은 것으로 보인다. 앞서
도 인용했지만, 나는 김용옥의 그런 점에 대해서까지 너그러운 태도를
보였다가 진중권으로부터 다음과 같은 비판을 받은 바 있다.

"나는 '공정한' '잣대'를 가지고 한국 진보적 지식인의 '치정주의'를
비판하는 강준만이 '살랑살랑 꼬리를 치는' 정도를 넘어 아예 노태우,
김우중 똥구멍을 핥으려 했던 김용옥 '똥' 강아지를 종자 있는 강아지

---

3) 김진석, 〈철학의 광신적 대중화: 김용옥의 경우〉, 계간 『사회비평』, 제27호(2001년 봄),
   23-24쪽.

족보에 올려놓고 '대국적으로 밀어 주자' 고 말한 걸 읽은 기억이 난다.”

그렇다. 바로 이것이다. 나는 김용옥이 저지른 최대의 과오가 바로 이 노태우와 김우중에 관련된 발언이었다고 생각한다. 좀 진보적인 성향을 갖고 있는 사람들 가운데 김용옥에 대해 욕하는 사람들의 거의 대부분은 제일 먼저 그 사건을 떠올린다는 걸 지적해둘 필요가 있겠다. 재미있는 건 김용옥을 열렬히 옹호하는 사람들도 김용옥의 노태우와 김우중 관련 발언만큼은 전혀 다루지 않았다는 사실이다. 반면 김용옥에 대해 중간적 위치에 있는 나는 그 발언마저도 규명하려고 시도했다. 김용옥의 모든 행태에 대해 내 나름의 답을 제시하고자 했던 건 아무래도 무모했던 걸까?

어찌됐건 나는 여전히 김용옥의 그런 행태에 대해서도 김진석과 진중권과는 좀 달리 보는 생각을 갖고 있지만, 김용옥의 일관성에 대해서만큼은 비판적이다. 즉, 내가 김용옥의 그런 행태까지 이해하는 시각으로도 김용옥이 나중에 폼을 잡으려고 하는 건 용납하기 어렵더라는 말이다. 즉, 김용옥이 시종일관 그런 기행(奇行)으로만 나간다면 나는 그의 그런 행태를 '엔터테인먼트' 라고 하는 차원에서 이해할 수도 있지만 김용옥이 기행을 벌이는 동시에 정색을 하고 국가와 민족을 역설하기 시작하면 그건 곤란하다는 것이다. 이 점에 대해선 나중에 자세히 논의될 것이다.

'광신적 해석학'

그가 한국 종교계의 여러 꼴사나운 모습('배타적인 전도주의' 까지 포함하여)을 비판하면서도, 기본적으로는 종교계의 가장 고질적 병폐를 공유하고 있다는 것이다. 그것은 성스러운 말씀과 교리에 대한 광신적 태도이다.……노자와 공자에 대한 김용옥의 해석학은 근본적으로 광신적 해석학에 가깝다. 그는 노자와 공자가 오늘의 세속적이고도 현실적인 사회에서 어떤 시대적 혹은 반시대적 방식으로 살고 또 살아남을 수 있는가 하는 민감한 문제에 주의를 기울이기보다는, 가히 광신적이라 할 수 있는 방식으로 말씀 하나 하나를 선포한다. 성서의 성스러운 말씀을 해석하는 자의 교부의 열정과 표정으로 그는 얼마든지 평범한 말일 수 있는 구절도 신성화시킨다. 사실 노자와 공자의 말 중에서 꽤 많은 부분은 그 시대 누구나 할 수 있었을 보통의 말이거나 진부한 수준의 말이라고 보는 것이 솔직한 해석적 태도에 가깝다. [4]

동의한다. 매우 날카로운 지적이라 아니 할 수 없다. 적어도 나와 같은 사람이 보기에는 크게 해로운 건 아니지만, 김용옥이 이런 점에서 '지식폭력'을 행사하고 있다고 말할 수 있을 것이다. 그런데 나는 이게 TV 때문에 빚어진 문제가 아닌가 생각한다. 무슨 말인고 하니, 무엇이든 아주 재미있게 강의한다고 소문난 강사들은 대부분 김용옥처럼 그렇게 한다는 말이다. 별 것도 아닌 내용에 대해서도 '밑줄 쫙쫙'을 외치며 강사가 신바람을 내면 수강생들도 덩달아 "아 그게 그렇게 중요한가 보다" 하고 호응하기 마련이다.

문제는 김용옥의 그러한 '광신적 해석학'이 얼마나 큰 부작용을 낳는가 하는 점일 게다. 일부 사람들에겐 욕먹을 소리지만, 나는 '지적 엔터테인먼트'라고 하는 차원에서 별 문제 없을 거라고 생각한다. 물론 나는 노자와 공자를 존경하는 사람들과 철학을 전공하는 사람들은 달리 생각할 것이라 믿으며 그들의 생각은 존중하고자 한다. 내가 여기서 하고자 하는 말은 김용옥이 수백 명 모인 청중을 대상으로 그랬으면 명강사로

---

4) 김진석, 〈철학의 광신적 대중화: 김용옥의 경우〉, 계간 『사회비평』, 제27호(2001년 봄), 24쪽.

칭찬을 받았을 일도 TV에서 그렇게 하는 바람에 김진석처럼 강한 문제의식을 갖게 된 분들이 많지 않았겠는가 하는 것이다. TV는 김용옥의 축복인 동시에 굴레였던 셈이다.

그런 사정을 이해하면서도 나는 그간 한국 학계에서 저질러진 집단적 차원의 '표절' 문제에 비하면 김용옥의 문제는 비교적 하찮은 것일 수도 있다는 점에서 김진석의 균형 감각에 이의를 제기하고 싶다. 김용옥은 스스로 '번역가'를 자처한 사람이다. 번역과 해석에 있어서 김용옥이 '광신적'인 태도를 보였다는 점을 인정한다 하더라도, 김용옥의 다음과 같은 주장에 조금이라도 공감한다면 김용옥에 대해 좀더 너그러울 수 있지 않았을까?

" '관한 논문'5)을 쓰는 일은 그것에 대한 철저한 지식 없더라도 가능하다. 해석이 안 되는 부분은 슬쩍 넘어갈 수도 있고, 또 책을 다 읽지 않더라도 동초서초(東抄西抄)6)하여 적당히 일관된 논리의 구색만 갖추면 훌륭한 논문이 될 수도 있다. 허나 번역의 경우는 전혀 이야기가 다르다. 그 작품의 문자 그대로 '완전한' 이해가 없이는 불가능하다. 모르는 부분을 슬쩍 넘어갈 수도 없고, 또 전체에 대한 지식 없이는 부분의 철저한 해석조차도 불가능하다. 그리고 모든 인용 출전에 대한 완전한 조사를 강요당한다. 그야말로 에누리없이 그 번역자의 스칼라십이 완전히 노출된다. 이러한 '노출'을 두려워한 한국 학자들은 여태까지 창조적 '논문'이라는 표절행각에만 분주했던 것이다. 이런 현상은 비단 동양학계에만 국한되지는 않는다고 본다. 이런 문맥에서 해방 후 30년 간의 한국학계를 넓은 의미로 '표절의 시대'라 불러 무방할 것이다. 이제 우리는 이 표절의 시대를 청산해야 할 시점에 이른 것이다."7)

---

5) 인용자 주: '~에 관한 논문'이라는 뜻인 것으로 보인다.
6) 인용자 주: 여기저기서 베낀다는 뜻.
7) 김용옥, 『동양학 어떻게 할 것인가』(통나무, 1989, 중판 1996), 127쪽.

'도올 현상' 돌팔매 맞다

서지문·김진석 교수, 김용옥씨 방송 강의 맹비판

큰 관심을 불러일으키고 있다.

1999년 말, EBS의 〈알기 쉬운 동양 고전-노자와 21세기〉와 그 강의 교재였던 단행본 〈노자와 21세기〉가 나온 이래 도올에 대한 관심은 하나의 사회적 현상으로 자리 잡았다. 노자에서 공자로 넘어오면서, 교육방송에서 한국방송공사로 자리를 바꾸면서 김용옥 현상은 더욱 뜨거워졌다. 〈도올의 논어 이야기〉 평균 시청률은 15% 대에 육박하고, 〈일요스페셜〉 같은 KBS의 대표적인 교양 프로그램 평균 시청률이 10%를 넘지 못한다는 사실과 비교하면 도올 현상의 크기를 짐작할 수 있다.

'소인'의 상업적 철학 대중화?

도올을 패러디한 코미디 프로그램이 있는가 하면, 도올이 펴낸 노자와 공자 관련 서적은 대형 서점인 문화 분야 베스트 셀러 순위 상위를 고수하고 있다. 인터넷에도 도올을 지지하고 응원하는 사이트들이 개설되어 있다. 방송 강의를 맡은 이래 도올은 에듀테이너(교육과 연예인의 합성어)로 불리거나와, 도올이 호출한 노자와 공자는 일반 대중은 물론이고 지식인 사회에서도 줄곧 화제에 오르고 있다.

김용옥 현상은, 모든 현상이 그렇듯이 빛과 그늘을 동시에 지니고 있다. '검질을 연상시켰던' 동양 철학을 당당하게 부활시키며 철학의 대중화에 성공했다는 평가가 빛이고, 그 그늘은 (동양) 철학 대중화가 대중을 철학하는 데 도달하지 못하고 상업 논리에 빠질 우려가 있다는 비판이다. 일반 대중은 도올 현상에 긍정적인 반면, 인문학계에서는 백안시하는 경향이 없지 않았다.

그러나 도올 현상을 두어 갈래로 정돈하기란 거의 불가능하다. 무엇보다 도올의 철학(하

이문재·박성준 기자

최근의 쟁점은 크게 두 갈래다. 도올 김용옥 교수는 〈논어〉를 강의하기에 적절한 인물인가, 또 초대하는 도올이 주창하는 철학 대중화는 과연 타당한가. 전자는 서지문 교수(고려대·영문학)가 최근 두 일간지에 기고한 칼럼 주제이고, 후자는 김진석 교수(인하대·철학)가 계간 〈사회비평〉 봄호에 기고한 논문의 초점이다. 두 교수의 비판적인 글은 매주 금요일 밤 KBS 전파를 타는 〈도올의 논어 이야기〉에 대한 인문학계의 본격적인 문제 제기여서

(『시사저널』, 2001년 2월 22일)

자기 메시지 전파를 위해 대중을 만나고자 하는 사람이 '대중매체 중독증'을 갖는 건 당연한 게 아닐까? 김진석은 김용옥의 '대중매체 중독증'에 대해 느낀 문제 의식을 좌파·진보적 지식인들이 『조선일보』를 상종하는 데 나누어주는 게 더 좋지 않았을까?

말 나온 김에 한 마디 해두자면, 한국에서 번역 알기를 우습게 아는 것도 '지식폭력' 현상과 무관하지 않을 것이다. '지식폭력'은 무엇보다도 실질을 외면하거나 경멸하면서 지식의 정치적 용도, 즉 사람들 사이의 '힘의 관계'에서의 지식의 도구적 가치에만 주목하기 때문이다.

'대중매체 중독증'

텔레비전에 나오지 않을 때는 그는 텔레비전이 다른 부패와 갈등보다 가장 해롭다고 생각한다. 더구나 "한국 사회의 가장 큰 문제는 바로 매스컴 전반의 문제와 관련되어 있으며, 더 중요한 문제는 이 매스컴의 창조적 계기를 만들어갈 수 있는 도덕적 구심체가 부재하다는 사실이다"라고 비난하기까지 한다. 그리고 대중매체의 현실적 문제가 무엇인지도 안다. ……그런데 이런 도덕적 설교와 실천적인 훈계를 늘어놓은 후에 그가 하는 말이란 무엇인가? 자신은 꿈을 이루기 위해 항상 텔레비전을 갈망했다는 것을 고백하면서, 현실적으로는 그 텔레비전을 이용해야 한다고 기염을 토할 뿐이다.…… 현실의 변화가 없다는 말로, 그는 자신이 다시 그 매스컴의 지나친 상업주의에 가담할 수밖에 없다는 것을 정당화하는 것이다. 이 경우 그의 솔직함("나는 텔레비전에 나가고 싶었다")은, 많은 경우에 그의 솔직한 표현이 그런 것처럼, 자신의 대중매체 중독증적 태도를 합리화하기 위한 도구에 지나지 않는 듯하다. [8]

이와 같은 말씀에 동의하지 못할 것도 없으나, 이렇게 볼 수도 있지 않을까 하는 생각이 든다. 미국의 칼럼니스트 월터 리프만은 김용옥 이상으로 텔레비전을 비판한 인물이었다. 그는 50년대 말 "텔레비전이 범하고 있는 사기행위는 너무도 극심해 텔레비전 산업의 근본을 문제삼지 않을 수 없다. 그 사기행위는 너무도 크고 너무도 광범위하고 너무도 잘 조직돼 있어 몇몇 뛰어난 사람들을 그 늑대소굴에 집어넣는다고 해도 치유되거나 사면될 수는 없을 것이다"고 주장하였다. 텔레비전을 "물건을

---

8) 김진석, 〈철학의 광신적 대중화: 김용옥의 경우〉, 계간 『사회비평』, 제27호(2001년 봄), 25-26쪽.

팔아먹기 위한 매춘부"로 정의한 리프만은 시청자의 인기가 아니라 무엇이 좋은가 하는 기준에 의해 텔레비전 네트워크들이 운영될 수 있는 방법들을 고안해내야 한다고 역설하였다.[9]

당시 CBS-TV에서 〈CBS Reports〉라는 프로그램을 제작하던 프로듀서 프래드 프렌들리(Fred Friendly)는 리프만의 텔레비전에 대한 혹평에 충격을 받아 그를 텔레비전에 출연시키기 위해 리프만에게 접근하였다. 당신과 같은 사람의 출연이 곧 상업 텔레비전을 개선시키는 방법이 아니겠느냐고 리프만을 설득시켰다. 리프만은 프랜들리의 집요한 설득에 굴복하여 결국 텔레비전에 출연하게 되었다. 인터뷰 프로그램 형식으로 모두 6번에 걸친 리프만의 텔레비전 출연은 방송비평가들로부터 매우 호의적인 평가를 받았다. 리프만 자신도 신문 칼럼보다 훨씬 더 큰 영향력을 행사한 텔레비전의 위력에 만족감을 표시했으며 나중엔 변호사를 두고 출연료 교섭까지 할 정도로 텔레비전에 재미를 붙였다.[10]

리프만이 그랬으니까 김용옥도 괜찮지 않느냐는 이야기가 아니다. 나는 TV는 신문과는 좀 다르다고 생각한다. 나는 『조선일보』를 욕하면서도 『조선일보』를 개혁하기 위해 『조선일보』에 글을 쓴다는 논리엔 전혀 동의할 수 없지만, TV는 신문과는 좀 달리 봐야 하지 않겠느냐는 것이다.

어떻게 해서든 자기 메시지 전파를 위해 대중을 만나고자 하는 사람이 '대중매체 중독증'을 갖는 건 당연한 게 아닐까? 텔레비전과 김용옥은 상호 공생관계였지 김용옥이 무리를 저질러가며 무슨 치열한 로비를한 건 아니지 않은가. 우리가 진짜 문제삼아야 할 '대중매체 중독증'은 좌파·진보적 지식인들이 『조선일보』를 상종하는 게 아닐까? 김진석의

9) Ronald Steel, 『Walter Lippmann and the American Century』(Boston, Mass.: Little, Brown, 1980), pp.516-517.
10) Fred Friendly, 『Due to Circumstances Beyond Our Control』(New York:Vintage Books, 1967), pp.116-118.

경우에도 김용옥의 '대중매체 중독증'에 대해 느낀 문제 의식을 그들에게 좀 나누어 주는 게 더 좋지 않았을까?

'지식 과시욕'

공부하는 사람이 자신이 공부한 내용을 알리고 싶어하는 일은 무조건 탓할 일이 아니겠지만, 그는 대중을 상대로 요란하게 문제 제기하거나 지식을 늘어놓고 싶은 욕망에 지독하게 시달리는 것이다. 다음으로는 그와 연결되었으면서도 그 못지 않게 위험한 강박인데, 문제를 제기하거나 건드리는 것 자체를 업적이라고 생각하는 것이다. 더구나 문제에 대한 대답 가능성, 그리고 대답으로서의 실천들이 얽혀 있는 갈등과 괴리에 대해 고민하지 않은 채 문제만을 튀는 방식으로 제기하는 것을 업적이라고 여기는 것이다. 그러다 보니 짤막한 문제들을 되도록 많이 과시하고 전시하려는 충동에 사로잡히게 된다. 그가 21세기의 3대 과제라고 내건 '인간과 자연 환경과의 화해', '종교와 종교간의 화해', '지식과 삶의 화해'는 아마도 화려한 말에 대한 광신적이면서도 대중매체 중독증적 태도가 합작한 작품으로 꼽힐 수 있을 것이다. 문명이 내포한 갈등과 싸움에 대한 실천적이고도 진지한 고민 없이, 잡다한 이야기 끝에 무조건 허울좋은 '화해'만을 내거는 모습이란! 사랑을 꾸준히 실천하지도 않는 자들이 내거는 그럴 듯한 '화해'란 위선일 뿐 아니라, 자신의 명예와 담론 권력을 축적하기 위한 술책에 불과하다.…… 조용히 박애를 실천하는 사람이라면 몰라도 공부한다는 사람이 현재의 갈등의 고리를 충분히 말하지도 않고 말로만 화해를 주장하다니![11]

---

11) 김진석, 〈철학의 광신적 대중화: 김용옥의 경우〉, 계간 『사회비평』, 제27호(2001년 봄), 27-28쪽.

그렇다. "조용히 박애를 실천하는 사람이라면 몰라도 공부한다는 사람이 현재의 갈등의 고리를 충분히 말하지도 않고 말로만 화해를 주장"하는 것도 내가 개탄해마지 않는 '지식폭력'이다. 내가 좌파·진보적 지식인들의 '지식폭력'을 문제삼는 것도 같은 맥락에서 이해할 수 있을 것이다. 이들은 '화해'가 아니라 '타도'를 주장하는데, 그냥 말로만 그러는 것이다. 이들도 "실천들이 얽혀 있는 갈등과 괴리에 대해 고민하지 않은 채 문제만을 튀는 방식으로 제기하는 것을 업적이라고 여기는 것이다."

김진석의 그런 날카로운 주장에 동의를 하면서도 내가 궁금하게 생각하는 건 과연 김용옥만 그러느냐는 것이다. 일부 좌파·진보적 지식인들과 '신문 중독증'에 걸려 있는 대부분의 지식인들이 그러는 것 아닌가? 이들이 저지르는 '지식폭력'도 "자신의 명예와 담론 권력을 축적하기 위한 술책에 불과하다"는 데에 동의할 수도 있지만, "남들이 다 그렇게 하니까 나도 그렇게 한다"는 식의 습관 때문에 그럴 수도 있다는 걸 짚고 넘어가는 게 좋을 것 같다.

그리고 김용옥의 '지식 과시욕'에 아무리 많은 문제가 있다 해도 그는 '번역가'를 자처하면서 '지식 대중화'를 위해 애쓰는 사람이라는 점이 참작되어야 하지 않을까? '지식 대중화'에 완강하게 저항하면서 '지식폭력'을 계속 행사하려는 지식인들에 비해 좋게 봐줄 점도 있지 않겠느냐는 것이다. 김용옥의 다음과 같은 주장에 조금이라도 동의할 수 있다면 말이다.

"번역이란 정보의 대중화·민중화, 즉 민주화를 뜻한다. 내가 알고 있는 민주화란 '누구든지 같이 참여한다'는 것이다. 칸트의 번역은 우리말을 하는 사람이면 누구든지 칸트철학에 같이 참여할 수 있다는 것을 전제로 한다. 따라서 역설적으로, 같이 참여할 수 있게 한다는 그러한 전제가 없는 번역은 참다운 번역이 되지 못한다. 칸트의 저작이 우리말로 번역되어 있지 않은 상황에서 칸트에 대하여 강의한다는 것은 칸트를 독점한 자가 그러한 능력이 없는 자들에게 칸트를 강요하는 일방적 부과에 불과하다. 이것이 바로 해방 후 오늘날까지 우리 학계를 지배해 온 '주입식 교육'이라는 것의 정체다! 정보가 민주화되지 않은 상황에서는 그 정보를 독점한 자만이 특권을 누리게 된다. 그리고 그들은 말한다. '칸트를 알고 싶으면 독일어를 나만큼 마스터해라. 나는 이 무기를 얻기 위해 독일에서 십 년이나 배를 굶주렸는데 너희들이 감히 칸트 운운해? 시건방지게. ……' 이런 말을 하는 사람들의 사고방식으로는 칸트는 아무나 알 수 없는 것, 알아서는 아니 되는 것, 선택받은 특정한 소수가 일정한 과정을 거쳐서만 알 수 있는 그 무엇인 것이다. 이런 상황에서는 수강자가 강의자의 칸트에 대한 이해의 타당성을 확인할 길이 전혀 없다. 논쟁에 있어서도 그들의 발언은 절대적 권위를 지닐 뿐이다. 이런 상황에서는 진정한 의미에서의 토론(dialectic)이 부재하여 상호간의 자극·발전이 없게 되고, 따라서 그러한 학계는 정체되고 마는 것이다."[12]

'고전은 해로울 수도 있다'

김용옥의 강의 덕택에 노자와 공자가 살아난 것일까? 확실하게 되살아나서 오늘을 사는 인간들에게 영원히 변치 않는, 아무리 퍼 올려도 마르지 않는 지혜의 샘으로서 다시 콸콸 솟아오르는 것일까? 그들의 말씀은 원래 그렇게 심오하고, 시대를 초월하여 변함없이 유익한 것일까? 아니면 충분히 상투적이고 진부한데도, 그것을 금과옥조로 여기는 교단의 배타적 권력이 그 흠과 때를 가리면서 절대로 침범할 수 없는 성스러운 책의 신화를 만들어낸 것은 아닐까? 그렇게 성스러운 책을 설정한 후에 그것에 기생하면서 정통적 해석을 독점하는 권력형 해석학자들의 악착스

---

12) 김용옥, 『동양학 어떻게 할 것인가』(통나무, 1989, 중판 1996), 128-129쪽.

러움이 고전을 자꾸 재구성하는 것은 아닐까? 그런 점에서 고전은 때로는 해로울 수도 있지 않을까?…… 더 과격하게 말하자면, 과거의 고전 텍스트에 대한 지식은 그 자체로 아무리 인문적 가치를 지니더라도 오늘처럼 급격한 변화가 진행되는 상황에서 별 쓸모가 없거나 심지어 새로운 가치를 모색하는 데 해로울 수가 있다. 변화의 가장 중요한 축의 하나는 인문적인 가치의 변화와 수정이기 때문이다.[13]

참으로 날카로운 분석이 아닐 수 없다. 나도 김용옥의 TV 강의를 지켜보면서 늘 못마땅했던 것이 카메라로 청중의 얼굴을 잡아주는 것이었다. 별것도 아닌 이야기에 넋이 나간 표정으로 고개를 끄덕이는 사람들의 모습에서

번지는 '도올 현상'

**김용옥 EBS 老子 강연후
인터넷등 뜨거운 찬반논쟁
직설적인 말투까지 흉내도
서점 특설코너·문화강좌 붐
관련서적들도 덩달아 불티**

(『한국일보』, 2000년 3월 2일)

'고전'의 가치를 과대평가하는 것도 위험한 일이지만, 당대에 관한 책이라 하더라도 '서양원전'을 신주단지 모시듯 하는 지식인들이 한국에 너무 많다는 것도 지적되어야 할 것이다.

"저게 바로 촌놈 겁주는 '지식폭력'"이라는 생각을 여러 번 했었다. 물론 그러면서도 "엔터테인먼트라는 것이 다 그런 거지 뭐"라고 넘어가곤 했

---

13) 김진석, 〈철학의 광신적 대중화: 김용옥의 경우〉, 계간 『사회비평』, 제27호(2001년 봄), 28-29쪽.

다.

그런데 내가 갖는 의문은 이 또한 과연 김용옥만 고전에 대한 과대평가를 하느냐 하는 것이다. 물론 김용옥이 가장 심하긴 하다. 그는 "고전은 나의 존재의 뿌리다"[14] 라고까지 말하고 있다. 그렇긴 하지만, 김용옥의 경우엔 엔터테인먼트 요소가 가미되었다는 점을 감안한다면, 이건 꼭 김용옥에게만 따질 문제는 아닐 것이다. 실제로 '고전 예찬론'은 우리 사회 곳곳에 흘러 넘치고 있다.

또 하나의 의문은 김용옥이 이미 1987년에 쓴 글에서 '고전'에 대해 나름대로의 독특한 해석을 내리면서 김진석이 표한 우려를 스스로 했었다는 걸 어떻게 평가할 것인가 하는 점이다. 김용옥은 다음과 같이 말했다.

"우리가 알고 있는 고전은 고전이 아닙니다. 모든 고전은 몽땅 다시 해석되어질 수 있으며 또 그렇게 되어야 합니다. 성경이건 통경이건 모든 고전에 고전이기 때문이라는 이유로 권위를 부여하는 것은 모든 정치권력에 맹목적으로 복속하는 것과 동일합니다. 그러한 고전 이해는 '왕정시대'에 살았던 인간들의 멘탈리티에나 적합한 것인데 오늘 '민주시대'를 구가하는 인간들도 고전 이해에 있어서는 그러한 멘탈리티에 의하여 지배되고 있습니다. 이것은 참으로 견디기 어려운 위선이며 괴리감이며 불철저성입니다."[15]

물론 이와 같은 발언에 대해선 김용옥이 과연 자신이 말한 것처럼 실천했는가 하는 문제와 더불어 이 같은 태도가 타당한가 하는 문제가 제기될 수 있을 것이다. 나는 김진석이 이런 문제까지 다루면서 좀더 깊이 들어 갔더라면 하는 아쉬움을 갖고 있다.

'고전'의 가치를 과대평가하는 것도 위험한 일이지만, 당대에 관한

---

14) 김용옥, 『대화: 김우중·김용옥 나눔』(통나무, 1991, 8판 1993), 40쪽.
15) 김용옥, 『절차탁마대기만성: 도올문집』(통나무, 1989, 중판 1996), 3-4쪽.

책이라 하더라도 '서양 원전'을 신주 단지 모시듯이 하는 지식인들이 한국에 너무 많다는 것도 지적되어야 할 것이다. 그게 공정하지 않겠는가. 시간의 괴리 못지 않게 공간의 괴리도 문제가 된다는 말이다. 물론 이러한 괴리는 '지식폭력'을 낳는 조건으로 기능하고 있다.

'지적 사기'와 '곡학아세'

자본주의가 인간의 역사와 같이 시작했다고? 모든 경제활동이 이미 자본주의였다고? 헛소리도 이렇게 자신 있게 하면 통하는 것인가? 시대에 따른 시스템의 차이에 대해서는 언급도 하지 않은 채, 노자라는 인물과 그의 사상을 불멸의 것으로 만들기 위하여 그는 거의 역사의 왜곡과 조작에 가까운 한심한 설명을 붙인다. 노자가 "우리와 똑같이" 자본주의를 분석하고 그에 대해 고민했다고? 이런 식으로 말하면서 노자의 천재적 혜안을 담보하려는 행동은 지적 사기이다.……그런 아부는 노자를 위하는 게 아니라 노자를 빌려 노자의 이름을 더럽히는 일이며, 자신의 부족한 성찰을 은폐하기 위하여 노자의 이름으로 견강부회하는 일이며 곡학아세(曲學阿世)하는 일이다.…… 중국 고전을 배타적으로 숭배하는 극우적인 광신주의 거기에 위선적인 도덕주의가 첨가된다. "자본주의 사회에 있어서 모든 교육의 모랄은 철저히 비자본주의적이어야 하는 것이다." 생활은 철저히 자본주의적으로 하는 자들이 입으로만 외치는 선정적 도덕주의! 자본주의 자체를 악의 온상으로 모는 선정적 도덕주의! 인간의 욕망을 어느 정도는 인정한 채, 자본주의의 폐단을 없애면서 동시에 복지와 평등에 관해 사회민주주의적 질서를 추구하는 게 올바른 길이 아닐까. 김용옥도 앞에서는 자본주의가 인성의 역사와 맥을 같이 한다고 하지 않았는가? 자, 보라! 고전은 어떻게 이용되고 악용되는가?[16]

김진석의 주장에 공감하면서도 "자본주의 사회에 있어서 모든 교육의 모랄은 철저히 비자본주의적이어야 하는 것이다"라는 김용옥의 주장은 생각하기에 따라선 일종의 '희망 사항'으로 봐줄 수도 있는 게 아닐까 하는 생각이 든다. 그러니까 비현실적인 주장일망정, 이 경우엔 '선정적 도덕주의'라기보다는 느슨한 당위의 역설 정도로 봐줄 수도 있지 않겠는가 하는 것이다.

사실 나는 김진석의 위와 같은 평가를 최근 나를 비판한 윤지관[17]같은 분들께 더 들려주고 싶다. 김용옥과는 달리, 윤지관은 '자본주의 타도'를 정열적으로 외쳐온 비판적 지식인이기 때문이다. 물론 나는 윤지관이 생활은 철저히 자본주의적으로 하면서 '자본주의 타도'를 외치는 걸 문제삼고 싶진 않다. 문제는 윤지관이 실천에 대한 문제의식이 전혀 없이 김진석이 말하는 바와 같은 '선정적 도덕주의', 그것도 제스처 수준에만 함몰돼 있으면서 나의 비판을 '자본주의 타도'의 전망이 보이지 않는다는 이유로 폄하하고 조롱했다는 점이다.

왜 그럴까? 도대체 언제부터 이런 '지식폭력'이 생겨난 걸까? 실천을 고민하는 성실한 담론에 대해 왜 '실천'의 '실'자도 생각하지 않는 사람들이 '자본주의 타도'의 전망이 없다는 핑계를 대면서 쓸데없는 트집을 잡는 걸까?

어찌됐건 나는 김용옥이 김진석의 위와 같은 비판에 대해 성실한 반론을 했어야 했다고 믿는다. 나는 김용옥의 가장 큰 문제가 '논쟁' 자체를 인정하지 않는 점이라고 생각한다. 그런 점에서 김용옥 스스로 김진석의 비판에 정당성을 더해주고 있는 게 아닐까? 물론 김용옥이 논쟁에

16) 김진석, 〈철학의 광신적 대중화: 김용옥의 경우〉, 계간 『사회비평』, 제27호(2001년 봄), 32-33쪽.
17) 윤지관, 〈푸코에 들린 사람들: 비평과 비판의 경계〉, 『문학동네』, 2001년 여름, 345-360쪽.

응하지 않아도 좋다. 그러나 그렇게 하려면 '진지'와 '근엄' 만큼은 포기하는 게 일관되고 공정한 게 아닐까?

'고전 우상숭배'

노자 공자를 숭배하는 자들이여, 고전의 전당을 세우며 고전을 우상숭배하지 말라! 그 앞에서 기도 올리며 질질 짜지도 말고 고성방가 하지도 말라! 고전을 빙자하여 세속적인 정치를 일삼는 성서의 사제나 관료가되지 말라! 노자와 공자의 이름으로 영원한 이름을 삼지 말라! 그건 그들의 이름이 아닐지니! 그들 이름으로 더 이상 상징 권력을 행사하지 말라! 공자를 만나면 공자를 죽이고 노자를 만나면 또 노자도 죽여라! 그 이름에 걸맞은 노자와 공자가 정말 바라는 일이 그것 아닐 것이냐. 진리는 얼마든지 작고 단순할 수 있다. 그러나 노자와 공자는 바로 그들이 노자와공자이기 때문에 몇천 자 말로 세상을 설명했다고 믿지 말자. 그 몇천 자에 세상의 진리가 다 들어 있다고 믿지 말자. 노자 공자를 존중하면서도그들과 성실한 불화를 느끼는 태도, 이 태도가 필요한 게 아닐까. 그럴 때노자와 공자는 앞으로도 우리 안에서 면면히 살아 있는 게 아닐까.[18]

김진석은 30쪽에 이르는 긴 글을 위와 같이 끝맺고 있다. 동의할 수있는, 아주 멋진 말씀이다. 나는 지금까지 김진석의 주장에 대해 동의할수 없는 대목에 대해선 이견을 표시했고 동의할 수 있는 대목에 대해선동의를 표시했다. 그런데 전반적으로 내가 김진석의 글을 읽으면서 갖게된 문제의식 하나는 한국 지식계에 공통되는 문제를 너무 김용옥 개인에

---

18) 김진석, 〈철학의 광신적 대중화: 김용옥의 경우〉, 계간 『사회비평』, 제27호(2001년 봄), 38쪽.

게 따져 묻지 않았는가 하는 것이다.

아마도 김진석은 김용옥이 뜨거운 사회적 이슈로 떠올랐기 때문에 그건 김용옥이 감당해야 하다고 말할지도 모르겠다. 그러나 과연 그럴까? 더욱 큰 문제가 되는 문화권력은 김용옥처럼 만인이 다 지켜보는 TV 브라운관이 아니라 그 어떤 밀실들에서 작동하고 있는 건 아닐까?

한국의 지식계를 놓고 본다면, 노자와 공자를 숭배하는 사람들이 과연 얼마나 될까? 서양의 석학들을 숭배하면서 그들의 이름을 팔아 문화권력을 누리고 '지식폭력'을 행사하는 사람들이 훨씬 더 많지 않을까? 그런 문제들도 지적해가면서 김용옥을 비판했더라면 좀더 설득력을 갖게 되지 않았을까? 그리고 김진석은 진실로 김용옥의 스타일에 대한 반감으로 인해 김용옥을 필요 이상으로 나쁘게 보게 된 건 아닌지 한 번쯤 자문자답해 보는 것도 좋지 않을까?

나는 '지식인의 책임'과 관련하여 "지식인들이 민중을 저항으로 유도할 경우에는 반드시 결과에 대한 책임 문제를 고려해야 한다"는 사회학자 김동춘의 주장에 동의한다.[19] 김용옥은 민중을 저항으로 유도하지는 않았다. '지적 엔터테인먼트'로 유도했을 뿐이다. 물론 그러한 유도에 많은 문제가 있다는 것이 지적되었다. 그렇다면, 김용옥이 져야 할 책임은 과연 무엇일까? 철학의 '광신적 대중화'에 대한 책임인가?

그러나 김진석이 우려한 철학의 '광신적 대중화'는 김용옥의 TV 강의 중도 하차로 그 기반이 매우 취약하다는 것이 입증되었다. 그건 일시적인 현상이었다. 우리가 정작 더 우려해야 할 것은 철학뿐만 아니라 모든 인문사회과학적 지식을 '지식폭력'의 도구로 이용해 자신의 명예와 담론 권력을 축적하기 위한 집단적 술책이 아닐까?

한국의 대학 교수 4만 5천여 명 가운데 도대체 '광신적'이건 그 무엇

---

19) 김동춘, 〈지식인의 자기 해방과 민중〉, 『당대비평』, 제13권(2000년 겨울), 292쪽.

이건 '학문의 대중화'를 위해 애쓰는 사람이 얼마나 된다고 생각하시는가? 45명? 450명? 450명을 잡는다 해도 1%밖엔 안 된다. 물론 1%라고 해서 그들의 위험한 행태가 면책될 수는 없는 일이지만, 집단적 차원의 문제 제기도 공격적으로 하는 김진석의 균형된 모습을 보고 싶다.

철학이 '엔터테인먼트'가 되면 안 되나?

'지식폭력'에 대한 김용옥의 화려한 복수[1]

조선이 낳은 희대의 '엔터테이너'

"먹는 것보다 싸는 것에 신경 써야 한다", "똥은 많이 쌀수록 좋다", "똥구멍의 미학", "섹스는 한 달에 한 번이면 충분하다", "꼴릴 때만 하세요. 꼴릴 때만. 아무 때나 가리지 않고 하다가 초반부터 헤매지 말고. 우리 나라 남자들 중에 제대로 하는 사람 있으면 나와 보라고 그래요."

지난 97년 신문들은 호들갑을 떨며 '김용옥 건강 바람'을 선언하고 나섰다. 그러나 보도된 기사로만 보자면 내용은 별 게 없었다. 5월과 6월에 걸쳐 SBS-TV의 '명의특강—성과 건강'의 강사로 나선 철학자 김용

---

1) 이 글은 〈철학이 '엔터테인먼트'가 되면 안 되나?: '위선적 언어'에 도전하는 김용옥의 화려한 투쟁〉, 『인물과 사상 3』(개마고원, 1997년 8월), 61-102쪽을 개작한 것입니다.

옥의 강연에 대해 신문들은 '충격' 운운하며 일제히 위에 인용한 바와 같이 그의 비속어 사용에 보도의 초점을 맞추었던 것이다.

김용옥. 도대체 그는 누구길래 지난 십수 년 간 한시도 언론매체의 관심권 밖을 떠나지 않는 것인가? 철학자이며 한의사인 그는 만능 엔터테이너인가? 사실 김용옥에 관한 총체적인 연구는 철학자나 한의사의 몫은 아닌 것 같다. 오히려 나와 같은 언론학자의 몫은 아닐까?

그렇다고 해서 철학자이자 한의사로서의 김용옥의 자질을 과소평가하는 건 결코 아니다. 아니 나는 그건 모른다. 우리 사회에서 김용옥의 가장 큰 가치는 '지식의 대중화'에 있지 않겠느냐는 게 내 생각이다. 그는 늘 대중을 만나고자 했으며 어떤 이유에서건 대중매체는 김용옥의 그런 바람을 결코 저버리지 않았다.

김용옥을 엔터테이너라고 부르는 건 결코 그에 대한 모욕이 아니다. 그 스스로 그런 표현을 썼다. "나의 강의는 분명 두 시간 이상 청중을 웃기고 울리고 생각하게 하는 엔터테인먼트를 충분히 행한다"는 게 그의 주장이다.[2] 『한국일보』에 자신이 쓰는 전면 칼럼을 요구하면서 이런 말도 했다. "아니 거 둘이서 대담하며 씨둥치도 않는 잔소리를 늘어놓느니 그 몇 배 이상의 씨알맹이 있는 엔터테인먼트를 나 홀로 하겠다는데 뭐가 도대체 안 된다는 거냐?"[3]

'지식의 대중화'라는 목표를 이루기 위한 김용옥의 방법은 그 유례를 찾아보기 어려울 만큼 매우 독특한 것이었다. 바로 그런 이유 때문에 김용옥에겐 극단적인 팬과 적이 공존한다.

이어령은 문화부 장관으로 일할 당시 김용옥에게 "내가 보기에 너는 조선이 낳은 희대의 인물이다. 소인배들을 개의치 말거라"라는 말을 했

---

2) 김용옥, 『여자란 무엇인가?』(통나무, 1989, 중판 1990), 48쪽.
3) 김용옥, 『도올 김용옥의 신한국기』(통나무, 1990), 47쪽.

다고 한다. 서울대 교수 이명현은 "김형! 당신보고 미친 놈이라고 말하는 놈이 많으면 많을수록 그대의 존재는 성공이오!"라고 했다던가.[4]

이어령이나 이명현과 같은 김용옥의 열렬한 팬들은 의외로 많다. 김용옥은 1993년 8월부터 '현대판 서당' 격인 '도올서원'을 운영해 왔는데, 매년 5백여 명의 수강생을 배출해 왔다. 눈여겨 볼 점은 김용옥의 강의를 듣는 수강생들은 강의의 시작과 끝에 강사에게 큰 절을 올려야 하며 4시간 동안 이뤄지는 강의를 내내 무릎을 꿇고 들어야 한다는 사실이다. 김용옥에 대한 존경심이 없이 그게 어찌 가능하겠는가?

신흥 종교 교주를 방불케 하는 김용옥

김용옥을 숭배하는 그의 팬들은 책보다는 그의 강연에 더 매료된다. 그의 강연은 최고급 엔터테인먼트이기 때문이다. 그의 강연 조건은 매우 까다롭다. 2시간 이상의 강연 시간과 천 명 이상의 청중, 그리고 1백만 원 이상의 강연료가 보장되어야 한다. 김용옥은 "『여자란 무엇인가』를 쓸 때까지만 해도 50만 원이었는데 요즈음 궁색하기도 하고 재산세도 오르고 해서 100만 원으로 올렸다"고 밝히고 있다.[5]

물론 그건 오래 전 이야기라 지금은 어떤지 모르겠다. 어찌됐건 그런 조건은 결코 무리한 주문이 아니라는 게 김용옥의 주장이다. 그만큼 열과 성을 다한다는 것이다. 그는 『여자란 무엇인가』에서 자신의 고려대 교수 시절 특강에 임하는 자세에 대해 다음과 같이 말하고 있다.

"나는 11월 30일 토요일의 종강기념 특강을 나에게 있어서는 일종의 '내림굿'이라고 생각했다. 그날 나는 교단 위에서 미쳐버릴 것이다. 그

---

4) 김용옥, 『여자란 무엇인가?』(통나무, 1989, 중판 1990), 93쪽.
5) 김용옥, 『동양학 어떻게 할 것인가』(통나무, 1989, 중판 1996), 22쪽.

웃음… 긴장… 파격으로

■ 도올 김용옥교수 EBS강의 폭발적 인기의 저변

한동안 조용하던 '도올 김용옥'이 또다시 시끄럽다.

한의원도 폐업하고 그의 말마따나 '사랑하는 책들과 여리 덩굴 저리 덩굴' 하던 고가 지난 달 22일부터 맡고 있는 교육방송(EBS)의 '알기쉬운 동양고전'(월~목요일 오후 10시40분~11시20분)강의에서 때로는 육두문자, 때로는 자화자찬의 장문설을 쏟아 내면서 어렴게만 느껴지던 동양고전의 세계를 대중에게 풀어보이고 있다.

7일 오후 서울 서초동의 아리랑TV 사옥 지하 4층 G스튜디오. 검은 색 두루마기에 고무신을 신고 빡빡 민 머리의 도올이 예의 몸을 부르르 떠는 열변에 몰입해있다. 분필을 쥔 왼손과 오른손을 각각 세워 머리 앞에 붙이고 어깨를 곧추세우는 모양새가 희극적이다. '에이' '에이' 하는 추임새(?)도 빠뜨리지 않고.

그래도 청중은 즐겁다. 갑자기 아가씨를 불러내 "이 아가씨 미인인가요"라고 묻는 파격도 연출한다. 대중은 퍼포먼스를 서슴지 않는 그의 모습에서 헛기침이나 품판 잡는 지식인의 체취를 탈색하는 기쁨을 누리는 지 모른다.

도올은 노장(老莊)으로 학문의 출발점을 삼았고 이에 관한 한 '세계적으로 어느 누구도 범접치 못할 확고한 문헌실력과 학문 방법을 다져왔다' 고 자타가 인정하고 있는 인물.

그가 처음 이 강연요청을 받았던 게 지난 9월 중순. 귀가 번쩍 뜨였다고 했다. '테레비(그는 여러 군데서 독자적의 맞춤법을 강요한다. 이를테면 오스트랄리아, 리브스타 등)를 내가 싫어한다?' 천만에 그는 이렇게 대중교와 어울려 노자의 광대한 사상을 헤엄치고 세상을 주유하고 싶은 기름에 펼쳤던 것이 틀림없다.

제작진은 수능시험을 마친 이맘때의 수험생들에게 고전의 세계를 노닐 수 있는 기회를 주려고 기획했지만 막상 방송이 나가자 30대주부를 중심으로 한 기성세대의 반응이 뜨거웠다. 참 재미있다는 것이다. 지식연 연하지 않는 도올의 자세가 우선 그럴바이다.

인쇄매체를 통해 널리 기행이 알려졌고 방송에도 이따금 얼굴을 내밀었지만 내년 2월 27일까지 이어지는 총 56편의 장기기획은 이번이 처음이다. 지난 주 시청률 가구 평균 1.2% (TNS미디어코리아).다른 방송사의 프로그램에 비해서는 형편없는 시청률이지만 EBS로서는 엄청난 기록이다.

방청 문의 전화가 끊이지 않아 회선을 늘리기도 했고 전혀 손님이 뵈지 않던 인터넷 홈페

육두문자 섞어가며 열정적 강의
대중의 가려운곳 시원히 긁어
30대주부등 기성세대 큰 반응

이지에도 적지 않은 이들이 다녀갔다. 대형서점 베스트셀러 목록에는 도올이 2달만에 휘갈겨 썼다는 '노자와 21세기', 그전에 나와 이미 상당한 상찬을 받았던 '금강경 강해'가 인문사회부문 1·2위를 나란히 기록하고 있어 분명 '도올현상'으로 이름한다. 시청자와 독자들은 왜 그에게 빠져드는 걸까.

지금까지 지식인은 점잖게 자신의 학문적 업적을 드러내는 기술에 익숙했었다.

그러나 도올은 내놓고 자랑한다. '30년동안 엄청난 내공을 들여 공부를 재미삼아 한 사람'이라고 자신한다. 자신에게 공부는 색(色)을 짜릿하고 식(食)보다 감미로운, 지속적인 쾌락을 주었다고 감히 말한다.

그는 테레비를 '수없는 관계망에 의하여 얽혀있는 거대한 사회'라고 규정한다. 나쁜 점이 많은 TV에서 강의를 맡은 이유에 대해 '10년 걸려 강의하는 것보다 TV에서 석달 강의하는

(『대한매일』, 1999년 12월 8일)

'지식의 대중화'라는 목표를 이루기 위한 김용옥의 방법은 그 유례를 찾아보기 어려울 만큼 매우 독특한 것이었다. 바로 그런 이유 때문에 김용옥에겐 극단적인 팬과 적이 공존한다.

리고 작두를 탈 것이다. 그리고 삶의 희비애를 관조하면서 울 것이다. 그러면 나의 몸은 가뿐해질 것이다. 지금 내가 시름시름 앓고 있는 것은 그날만 지나면 싹 가셔버리리라는 것을 나는 너무도 잘 안다."[6]

김용옥이 '혁명이란 무엇인가?'라는 강의를 끝냈을 땐 감동받은 학생들이 일어나서 우렁차게 교가를 불렀다던가?[7] 고려대 특유의 쇼비니스

---

6) 김용옥, 『여자란 무엇인가?』(통나무, 1989, 중판 1990), 85쪽.

트적 촌스러움 때문에 그런 것 아니냐고? 결코 그렇지 않다. 일반인들의 반응도 크게 다르지 않았다. 지난 89년 김용옥이 일반 대중을 대상으로 한 노자 강의를 들은 MBC PD 홍성완은 그 강연회의 분위기를 다음과 같이 묘사한 바 있다.

"나는 우선 앙상블 홀을 메우고 있는 인파에 놀랬다. 그리고 더욱더 나에게 와 닿는 것은 그 강연홀에 가득차 있는 열기였다. 어둑어둑한 분위기에 그에게만 라이팅이 집중되어 있었던 그 자리에 안동포 두루마기를 휘날리며 판서를 하며 언변을 토해내는 그나 그의 강의를 경청하고 있는 청중들, 강단과 복도마저 물밀틈 없이 메운 자리에 우그리고 앉아 그의 메시지를 한 치라도 놓치지 않으려고 주의를 집중시키고 있는 그 열렬한 모습들이 발하는 기와 강단에서 울려퍼져 나오는 기가 엉켜 순환하는 그 분위기의 진지함이나 숙연함은 개화백경의 천주교도 남녀노소 모임의 한 장면이나 쿼바디스 도미네의 지하집회의 한 장면을 연상치 아니하고서는 그 유례를 찾아보기 힘들 것 같았다. 이런 말을 하면 누군가 내가 너무 과장하고 있다고 하거나 혹은 김용옥 선생을 미화하고 있다고 말할지 모르지만 내가 처음 몸으로 경험한 것은 김용옥 개인에 관한 것이 아니라 그 분위기 자체였다."[8]

그로부터 10년이 지난 후에도 김용옥이 하는 강연을 둘러싼 열기는 조금도 식을 줄 몰랐다. 지난 98년 김용옥은 도올서원에서 『벽암록』이라는 책을 강론하였는데, 당시 이 강론에 대한 대중의 뜨거운 호응에 대해 김용옥은 다음과 같이 말한다.

"이 『벽암록』이라는 책은 일반에게 그리 알려져 있는 책도 아니고 그리 대중적으로 회자될 수 있는 책이 아닌데도 불구하고, 일단 내가 강론

---

7) 김용옥, 『여자란 무엇인가?』(통나무, 1989, 중판 1990), 55쪽.
8) 홍성완, 〈어느 한 피디의 고백〉, 『도올 김용옥의 신한국기』(통나무, 1990), 16쪽.

한다는 소식이 신문에 나가자 벌떼같이 대중들이 운집하여 일시에 도올서원을 입추의 여지도 없이 메워버렸다.…… 보통 한 백 명이 넉넉히 들어앉을 공간에 4, 500명이 콩나물 시루에 박힌 콩나물대가리처럼 들어앉아 강의하고 있는 내 발 밑에까지 무릎을 맞대고 눈을 치켜뜨고 앉아 있으니.……"[9]

나는 김용옥의 강연을 한 번도 직접 들은 적은 없지만 그 분위기가 마치 신흥종교의 집회를 방불케 하더라는 말을 여러 번 전해 들었다. 그 분위기에 감격한 홍성완의 경우처럼 언론계에도 김용옥의 팬들이 많다.

김용옥이라는 인간의 냄새조차 기분 나쁘다?

『중앙일보』1996년 7월 24일자엔 김용옥의 전면 인터뷰 기사가 실려 있다. 사실 우리 나라에 생존해 있는 인물 가운데 신문들이 가장 많은 전면 인터뷰를 할애한 인물이 바로 김용옥이 아닐까 하는 생각이 들 정도로 김용옥은 늘 언론의 각광을 받아왔다. 『중앙일보』 문화부 차장 이헌익이 쓴 이 인터뷰 기사의 서론도 이헌익 역시 김용옥의 팬이 아닌가 하는 생각을 갖게 만든다. 그러나 제법 공정하다. 어디 이헌익의 말을 들어보자.

"서부활극을 일명 호스(馬) 오페라라고 한다. 80년대 김용옥의 등장은 건맨의 출현과 흡사했다. 세상을 읽어내는 한 철학자의 인식의 전방위적건 플레이는 사실 충격이었다. 그것은 철학 오페라 혹은 무협 철학을 방불케 했다. 많은 사람들이 다만 그의 육두문자를 빼고 그 현하지변에 매료됐다. 새로운 지적 지평에 개안했다고 열광하는 사람도 있었다. 또 많은 사람들은 그 말의 강물에 떠밀려 표류하다 방향을 잃기도 했다. 그리

---

9) 김용옥, 『화두, 혜능과 셰익스피어』(통나무, 1998), 19-20쪽.

고 김용옥은 오페라 도중 저격당했다. 왜 그랬는지 사실은 분명치 않다. 그의 테러적 인사가 그에게 부메랑이 되었는가. 분명한 것은 우리 학계의 용렬함이 한 박식한 동양철학 에세이시트의 분출하는 문화비평욕을 틀어막았다는 사실뿐이다.

김용옥은 90년 마흔 중반에 한의대 입학이라는 그다운 방식으로 잠적했다. 올 봄 한의사 고시를 통과한 그는 한의학이 생물학→신학→철학으로 이어진 그의 인간의 근본을 보기 위한 계획된 공부 프로그램의 귀착지라고 했다. 한의학의 저 광활한 전인미답의 문헌을 비평하고, 서양의학처럼 임상학 체계를 세운다는 것이 그의 야심찬 목표다."[10]

나는 위 평가에 대체로 동의하지만 김용옥이 오페라 도중에 저격 당했다거나 김용옥의 문화비평욕이 억압을 당했다는 데엔 동의하지 않는다. 그건 전혀 그렇지 않다. 김용옥은 원래부터 편협하고 보수적인 학계와는 거리가 멀었으며 학계의 인정을 받으려고 애쓰지도 않았다. 학계가 그에게 제공할 수 있는 건 처음부터 아무 것도 없었다. 김용옥이 저격을 당한 게 아니라 오히려 김씨가 학계를 향해 따발총을 난사해댔던 게 아닐까?

그렇다면 김용옥은 왜 학계로부터 배척을 받은 것일까? 김용옥이 발사한 따발총도 무시할 수 없는 한 이유이긴 하겠지만, 보다 근본적인 이유는 김용옥이 '지적 엔터테이너'로서 보여준 모든 게 아니었을까? 김용옥의 학문 세계에 대해 긍정적 평가를 내리고 있는 용인대 교수 이동철은 김용옥에 대한 학계의 부정적인 시각에 대해 다음과 같이 말한다.

"우선 그의 저술세계가 주체할 수 없을 정도로 방대하여 계속 새로운 주제를 건드리기만 할 뿐 그 정확한 마감을 하지 못하고 있다는 것이며,

---

10) 김용옥·이헌익, "인터뷰: 철학자서 한의사까지 김용옥 서울대의대 객원교수," 『중앙일보』, 1996년 7월 24일, 10면.

둘째 그가 기존 아카데미즘의 논리가 요구하는 루틴에서 너무 빗나가 아무렇게나 자기 스타일대로 지식 활동을 벌이고 있다는 것이다. 셋째 그의 언어사용 태도가 너무도 현학적이고 자기과시적이며 역겨운 상말을 아무렇게나 뒤섞어 쓰고 있는 바람에 그가 전달하고자 하는 의미 구조 자체를 가릴 정도로 정련되어 있질 못하다는 것이며, 넷째 아카데미즘의 정통성을 고수한다는 사람, 특히 훈구파의 입장에서 보면 김용옥이라는 인간의 냄새가 나는 모든 것이 괜히 기분 나쁘다는 것이다."[11]

'김용옥이라는 인간의 냄새가 나는 모든 것이 괜히 기분 나쁘다?' 나는 실제로 그런 사람들을 많이 보았다. 왜 그럴까? 물론 다른 중요한 이유도 있겠지만, 앞서 지적했다시피, 우리는 여기서 미적으로 편협하다는 것은 가공할 폭력성을 지니고 있다거나 기호는 혐오와 분리될 수 없다거나 다른 삶의 양식에 대한 혐오는 계급 사이의 가장 두터운 장벽 중의 하나라는 프랑스의 사회학자 피에르 부르디외의 주장을 상기할 필요가 있겠다.[12]

'이리 감옥'의 장기수를 자청한 김용옥

널리 잘 알려진 바와 같이, 김용옥은 1986년 4월 8일 우여곡절 끝에 양심 선언을 하고 고려대 강단을 떠났다. 당시 그가 밝힌 '사직의 변'은 다음과 같은 것이었다.

"나는 아무도 막을 수 없는 역사의 도도한 물결을 향해 무엇을 외칠 수 있으며 무엇을 외쳐야만 하는가에 대한 어느 때보다도 확고한 신념을 가지고 여러분 앞에 섰습니다.…… 내가 여러분에게 말하려고 하는 것은

---

11) 이동철, 〈서평: 김용옥 저 『길과 얻음』〉, 『신동아』, 1990년 1월, 616-618쪽.
12) Pierre Bourdieu, 〈The Aristocracy of Culture〉, 『Media, Culture and Society』, 2(1980), p. 253.

영웅이 되기를 거부하는 지극히 소박한 한 인간의 양심의 소리입니다.…… 사랑하는 제자 여러분! 여러분들을 끝까지 꿋꿋하게 지키려는 결심을 허물고 강단을 떠날 수밖에 없는 나 자신의 나약함을 다시 한 번 애통하게 생각하면서도 그저 허약하게밖에는 나 자신의 양심을 지킬 수 없는 보통 사람의 모습을 다시 한 번 저주합니다.…… 폭력은 폭력 자체가 가진 힘에 의하여 멸망하게 될 것입니다."[13]

그의 사직은 꼭 정치적 동기 때문만에 일어난 일은 아니었다. 김용옥 스스로 밝힌 바 있듯이, 김용옥은 당시 맨날 똑같은 강의에 질려 있었고, 자신의 지식을 사회 현실 속에서 단련받고 싶기도 했고, 반대로 자극을 주었으면 하는 마음을 갖고 있었던 것이다. 또 그는 나중엔 "우리 나라 대학 전체 문화의 부패에 대한 부정정신을 내포한 것"이라는 주장을 하기도 했다.[14] 당시『동아일보』의 대표적인 논객인 김중배는 1986년 4월 10일자에 쓴 〈어느 교수의 '양심선언'〉이라는 제목의 '사설'에서 다음과 같이 논평하였다.

"우리는 고려대학 김용옥 교수의 '양심 선언'에서 고뇌하는 지식인의 치열한 정신을 거듭 확인한다.…… 김 교수는 지난 번 고려대학 교수들의 '현 시국에 대한 견해' 표명을 지지하면서도 그에 서명하지 않았던 사람이다. 정치상황의 변화만이 모든 것을 해결할 수 있다고 믿지도 않았으며, 오히려 정치가 해결할 수 없는 인간의 문제에 더 큰 열정을 지녔던 지식인이다.

그 사람이 마침내 현실의 모순을 고발하고, 강단을 떠나기로 결단했다는 사실의 의미는 무겁다.…… 김 교수의 '양심 선언'은 아무리 억눌러도 지식인 사회가 완전히 억눌려질 수 없다는 확연한 반증으로 인식되어

---

13)『신민주전선』, 1986년 4월 12일자.
14) 김용옥,『대화: 김우중 · 김용옥 나눔』(통나무, 1991, 8판 1993), 307쪽.

마땅하다. 그것은 지식인 사회가 아무리 나약해졌다고 할지라도 완전히 나약해지지는 않았다는 실증이기도 하다. 그러나 우리는 그와 같은 지식인이 제자리를 떳떳이 지킬 수 있는 사회가 가꾸어지기를 바란다. 그의 말대로 모든 사람들이 제 구실을 다하며, 한마음이 되어 만날 수 있기를 소원한다."

당시 김용옥의 '양심 선언'은 일종의 돌출 행동으로 세간의 비판을 받기도 했다. 그런데도 김중배는 김용옥을 그렇게 평가했으니 김용옥의 감격이 어떠했겠는가. 김용옥은 나중에 그의 저서 『동양학 어떻게 할 것인가』에서 그 감격을 다음과 같이 말하고 있다.

"나는 그 글이 나에 관하여 쓰여졌기 때문이라기보다는 그 글 자체가 갖는 마력, 간결한 몇 줄 속에 흐르고 있는 힘이 나의 몸에서 우러나오는 광기보다도 더 강렬한 힘을 가지고 나를 휘감아버리는 그 마력에 나는 당혹할 정도로 매료되었던 것이다. 이 정도의 붓의 힘이 그 짧은 시간 동안에 그 정도로 정신의 핵을 관통하고 있었다는 사실이 나에게 도도하고 당당하게 물밀려 왔다."[15]

사실 김용옥은 김중배의 넓은 포용력 덕을 톡톡히 본 지식인이다. 김용옥이 나중에 『신동아』에 〈도올세설〉이라는 글을 마구 쓸 수 있었던 것도 그 글로 인한 온갖 곤욕도 마다하지 않은 김중배의 지극한 배려 덕분이었다. 이는 김용옥 스스로 『도올 김용옥의 신한국기』라는 책에서 밝히고 있는 바와 같이, 어느 다른 신문사 편집국장의 다음과 같은 말에서도 잘 드러난다.

"그렇게 대들지만 말구, 좀 차분하게 현실을 생각해 봐야지. 엄연한 현실이 있잖아.…… 당신 말대루라면 편집국장 누구든지 해 먹게. 김중배 국장한테 감사하시오! 김중배 씨가 국장으로 앉아있으니깐 그래두

---

15) 김용옥, 『동양학 어떻게 할 것인가』(통나무, 1989, 중판 1996), 23쪽.

'세설'이 나가는거야. 딴 놈 같어봐, 어림두 없지. 텍두 없지? 도올의 아이디얼리즘이 뭐 말라빠졌다구 어디서 통하냔 말요?"[16]

김용옥은 몇 년간 재야 교수로 활약하다가 1990년 원광대 한의대에 입학함으로써 세상을 깜짝 놀라게 만들었다. 사실 이게 바로 김용옥의 가장 무서운 특성임에 틀림없을 것이다. 세상 사람들은 그걸 '기행'이라고 생각했지만, 김용옥의 한의대 입학은 그가 권도원을 만난 1967년에 이미 예정돼 있었던 것이다.

김용옥은 미국에서 돌아온 뒤 곧장 한의대에 들어가고 싶어했다. 그래서 경희대 관계자들을 만나 편입을 타진했다. 그러나 경희대는 거절했고 결국 원광대가 그를 받아준 것이다. 김용옥이 경희대에서 거절당하고 다른 대학을 타진했을 때 그 대학 교수들은 김씨를 짭짤한 수입을 올리고 싶어 뒤늦게 한의사가 되고 싶어하는 사람으로 보았다던가. 김용옥이 한국 대학 교수들에 대해 저주에 가까운 비판을 퍼붓는 것도 그런 이유와 전혀 무관하지는 않을 것이다.

김용옥은 1996년에 원광대 한의대를 졸업하고 한의사 자격증을 획득했다. 그 6년의 기간이 김용옥에겐 큰 시련이었던 것 같다. 공부가 어찌나 힘들었던지 그는 한의대 졸업을 '이리 감옥'(원광대 한의대가 위치한 지금의 익산시) 6년 수형 후 출옥으로 표현했다. "6년 간의 하숙 생활은 정말 인고의 세월이었다. 내 연구의 계획된 프로그램이었기 때문에 기쁘게 참을 수 있었다. 그 6년을 포함, 31년에 걸친 대학공부 장기수의 출감과 같은 심정이다."[17]

---

16) 김용옥, 『도올 김용옥의 신한국기』(통나무, 1990), 46쪽.
17) 김용옥·이헌익, 〈인터뷰: 철학자서 한의사까지 김용옥 서울대 의대 객원교수〉, 『중앙일보』, 1996년 7월 24일, 10면.

위선적 언어로부터의 해방

김용옥의 별난 관심은 한의학에만 머무른 게 아니다. 그는 영화도 건드렸다. 그는 왜 그렇게 영화판에 열을 냈는가? 김용옥은 그 이유를 다음과 같이 말한다.

"1980년대를 통해 내가 해온 철학운동은 위선적 언어로부터의 해방입니다. 내 언어의 기준은 '대중'입니다. 즉 모두가 언어를 공유할 수 있어야 한다는 뜻이지요. 그렇다면 철학을 표현할 수 있는 대중매체로 무엇이 있는가, 그 대표적인 것이 영화입니다. 출판도 중요합니다만 한계가 있지요. 많이 팔려봐야 몇만 부에 불과하니까요. 물론 남는 것이 없다는 점에서 영화에도 한계가 있습니다. 일시적인 감명은 주지만 지속적인 혁명은 될 수 없습니다. 게다가 영화의 기본은 흥행입니다. 사람들을 즐겁게 해주어야 해요. 그러니 영화가 역사를 이끌어갈 수는 없는 겁니다. 그러나 아직도 영화는 나의 중요한 관심사입니다. 언젠가는 위대한 드라마를 하나 써보고 싶습니다."[18]

김용옥은 '위선적 언어로부터의 해방'을 위해서는 욕설이 필요하다고 생각했던 걸까? 그는 욕설에 있어서도 타의 추종을 불허하는 발군의 실력을 과시했다. 『조선일보』(1989년 6월 27일) 지면을 통해 김용옥과 대담을 나눈 철학도이면서 컴퓨터 전문가인 김현은 김용옥의 욕 실력에 대해 "내가 아는 범위 내에서 말한다면 김 선생의 책은 동서고금을 통틀어서, 인쇄매체를 통한 것 중에 가장 많은 욕설과 정제되지 않은 분노의 폭발로 점철돼 있습니다"는 평가를 내리고 있다. 이에 대한 김용옥의 답은 무엇인가?

"스스로도 내가 분노를 잘 절제하지 못하고 이에 대한 진지한 반성이

---

18) 김용옥·조갑제, 〈인터뷰: 동양사상가 김용옥〉, 『월간조선』, 1992년 11월, 372-393쪽.

필요한 사람이라고 자인하고 있습니다. 특히『노자철학』의 경우 내가 제 본소에서 그 책을 처음 본 순간 그것을 손에 들었다가는 그대로 땅바닥에 떨어뜨려버릴 정도로 당혹감에 사로 잡혔었습니다. 무슨 징그러운 뱀 같은 것을 만진 기분이었기 때문이죠. 사실 세계 인쇄문화사상 그처럼 '처절한 문장'은 없었을 것입니다. 그러나 적어도 현재 상태에서 말한다면 지금 내가 우리 지식사회에 대해서 느끼는 감정은 정직하게 느낀대로 표현해내야 하겠다는 결심입니다. 분노를 너무 성숙시키고 절제하여 애쓰다 보면 잘못된 것에 대한 본질적인 파악력을 놓쳐버릴 우려가 있기 때문입니다. 철저하게 분노를 표출하고 그 대가로 자신을 고독 속으로 밀어넣음으로써 역사 앞에 철저한 단독자로서 설 수 있다는 사실은 창조적 사상가로서의 특권이라고 생각합니다.……나는 욕을 하나의 예술이라고 생각합니다. 사회가 건전하게 수용해야 할 하나의 문화 양식인 것이지요. 프랑스의 철학자 미셸 푸코가 말한 것처럼 언어는 권력의 한 체계입니다. 즉 욕설을 저속한 것으로 규정하는 계층의 사람들은 그 권력 체계에서 득을 보고 있는 자들이라는 것이지요. 그 사람들이야말로 사실은 욕설보다 더욱 저급한 차원에 있는 권력의 노예일 수가 있습니다. 나는 이 욕설의 사회화를 통해 우리의 기존 언어관에 혼란을 일으키고자 하는 사람입니다. 역사를 보면 한 시대가 혁명을 겪기 위해서는 먼저 새로운 언어 체계가 나오게 돼 있습니다. 이런 점에서 나의 책에 나오는 욕설은 매우 중요한 선례를 남기게 될 것으로 봅니다."[19]

김용옥이 내뱉는 욕설의 효용

아니, 김용옥의 욕에 그렇게 깊은 뜻이 있었단 말인가? 처음에야 그런

---

19) 김용옥·김현, 〈김용옥의『저술 세계』: 철학에서 연극, 영화, 동화론까지〉,『조선일보』, 1989년 6월 27일, 9면.

깊은 뜻으로 욕을 했을지라도 하다 보니 습관이 되어버린 건 아닐까? 그리고 그의 욕설이 인구에 회자되면서 그가 누리는 명성에 큰 기여를 했다는 것도 부인할 수 없는 사실인 이상, 김용옥의 욕설이 늘 그런 깊은 뜻에 의해 내뱉어지는 것이라고 보기는 어려울 것이다.

김용옥의 욕설은 성(性)에 관한 이야기에서 극치를 이루지만, 그는 이에 대해서도 나름대로의 이론적 근거를 갖고 있다고 주장한다. 그는 『여자란 무엇인가』에서 이렇게 말한다.

"요새 심리학 교재에서는 자지 대신 페니스(pennis)나 男根(남자 뿌리)과 같은 어색한 표현을 쓰고 있는데, 왜 자지라는 가치개방적(value-free)인 좋은 우리말을 쓰면 추저분하고 비학문적이고, 서양사람들에게 똑같은 의미를 전달하는 페니스라는 외국말을 쓰면 근사하고 학문적인지 나는 이해할 수 없다.

나는 어떠한 경우에도 보지, 자지는 양보할 수 없다. 이것은 단순한 하나의 약속의 체계일 뿐이며 음사(淫辭)가 아니다. 자지, 보지에 비하면 성교(性交, 다른 性의 交合)를 뜻하는 '씹'이란 말은 더 역하게 느껴질 것이고 또, 그 말이 우리 일상언어에서 복합되어 너무도 많은 욕설을 지어내기 때문에 그 가치판단에 있어서 좀 신중할 필요가 있지만, 나는 상황에 따라서 그러한 표현이 필요하다고 판단될 경우 과감히 쓸 것이다. 어느 단어에도 양보할 수 없는 순수 우리말인 '씹'이란 말이 성교(性交)와 동일한 의미를 전달하면서도 그렇게도 저주의 대상이 되는 욕설이 되었다는 사실은, 우리 존재 속에서 사회적 금기(social taboo)가 소외(Entfremdung)화되었다는 매우 중요한 의식적 사실을 의미한다.

즉 우리가 좋아하면서도 또 우리에게 떼어놓을 수 없는 것임에도 불구하고, 사회적 규약에 의하여 싫어하고 떼어놓아야 할 것으로 우리의 존재로부터 소외시키는 과정이 우리의 의식 속에서 진행되었다는 사실을 의미하는 것이다. 우리는 그다지도 씹을 좋아하고 사랑하면서 왜 그다지도 싫어하고 저주하는 것으로 객체화되었는가? 즉 우리 자신에게서 소외화되었는가? 이에 대한 이유가 곧 타부라는 것이며 이 타부의 체제가 곧 우리가 말하는 윤리라는 것이다.……우리는 우리 존재의 가능성의 탐구를 위해서 가능한 한 모든 자료를 동원해야 할 것이며, 또 우리의 의식을 구속하고 있는 타부로부터 일단 해방되어 우리 자신을 바라볼 필요가 있다. 새로운 타부를 만들지라도 일단 과거의 타부로부터 벗어나보는 어떠한 과감성이 없이는 '나'를 분석할 수가 없다. 나는 음담패설을 찬양하지 않는다. 그러나 나는 자지, 보지, 씹을 과감히 쓸 것이다. 나의 이러한 단순한 표현 때문에 나를 욕하실 거룩한 분들은 이 책을 덮어라!"[20]

나는 김용옥의 주장에 상당 부분 동의하긴 하지만, 김용옥은 그런 단어들의 사용이 필요하다고 판단될 경우가 아닌데도, 즉 그가 원하는 효과와 무관한 경우에도 마구 사용하는 경향이 있었던 것 같다. 아마도 그렇게 하는 게 손님을 끈다는 걸 알았기 때문일 것이다. 어찌됐건 그는 자신의 욕설에 대해 '역사적 문맥'에서 평가해줄 것을 요청했다.

"1980년대에 쓴 책들은 철저히 그 시대의 역사적 문맥에서 이해해야 합니다. 그 저술들의 목적은 당시 우리 사회의 경직된 모습을 깨려는 것이었어요. 미국에서 귀국한 직후 교수가 된 뒤에 본 우리 학계의 수준은 놀라울 정도로 천박했습니다. 너무나 터무니없었고 위선으로 가득차 있었어요. 이 거짓된 현실에 분노를 느꼈습니다. 이것을 어떻게 깰 수 있을까 고민했지요. 그 결과 나타난 것이 그런 문체였어요. 사회의 경직성이 많이 깨진 지금 그 책들을 모두 개정하고 싶어도 시간이 모자랍니다. 저자로서 독자들에게 말하고 싶은 것은 1980년대의 역사적 맥락에서 읽어달라는 것입니다."[21]

---

20) 김용옥, 『여자란 무엇인가?』(통나무, 1989, 중판 1990), 28-30쪽.
21) 손석춘, 〈김용옥: 암 정복 꿈꾸는 미완의 '기' 철학가〉, 『한겨레신문』, 1993년 3월 29일, 11면.

김용옥의 지식인에 대한 복수

그러나 김용옥의 욕설은 1990년대에도 한동안 계속되었다. 그는 1991년 3월에 낸 『대화』에선 "한국사회의 부패는 따지고 보면 장사꾼이나 군인, 관료, 정보부원들에게서 오는 것도 물론 있겠지만 더 구조적인 죄악은 모두 이 두 계층, 교수와 기자가 만들어내는 것이다"고 단언한다.[22] 또 "교수들보다는 유수 기업체들의 기업인들이 대체로 우수하다는 느낌을 준다"느니 "기업인들이 교수들보다 철이 든 사람이 많다.……철이 들지 않으면 회사 내에서 성공할 수가 없다"는 말까지 한다.[23]

글쎄, 과연 그럴까? 나도 꽤 지식인 비판을 하는 사람이지만, 김용옥의 지식인 비판은 정도를 넘어선 것 같다는 느낌을 준다. 물론 김용옥이 말하는 지식인들은 대학 교수들이다. 이미 앞서 소개한 바 있지만, 그의 비판 또는 매도엔 동의할 수 있는 꽤 날카로운 지적도 많다. 그러나 문제는 김용옥의 교수에 대한 험담과 독설이 철저하게 자기 위주라는 것이다. 그는 자기를 몰라주는 지식인 사회에 대한 복수욕에 불타있는 건 아닐까? 만약 그의 말마따나 교수들이 그렇게 형편없는 인간들이라면, '우리 나라는 학자를 대접할 줄 모른다'는 그의 불평은 앞뒤가 맞지 않는 게 아닐까? 오히려 과잉 대접을 받고 있는 건 아닐까? 그러나 그는 교수 시절 기회만 있으면 학자에 대한 대접이 엉망이라고 개탄하곤 했다. 이거야말로 모순이 아닌가?

그런 모순 때문이었는지 『대화』라는 책에 담긴 대화는 지식인들의 비판의 표적이 되었다. 가장 대표적인 비판이 외국어대 철학과 박사 과정에서 공부하던 이한우(현재 『조선일보』 문화부 기자)가 『월간중앙』(1991년

---

22) 김용옥, 『대화: 김우중·김용옥 나눔』(통나무, 1991, 8판 1993), 85쪽.
23) 김용옥, 위의 책, 100-103쪽.

6월)에 기고한 〈김용옥 씨의 『대화』를 비판한다〉와 국민대 철학과 교수 최종욱이 『사회평론』(1991년 9월)에 기고한 〈현실을 왜곡하는 김용옥의 사회 인식〉이라는 글이었다. 김용옥은 이 글들을 읽어보았던 모양이다. 김용옥은 『신동아』(1991년 10월)에 기고한 글에서 노자 이야기를 하다가 치밀어 오르는 분통을 참을 수 없었던지 갑자기 다음과 같은 독설을 뿜어낸다.

"요즈음 날 씹어대는 졸개들이 많다. 불행하게도 그런 졸개들이 날 씹어댈수록 나는 위대해질 수밖에 없는 운명이지만 나는 그러한 위대성을 원하지 않는다. 졸개들이 날 씹어대는 이유는 너무도 간단하다. 날 씹어대면 돈이 벌리기 때문이다. 누군가 돈을 벌고 싶으면 날 씹어대는 책을 써라! 그러면 금방 베스트셀러에 오를 것이다. 누군가 잡지를 팔고 싶으면 날 씹어대는 졸개들을 나열하여 특집을 만들어라! 그러면 잡지가 날개돋힌 듯 팔릴 것이다. 내가 여기 '졸개'라는 치졸한 표현을 쓰는 것은 그들의 정보의 양과 질이 너무 압도적으로 빈곤하고 그들의 논리에 시비를 공평하게 형량하는 관대함이나 인간적 진지함이 너무도 결여되어 있으며, 또 그들의 논리를 지배하고 있는 감정의 질점들이 너무도 조야하기 때문이다. 어찌 그다지도 무식하며 어찌 그다지도 불성실할 수 있는가? 인간의 모든 논리는 그 논리를 선행하여 지배하는 감정에 종속된다. 이 감정의 구조를 해석학 학자들은 '선이해(pre-understanding)' 혹은 '편견(prejudice)'이라고 부른다. 사실 인간의 논리는 그러한 선이해에 의하여 주문된 것이다. 그렇게 주문된 논리에 대하여 내가 무슨 말을 한들, 그것은 하등의 논리적 가치를 지니지 않는다. 무가치한 감정의 배설들일 뿐이다. 왜 김용옥의 논리를 비판하지 않고 왜 김용옥 그 인간을 그다지도 저주하는가? 도무지 알 수 없는 일이다."[24]

---

24) 김용옥, 〈노자로 푼 대국주의의 운명〉, 『신동아』, 1991년 10월, 436-460면.

김용옥의 '치기' 앞에 성역은 없다

나는 이한우와 최종욱의 김용옥 비판에 어느 정도 동의하면서도 어느 정도 문제가 있다고 생각하는 편이다. 김용옥을 최대한 선의로 이해하려고 하는 노력이 부족했다. 그러나 김용옥의 반론을 보니 욕먹어도 싸게 생겼다. 아무려면 사람들이 돈을 벌기 위해 김용옥을 씹어댈까? 아니 그리고 막말로 돈도 좀 같이 나눠서 벌면 안 되나?

바로 이런 김용옥의 상식 이하의 억지가 많은 사람들로 하여금 김용옥에 대해 경멸감을 갖게 만든다. 독설을 늘어놓더라도 사람들이 자기를 비판하는 이유의 핵심을 정확히 짚어낸 다음에 독설을 늘어놓아야 설득력이 있을텐데 막무가내로 떼쓰는 경우가 많았다. 김용옥의 치기 어린 분노는 급기야 자신에 대한 비판 세력이 몰려 있는 진보 진영으로 향한다.

"우리 나라 지성계의 최대 비극은 '진보세력'이 없다는 것이다. 진보세력의 부재는 필연적으로 양식있는 보수세력의 부재마저 초래한다. 20세기 한국 지성사를 관망하건대 모든 진보세력을 자처하는 자들의 진보성의 틀이 철저히 외래적인 것이었으며 그 외래성이란 자신의 문제 상황에 대한 깊은 내재적 통찰로부터 우러나오는 진일보성이 아니라, 타의 문제의식을 도용하여 자신의 개혁을 꾀하고자 하는 종속성에 불과했다."[25]

나는 김용옥의 이 발언 자체엔 일리가 있다고 생각한다. 우리 나라 지성계엔 진정한 진보세력이 없거나 진보를 잘못 실천하고 있기 때문에 극우가 함부로 날뛰고 파시스트들이 보수 행세를 할 수 있는 것 아니냐는 것이다. 다만 김용옥이 그 중요한 발언을 울화통을 억누르지 못한 분노의 연장선상에서 했고 그 자신 극우에 대한 통렬한 비판을 한 적이 거의

---

25) 김용옥, 〈노자로 푼 대국주의의 운명〉, 『신동아』, 1991년 10월, 436-460쪽.

(『시사저널』, 2001년 2월 22일)

김용옥은 대단히 솔직한 사람이다. 아니 '어린아이 같다'고 보는 게 더 맞겠다. 따라서 김용옥을 혐오하는 사람들은 그의 잦은 '치기'에 일일이 반응하기보다는 '어린애 같은 어른'을 어떻게 볼 것인가 하는 걸 먼저 따져주는 것이 공정하지 않을까.

없다는 점에서 문제가 있다고 보아야 할 것이다.

우리는 여기서 앞서 이야기한 바 있는 김용옥의 '치기'에 대해 다시 한번 생각해 볼 필요가 있다. 김용옥은 대단히 솔직한 사람이다. 아니 '어린아이 같다'고 보는 게 더 맞겠다. 그래서 그는 자신의 '치기'도 그대로 드러낸다. 따라서 김용옥을 혐오하는 사람들은 그의 잦은 '치기'에 일일이 반응하기보다는 '어린애 같은 어른'을 어떻게 볼 것인가 하는 걸 먼저 따져주는 것이 공정하지 않겠느냐는 게 내 생각이다.

그의 솔직한 면모를 몇 가지 살펴보자. 앞서 김용옥이 자신의 학벌 콤플렉스를 밝힌 것도 그가 자랑하는 솔직성의 대표적인 예에 해당되겠지만, 그는 일상적인 대인관계에서도 보통사람들과는 달리 자신이 느낀 불쾌감도 전혀 감추지 않는 인물이다.

『조선일보』(1993년 2월 9일) 인터뷰를 보자. 기자 최보식은 특정 개인에 대한 인신공격으로 책 전반부가 덮이는 경향을 지적하면서 "무절제하게 뱉어낸 개인의 감정을 담은 타구(唾具)같다"고 과장되게 그의 책에 대한 느낌을 말했다. 김용옥은 그런 지적에 대해 성질이 나는 걸 감추지 않았다. 기자가 중고교 시절에 대해 묻자 "신변잡기의 인터뷰는 하고 싶지 않다"며 단호히 거절한다. 인터뷰가 끝나고 나서 김용옥의 반격이 시작됐다. 김용옥은 "한 학인이 고민해 온 의식 세계를 깊이 조명하기는커녕……" 함부로 건방을 떤다고 30분 가량 기자의 피상적인 질문 버릇을 질타했다고 한다.[26]

김용옥은 홍보 전문 회사를 차려도 될 만큼 탁월한 언론플레이 솜씨를 자랑하지만, 그렇다고 그가 언론을 비판의 성역으로 모시는 건 아니다. 자신이 비판의 화신인 양 정치에 대해선 온갖 독설을 다 늘어놓으면서도 수구 신문들에겐 더할 나위 없이 관대한 비판적 지식인들을 아주 마땅치 않게 생각하는 나로서는 김용옥의 그런 점이 좋다. 물론 나중에 이야기하겠지만, 그 좋은 점이 지나쳐서 더욱 심각한 문제를 낳기도 하지만 말이다. 『도올 김용옥의 신한국기』에 실려 있는 김씨의 언론 비판한 대목을 인용하겠다. 물론 이 비판은 자신의 개인적인 화풀이를 하는

---

26) 최보식, 〈다작가 열전: 프로지식인으로 노동하듯 책써〉, 『조선일보』, 1993년 2월 9일, 14면.

치기의 산물에 불과한 것이거니와 그의 치기가 소문난 마당에 언론계에 무슨 적(敵)을 만드는 것도 아니긴 하지만 말이다.

"난 신문사 새끼들이 당일치기 리듬으로 좆 꼴리는 대로 사는 새끼들이라는 것은 이미 태고적에 터득한 바이다. 이 신문사 새끼들은 인간을 당일치기 구조 속에서만 관계 맺는 데 너무도 철저히 숙련되어 있다. 당일치기 필요에 따라 그 용도가 부상하면 그 당일치기 시간의 한도 내에서 갖은 요상한 아양을 다 떨고 그 용도의 시한이 지나가 버리면 라오쯔가 말하는 추구(풀강아지)보다도 더 매정하게 내동댕이쳐 버린다. 그도 그럴 것이 그렇게 내동댕이 쳐버리지 않으면 또 당일치기로 밀려오는 일들을 처리할 수 없기 때문이다. 그리고 그들은 그러한 인간대접에 대해 아무런 후환을 느끼지 않는다. 왜냐하면 그들이 업고 있는 언론사야말로 이 사회의 최대의 압력기관이기 때문에 하시고 자기들이 필요로 할 때는 다시 부를 수 있고 또 매스컴에 의존하지 않을 수 없는 현대사회의 톱니바퀴에 물려사는 인간의 대부분은 그들에게 하시고 굴복하지 않을 수 없기 때문이다. 당장 이 도올도 신문사가 몇 줄 안 내주면 제 아무리 떠들어봤자 이 사회와 소통할 수 있는 길이 없는 것처럼 보이기 때문이다. 신문 기자님들에게 공통적으로 인 배겨 있는 질병은 인간관계의 지속성에 대한 신념의 결여와 순간 순간 인간을 대할 때 발휘되는 불성실의 발출이다. 귀국 십 년 동안 이들과의 관계에서 내가 터득한 지혜의 최대치다."[27]

건축비 대느라 책을 양산한 김용옥

김용옥의 치기 어린 솔직성은 세인의 상상을 초월한다. 특히 『노자철학 이것이다』라는 책에서 실명과 개인적인 면모까지 상세히 거론해가면

---

27) 김용옥, 『도올 김용옥의 신한국기』(통나무, 1990), 62쪽.

서 제자의 배신을 비판하고 스승과 동료 교수들까지 비판의 도마 위에 올려놓는 걸 보면 이건 '솔직을 빙자한 폭력'이 아닌가 하는 생각마저 들 정도다. 그런데 또 신기한 것은 김용옥이 자신을 위해 감춰도 좋을 것까지 다 까발린다고 하는 점이다. 그는 돈이 필요해 글을 많이 쓰기도 했다는 것까지 이실직고한다. 『대화』에서 대우그룹 회장 김우중에게 토로한 김용옥의 신세 타령을 들어보자.

"저는 올해(1990년) 일곱 권의 책을 출간했습니다. 이렇게 무리를 한 것은 제가 현재 살고 있는 공간이 너무 비좁아 80평 짜리 집을 하나 봉원동에 짓고 있기 때문이었습니다. 도스토예프스키는 도박벽 때문에 도박판에 돈을 대느라고 그렇게 많은 소설을 썼습니다. 저는 올해 건축비 대느라고 죽으라고 썼습니다.

그런데 제 주변의 아무 것도 모르는 교수 자식들이 절 만나면 뭐라 하시는지 아십니까? '야! 넌 교수 때려치더니 돈 벌었더구나. 책내기만 하면 베스트셀러니 얼마나 돈이 쏟아지겠니?' 제가 내는 책들은 인문과학서적이며 이문열 씨의 소설과는 그 자릿수가 다릅니다. 인문과학서적의 베스트셀러라는 것은 히트쳐야 만 부면 주저앉습니다. 참 실망스럽지요. 사천 원짜리 책 만 부면 그 10% 인세가 사백만 원입니다. 이렇게 따지면 일 년에 다섯 권의 베스트셀러를 내도 제 수익은 이천만 원, 팽팽 놀아쳐 먹는 교수새끼들 일 년 월급도 되질 않습니다. 제 어깨는 떨어져 나갑니다. 이 주길 노므새끼들이 날보고 베스트셀러 작가 부자라는 겁니다. 이런 개새끼들 아가리 놀리는 것을 쳐다보면 울화통이 치밀어서, 야 이 개새끼들아, 너희들이 받아쳐먹고 있는 월급이 얼마나 엄청난 액수인가를 좀 알아보라고 외치고 싶고, 정말 이 시대의 지성의 역할이 무엇인가를 반성하게 됩니다. 이 썩어빠진 죽일 놈의 새끼들! 내가 베스트셀러 작가냐? 너희들 처먹는 돈 가치의 천분의 일만큼이라도 이 사회를 위해 일했나 생각해 봐라! 죄송합니다. 좀 흥분했습니다. 도대체 너무 모릅니다.

세상 돌아가는 것을 너무도 모릅니다. 남이 얼마나 어렵게 정직하게 사는지 도무지 너무도 모릅니다. 저는 지금 그렌저 이천 씨씨를 타고 다니고 있습니다. 주중 이리 생활과 주말 서울생활의 연결이 도무지 효율적으로 될 수 없기 때문에, 운전사 딸린 큰 차를 통나무 출판사가 마련해 주었습니다. 저는 선비로서 제 삶의 격조는 지키겠습니다. 그러나 이러한 외면으로 제 생활과 생각이 정직성이 왜곡될 수는 없습니다."[28]

어느 정도 공감이 가는 이야기이긴 하나, 그게 무어 그리 흥분해서 할 이야기일까? 그렇게까지 자신의 생각과 감정을 솔직하게 발설, 아니 배설하는 건 김용옥이 '어린애 같은 어른'이라는 걸 확실하게 입증해주는 게 아닐까? 그러나 여기서 또 주의해야 한다. 어린애는 아침에 하는 말 다르고 저녁에 하는 말 다르다. 김용옥은 또 어떤 경우엔 "왜 이 역사가 이 내 한 몸에 이다지도 과도한 집필을 요구하는지 모르겠다"고 뻥을 치니까 말이다.[29]

사실 나도 사적 영역에선 자주 그런 뻥을 치곤 한다. 어떤 질문에 대해 일일이 답하고 뭣하고 귀찮을 때 그냥 웃으면서 "국가와 민족을 위해서!"라고 말한다. 물론 그건 내 개그다. 사적 영역에서만 써먹는 개그다. 나도 가끔 공개적인 글에 그 수준에까진 미치지 못하는 개그를 하긴 하지만, 개그라는 걸 알아볼 수 있게끔 하기 위해 애를 쓴다. 그런데 김용옥의 책엔 도무지 그런 구분이 없다. 자주 진지하게 써내려가는 글에서 불쑥 "왜 이 역사가 이 내 한 몸에 이다지도 과도한 집필을 요구하는지 모르겠다"는 종류의 말을 해대니 이거야말로 '어린애'라는 답 이외엔 설명할 길이 없다.

김용옥이 『대화』라는 책에서 김우중을 '성인'으로 묘사한 것도 그렇

28) 김용옥, 『대화: 김우중 · 김용옥 나눔』(통나무, 1991, 8판 1993), 325-327쪽.
29) 김용옥, 『나는 불교를 이렇게 본다』(통나무, 1989, 중판 1997), 319쪽.

게 생각하지 않고선 달리 이해할 길이 없다.[30] "지상 23층의 거대한 오피스 건물은 정말 나에게는 숭고한(erhaben) 충격이었다.……대우! 이것이 대운가!……그 웅혼한 건물을 바라보는 나의 눈에는 무어라 형언할 수 없는 감회 속에 눈물이 핑잉 돌았다"는 말도 했다.[31]

김용옥은 무엇이 켕겼는지 "김우중 회장과 내가 같이 여행한다는 소문이 퍼지면 또 주변에서 지지리 못난 새끼들이 입방아를 찧기 시작할 것이다"는 말도 미리 해 두었다.[32] 그러나 그 여행을 다녀오고 나서 낸 『대화』에서 '성인'이라는 표현은 둘째 치더라도 다음과 같이 자신을 감우중과 같이 끼워 팔아 자화자찬하는 것에 대해 이러쿵저러쿵 하는 걸 가리켜 "지지리 못난 새끼들이 입방아를 찧"는다고 말할 수 있을까?

"김우중은 1970년대 한국의 하꼬방 장사 동네에 던져진 하나의 돌풍이다. 김용옥은 1980년대 한국의 수입 커리큘럼 학계에 던져진 하나의 돌풍이다.…… 김우중은 조선역사의 오늘이다. 김용옥은 조선역사의 내일이다."[33]

'날 알아보는 자들에게 감격한다'

『대화』를 비판한 이한우는 김용옥의 그런 일련의 발언에 대해 큰 충격

---

30) 물론 김용옥은 '성인'에 대해 다음과 같은 해설을 달긴 했지만 사람들은 '성인'이라는 단어에만 신경 쓸 것이라는 점을 감안한다면 무모한 일이었음에 틀림없을 것이다. "지금 이 순간 여러분들이 가지고 있는 상식적 개념에서 오는 많은 느낌의 혼동을 나는 개의치 않는다. 나는 지금 매우 엄밀한 철학적 논의를 진행 중이라는 것만 독자가 이해해 주었으면 한다.……동양고문헌에서 말하는 성인은 그 원초적 의미에 있어서 모두 문명의 영웅들이다." 김용옥, 『대화: 김우중·김용옥 나눔』(통나무, 1991, 8판 1993), 53-54쪽.; 그리고 김용옥이 쓰레기 줍는 할아버지를 '우리 시대의 성인(聖人)'으로 불렀다는 것도 참고할 필요가 있겠다. 김용옥, 〈우리시대의 성인(聖人) 이은경 할아버지〉, 『도올세설: 『신동아』 명칼럼』(통나무, 1990, 제9쇄 1995), 37-52쪽.
31) 김용옥, 『대화: 김우중·김용옥 나눔』(통나무, 1991, 8판 1993), 144쪽.
32) 김용옥, 위의 책, 79쪽.
33) 김용옥, 위의 책, 167-168쪽.

을 받았던 것 같다. 이한우는 "김 회장과의 만남을 묘사하는 부분에서는 한때 김용옥 씨를 좋아했던 필자로서 깊은 좌절과 비애를 느껴야 했다"고 말하고 있다. 이한우는 김용옥이 곡학아세(曲學阿世)를 한다고 혹독한 비판을 가하면서 김용옥의 공부하는 방식에 대해서도 다음과 같이 일침을 가하고 있다.

"동양철학에서 서양철학 얘기하고 서양철학에서 동양철학 얘기하고 그것도 안 되니까 한의학 하는 데 가서 동양철학 얘기하고 이 담엔 동양, 서양 할 것 없이 철학하는 데서 한의학을 얘기할 것이 아닌가 하는 생각이 든다. 깊이는 없이 옆으로만 한없이 퍼진다는 말이다. 이것은 아마 석사과정을 한국에서 한 가지 했기 때문에 모험심이 없어서 도망다니듯 공부하는 것은 아닐까 하고 혼자 생각해본다."

그러나 사돈 남 말할 것 없다. 나는 김용옥이 '어린애 같은 어른'의 기질이 있어서 그렇지 곡학아세를 한다곤 생각하지 않는다. 진짜 곡학아세는 나중에 이한우가 하더라. 대학원생 시절엔 대학원 학보에 좌파 냄새가 물씬 풍기는 기고도 하고 그러더니만 『조선일보』 기자가 되어선 '최장집 죽이기'에 앞장서지 않았던가 말이다. 어찌됐건, 이한우류의 비판에 대해 김용옥은 다음과 같이 답하곤 했다.

"왜 나는 이 사회의 모든 '파'를 주장하는 이들로부터 증오의 대상이 되어야 하는가? 그것은 그들이 서 있는 인식론적 기반과 나의 인식론적 기반이 근원적으로 비교될 수 없을 만큼 차원을 달리하고 있기 때문이다.…… 그들은 도대체 나를 인식할 수 있는 인식의 틀을 도무지 가지고 있질 못한 것이다. 그리곤 말한다. 도올은 이땐 이 말을 둘러대고 저땐 저 말을 둘러댄다. 그의 논리는 논리적으로 끊임없이 불일치를 일으키고 있다. 지적 일관성을 결여한 언어의 곡예사 같다."[34]

---

34) 김용옥, 『기철학산조』(통나무, 1992), 95쪽.

어찌됐건, 김용옥이 김우중을 '성인'으로 모신 건 그의 어린아이 같은 유치함을 적나라하게 보여준 것이었음에 틀림없다. 어떤 이들은 그걸 아주 사악하게 보는데, 세상에 그런 바보 같은 사악함이 있을 수 있는지 한번쯤 생각해 보는 게 어떨까 한다.

어린애와 같은 김용옥은 자기를 알아주는 사람에겐 무조건 감격한다. 반면 자기를 몰라주는 자는 그 사람이 어떤 사람이건 간에 경멸하고 증오한다. 어린애와 같은 김용옥은 그런 사실마저 숨기지 않고 그게 무슨 자랑이라도 되는 양 발설한다. 김용옥은 『대화』에서 이렇게 말한다.

"난 날 못 알아보는 자들을 경멸하는 엘리티즘이 뼛속까지 깊게 물들어져 있다. 그리고 날 알아보는 자들에게 감격하는 치정(稚情)주의가 있다."[35]

김용옥이 김우중을 우러러본 이유도 매우 단순하다. 어린애들이 맛있는 거 사주는 어른을 좋아하는 이유와 똑같다. 그 아저씨가 어떤 아저씨인지 그건 전혀 중요하지 않다. 맛있는 걸 사 주었다는 사실만이 중요한 것이다. 김용옥은 김우중이 사준 '맛있는 것'에 대해 다음과 같이 말했다.

"김 회장이 나에게 인사를 한 태도는 제스처라고 하기에는 너무도 진실한 공손이 감추어져 있었다. 나는 사실 감격했다.…… 이 세상을 사는 데 가장 신나는 일은 자기를 인정해주는 사람을 만난다는 일이다.…… 나는 여태껏 이 사회의 이스태블리쉬먼트 지도급인사로부터 과감한 인정을 받아본 적이 없다. 주변의 어린아이들, 나의 원광대학 학우들까지도 김용옥이라는 인물을 처음부터 깔보고 들어오려고 애를 쓴다. 그 기쓰는 모습들이 처량하다. 단지 내가 학생이라는 이유 때문에 학생으로서의 모든 것을 강요당해야만 하는 내 자신의 모습이 비애롭다. 이런 피해

---

35) 김용옥, 『대화: 김우중·김용옥 나눔』(통나무, 1991, 8판 1993), 93쪽.

망상증에 걸려있는 나의 의식에 김우중 회장의 행위는 정말 정직한 충격으로 받아들여지기에 충분한 것이었다."[36]

과연 그게 전부였을까? 그렇진 않다. 어린애들도 때론 매우 영악하다. 김용옥은 "고대 철학과 교수로 있을 때 대회사 회장실 다니면서 제 연구에 일 년에 천만 원만 투자하라고 구걸하러 다니면서 면박당했던" 특이한 경력의 소유자다.[37] 연구도 연구지만 그의 궁극적인 꿈은 자신이 마음대로 할 수 있는 대학을 하나 만드는 거다. 나는 김용옥이 김우중에게서 그 꿈의 실현 가능성을 꿈꾸었을 거라고 생각한다. 아닌게 아니라 김우중은 김용옥에게 지원을 약속했고 두 사람 사이에선 대학의 이름을 두 사람의 호와 이름을 따 '도우서원'으로 하는 게 어떻겠느냐는 얘기까지 오고 갔다.[38] 비록 실현되진 못했지만, 김용옥으로선 김우중을 '성인'으로 떠받들 충분한 이유가 있었던 셈이다.

'노태우 대통령께 아뢰옵니다'

김용옥이 자랑하는 그 치기어린 치정주의의 극치는 김용옥이 『신동아』(1990년 1월)에 기고했던 〈노태우 대통령께 아뢰옵니다〉라는 제하의 글에서 잘 드러난다. 이 글은 김용옥이 먼저 '나를 제발 좀 알아달라'고 노태우에게 꼬리를 친 경우다. 이 글은 많은 사람들로부터 큰 욕을 먹은 글인데, 그 내용이 어떠한지 이에 대해 구체적으로 아주 재미있게 통렬한 비판을 가한 국민대 철학과 교수 최종욱의 글을 그대로 인용하는 것이 좋을 것 같다.

"김씨는 노 대통령에게 최대의 미사여구를 사용하여 찬사를 보낸다.

---

36) 김용옥, 『대화: 김우중·김용옥 나눔』(통나무, 1991, 8판 1993), 74쪽.
37) 김용옥, 위의 책, 301쪽.
38) 김용옥, 위의 책, 321쪽.

편지는 인간적으로 만나고 싶다는 얘기에서 시작된다. 김씨에 의하면 노 대통령은 이미 사사로운 개인이 아니다. 개인은 개인이되 '보편사적 개인'이다. 그런 보편사적 개인인 노씨를 철학자로서 사랑하지 않을 수 없다는 것이다. 그래서 김용옥은 노 대통령을 '아내보다 더 사랑한다'고 고백한다. 그리고 역사의 대세에 휩쓸려간 카터나 레이건, 박종철과 이한열과는 달리, 노씨야말로 '새 역사의 개벽의 대운세를 결정할 수 있는 실존적 결단의 여지를 소유한', '아사달 창세기 이후 최초의 행운을 가진', '우리 조선의 자랑스러운, 위대한 대통령'이다. 또 김씨는 한국인들이 '민중혁명의 전기'를 마련한 6·29를 제대로 해석하지 못한다고 불평하고 있다. 김씨는 '이 땅의 지고한 영도자 노태우'에게 자신의 '애틋하게 사랑하는 마음'을 직접 전달할 길이 없음을 안타까워하기도 한다. 김씨는 '노 대통령을 절대로 비판하거나 미워하지 않을 것'이라고 맹세하면서, '믿어 주십시오. 이 보통사람 도올의 거짓 없는 충정을!' 하고 호소한다. 미워하지 않을 수는 있다. 그러나 비판까지 포기하겠다는 말은 도대체 무엇을 뜻할까? 김씨의 '숨겨진 의도'(?)는 '민중과 학생의 욕을 얻어먹더라도 저는 당신의 아름다운 6공의 신화를 만드는 데 일조를 하고 싶습니다', '당신에게 해가 가는 일을 저는 하지 않을 것입니다'라는 약속에서 쉽게 드러난다."[39]

사실 이 글은 어떤 사람들에겐 너무도 역겨워 김용옥이라는 인간의 냄새가 나는 모든 것을 다 경별하게 만들었는지도 모르겠다. 그러나 나는 끝까지 인내하면서 김용옥을 이해해 보련다. 김용옥은 혹 장난기가 발동했던 건 아닐까? 아니면 오히려 과잉으로 진지했던 건 아닐까? 노태우 한 사람만 마음을 바꾼다면, 그리고 내가 대통령의 마음을 바꾸는 데에 결정적인 기여를 할 수 있다면? 김용옥은 그런 생각을 해보면서 스스

---

39) 최종욱, 〈현실을 왜곡하는 김용옥의 사회인식〉, 『사회평론』, 1991년 9월, 218-227쪽.

로 몸을 부르르 떨지 않았을까? 누구나 어린 시절 그런 몽상을 하면서 몸을 부르르 떨듯이 말이다. 그런데 무정한 노태우는 김용옥의 그런 전율을 철저하게 무시했다. 김용옥이 결코 가만있을 사람이 아니다. 최종욱의 비판을 또 인용해보자.

"공개서신을 보낸 몇 달 뒤 김용옥은 느닷없이 노 대통령을 매도하기 시작한다. 만사가 이런 식이라서 김씨를 이해하기란 결코 쉬운 일이 아니다. '지고한 노 대통령'은 이제 '노군'으로 강등된다. 또 '노는 이미 이 나라 대통령이 아니다. 노에 대한 지지도가 10% 미만이라면, 그는 완벽하게 리더십을 상실한 것이다'라고 김씨는 잘라 말한다. 그래서 노씨는 '잔여 임기만 끝나기를 국민이 열망하고 있는 허수아비'에 불과하다. 민중혁명의 전기를 마련했다던, 그래서 그의 기철학 사관에서만 그 진정한 의미를 파악할 수 있다던 6·29도 이번에는 국민을 속이고 보자는 '속이구'로 전락한다. 작명까지 동원하여, 그것도 김대중 씨와 비교하면서까지 노 대통령을 칭송하던 김씨의 태도가 왜 이처럼 180도로 달라졌을까? 짐작컨대 청와대가 '6공의 신화를 만드는 데 일조를 하고 싶다던' 김씨의 애원을 냉정하게 외면했기 때문은 아닐까? 만약 그것이 사실이라면 '우주보' 김용옥을 몰라본 노 정권이야말로 분명 무능한 정권임에 틀림없다."

김용옥은 6공 시절 정치에 관한 글을 꽤 많이 썼는데, 나는 당시 그의 글을 읽으면서 엉뚱하게도 '세상은 참 공평하구나' 하는 생각을 많이 했었다. 나는 그런 생각을 소설가들이 가끔 신문에 쓰는 칼럼을 보면서도 하곤 한다. 무슨 말인고 하니, 글쓰기에도 전공이 있다는 것이다. 소설가가 사회에 대해 쓰는 칼럼은 때로 그 소설가의 소설에서 받은 감동을 죽여 버린다. 아니 겨우 이 정도의 생각을 갖고 있는 사람이 소설은 그렇게 잘 쓸 수 있다는 게 믿기질 않는 것이다. 그 대표적인 소설가가 바로 이문열이다.

그런데 김용옥의 정치에 관한 글 역시 마찬가지였다. 한마디로 수준 이하였다는 말이다. 예컨대, 그는 노태우에 대해서도 "나는 사실 노태우 대통령을 무지하게 존경했는데 M16 소총사건 이후로 난 그 존경의 념을 완벽하게 버렸다"고 말했다.[40] M16 소총사건이란 공안관계장관회의에서 화염병을 들고 파출소로 오는 학생들을 M16 소총으로 휘갈겨도 좋다는 결정을 내린 사건인데, 노태우의 정체를 그렇게까지 몰랐었다니 참으로 딱하지 않은가. 그리고 이 말은 그 문제의 글을 『신동아』에 쓰기 이전에 한 것으로 보이는데, 더욱 말이 안 되지 않느냐 이 말이다. 사람마다다 잘할 수 있는 일이 다른 만큼 김용옥은 앞으로도 정치에 대해서 만큼은 입을 다무는 게 좋을 것이다.

진보 진영과의 악연(惡緣)

앞서 말씀드렸다시피, 김용옥은 그 '노태우 사건' 때문에 진보 진영에 팍 찍혀 그 쪽으로부터 호된 비판을 받았고, 김용옥은 그런 비판에 대한 불편한 심정을 여러 차례 글로 드러냈다. 몇 개 더 살펴보자. 예컨대, 그는 1990년 8월에 쓴 글에서 다음과 같이 항변했다.

"내가 투쟁하는 것은 이 땅의 사람들의 삶의 개벽이며 문화의 혁명이다. 그래서 나는 협애한 의미에서의 정권의 주체의 교체에 신경을 쓸 여가가 없었다. 그래서 나는 실체가 없게 보였고, 그래서 이 땅의 래디컬들에게 투쟁없는 고상한 귀족 취미의 리버럴로 보였다. 씨팔! 나는 외친다! 이 땅의 어떤 래디컬보다도 나는 래디컬하다. 그대들은 아는가? 보이지 않는 세계의 혁명을 위해 투쟁하는 자의 외로움과 서러움, 그 창조의 공포를 감내해야만 하는 용기가 과연 어떤 것인 줄 아는가? 실체가 없는

---

40) 김용옥, 『태권도철학의 구성원리』(통나무, 1990, 제8쇄 1996), 33쪽.

혁명일수록 더 어려운 것이며 더 무서운 것이다."[41]

글쎄, 무슨 말인지는 알겠는데, 문제는 김용옥이 늘 '삶의 개벽'과 '문화의 혁명'이라고 하는 거대 패러다임에 일관된 행태를 보여온 건 아니라는 데에 있을 것이다. 그런 패러다임을 갖고 있었다면 노태우에 대해선 아예 입을 다무는 게 좋지 않았을까? 그는 1990년 9월에 쓴 글에서도 자신이 진보 진영에 대해 매우 떳떳한 게 하나 있다며 다음과 같이 주장했다.

"그것은 나야말로 이 사회의 최악의 노동조건에서 최대의 시간을 노동하는 극악한 노동자라는 것이다. 이 지구상의 어느 새끼도 나같이 많은 노동을 하고 나같이 노동의 물리적 보상이 없는(4천 원짜리 책 일만 권 팔아봐야 나에게 떨어지는 인세가 4백만 원뿐이 안 된다는 이 터무니없는 초라한 사실을 좀 알아 새길 것이다) 삶을 살고 있는 프롤레타리아 동지는 없다는 것이다. 4년에 18권의 책을 한번 써보아라! 도대체 원고 매수 당 드는 시간을 곱하기해서 한번 4년을 만들어보아라! 잠 시간이 빠지나? 걸어가는 시간이 빠지나? 똥싸는 시간이 빠지나? 과연 울산에 사는 어떤 노동자가 감히 나에게 와서 명함을 내밀 수가 있느냐? 어떤 학생놈이 과연 내 앞에 와서 날 보고 귀족이니 리버랄 운운하면서 마르쿠스를 조알댈 수 있느냐? 마루쿠스 형님은 인간의 가치를 모두 시간이란 양으로 환원하지 않았더냐? 그렇다면 이 세상에 도대체 나 이상의 노동자가 어디 있느냐? 나는 일체의 조직도 없다. 그러니 자본가도 더더욱 아니다.……이다지도 중노동을 하고 사는 나에게 이 사회가 베푼 것은 저주와 시기와 질투와 음모와 훼방과 비방이었다. 김용옥하면 괜히 주는 것 없이 미운 놈이다. 내 책을 읽고 감명을 받는 새끼들조차 도올하면 뭔가 모자라는 새끼다. 뿐만 아니라 대다수가 내 책 내 글 한 줄 읽지 아니하고 이름

---

41) 김용옥, 『나는 불교를 이렇게 본다』(통나무, 1989, 중판 1997), 156쪽.

만 들으면 다 몸서리를 친다. 그놈의 새끼 욕만 하는 새끼, 그놈의 새끼 선후배도 모르는 새끼, 그놈의 새끼 기괴(奇怪)한 짓만 하는 새끼…… 나는 도대체 왜 이다지도 터무니없는 악구(惡口)가 나의 사회적 존재를 포장해야만 하는지 정말 알 길이 없다. 난 정말 억울하다."[42]

이 또한 공감이 가긴 하나, 김용옥이 문제의 핵심을 피해다니는 말씀을 자꾸 하고 있어 안타깝다. 내가 알기론 누가 김용옥이 돈을 많이 번다거나 노동을 열심히 하지 않는다고 비판한 사람은 거의 없었던 것 같다. '삶의 개벽'과 '문화의 혁명'을 말하는 김용옥이 자신이 왜 욕을 먹는지 그 간단한 이치 하나 제대로 이해를 하지 못하고 있다니 답답한 노릇이다. 분명히 김용옥에 대한 수많은 비난은 부당한 면이 있다. 그런데 그 부당함과 동전의 양면 관계를 형성하고 있는 게 비교적 소수일망정 김용옥 하면 열광하는 사람들이 있다고 하는 사실임을 잊어선 안 될 것이다. 그 열광의 이유를 명쾌하게 설명하기 어려운 것처럼 혐오의 이유 또한 그런 것이다. 그러니 어떡하겠는가? 당신이 참아야지.

김용옥의 글을 보통 지식인의 글처럼 읽으면 실수하는 것이라는 게 내 생각이다. 그는 남들이 알아주지 않는 자기의 장점도 꼭 자기의 입으로 해야만 직성이 풀리는 사람이므로 그의 자기 자랑도 조금 열린 자세로 인내하는 게 좋지 않을까. 어린아이가 새 장난감이 생겼을 때 그걸 얼마나 자랑하고 싶어 안달하는지 그걸 본 적이 없단 말인가? 그걸 누가 흉보나? 마찬가지로 김용옥의 치기는 그렇게 보아야 한다는 게 내 생각이다. 너무 어이가 없을 때가 많기 때문이다.

어이가 없다 못해 귀엽다는 생각까지 들 때도 있다. 김용옥은 대학교 학부 3학년 때 쓴 자신의 논문과 관련, "동서고금이 융화된 그 방대한 스케일의 논문은 참으로 치열한 시대정신이 낳은 노작이다"고 단언한다.[43]

---

42) 김용옥, 『도올세설: '신동아' 명칼럼』(통나무, 1990, 제9쇄 1995), 27-28쪽.

김용옥은 "한문고전 번역에 관한 한 나는 아직 나의 스칼라십에 도달한 인물을 알지 못한다"고 말한다. 과거에 얼마나 심한 '지식폭력'을 당했기에 이렇게까지 자신을 과시하지 않으면 안 되는 건지 가슴이 아려 온다.

20여권의 책을 낸 시점에서도 "지금까지 제가 써 온 글들은 제 생각의 껍데기의 껍데기만을 보여준 데 불과합니다"느니 "내 글은 내 생각의 1천 분의 1도 안 되는 겁니다"라고 큰소리를 치는 것에 대해서도 구태여 열을 내가면서 욕할 필요가 있을까? 자기 스스로 "김용옥은 신(神)이었던 것이다"[44]라는 따위의 발언을 해대는 것도 어린 시절부터 당해온 '지식폭력'의 후유증이 아닌가 하는 생각이 든다.

김용옥의 글쓰기 혁명

나는 김용옥의 글쓰기 철학에 대해선 적어도 이론적으로 상당히 공감한다. 그는 '철학의 사회성'이라는 논문에서 자신의 문장론이 어떠한 철학적 근거 위에서 구성된 것인지 다음과 같이 밝히고 있다.

"소위 논문이라는 형식 자체가 근대 서구 대학교육에서 성립한 모종의 특수 형식을 지칭하는 것이지 철학논문 일반의 절대적 기준이 될 수가 없음은 명백하다. 좀 더 자세히 그 일치된 관념을 분석해 보면 그것이 너무도 막연하고 근거 없는 허구임이 드러난다. 그들의 관념은 이런 것이다. 일인칭을 쓰지 않는 서술문으로 감정의 표현이 없이 메마르게 쓸 것, 엄숙하고 고상한 말들만 골라 나열할 것, 철학사의 기존 개념의 조합 속에서만 맴돌 것, 그리고 설명없는(저자, 책명 등만 나열하는) 주석을 붙

---

43) 김용옥, 『대화: 김우중 · 김용옥 나눔』(통나무, 1991, 8판 1993), 163쪽.
44) 김용옥, 『도올 김용옥의 신한국기』(통나무, 1990), 49쪽.

"老子에 관해 이만한 책 있나"시종 격앙

◎ 집중 인터뷰

'노자와 21세기 서평'논쟁
도올 김용옥

교육방송(EBS)에서 진행중인 '도올 김용옥의 동양고전' 강의에서 자신의 책 '노자와 21세기'에 대한 본보의 서평(11월24일자 16면)과 쾌자인 기자를 '질 낮은 언론의 상징죄'으로 격렬하게 비난했던 김용옥씨가 문화일보를 찾았다. 김씨는 자신이 비난했던 기자와 인터뷰를 하면서 "현재 진행중인 상호 비난을 경계하게 마무리짓기 위해 문화일보를 찾았다"며 "특히 김종휘기자를 믿고 나를 맡긴다"고 말했다. 그러나 인터뷰는 순탄하게 진행되지 못했다. 김씨가 기자와 일부 질문에 답변을 거부하면서, "서평과 관련한 공방은 접어두고 지식인 사회에 의미있는, 차원 높은 질문을 해 달라"고 요구하는 반면, 기자는 해당 공방의 본질과 진상을 따지는 것이 우선이라고 판단했기 때문이다. 엇나가는 질문과 답변 때문에 파행과 곤혹 가운데 치러진 인터뷰 결과는 불만족스럽다. 그러나 질문에 대한 김씨의 답변 거부나 소극적인 대답도 답변의 한 방식이라고 보고, 인터뷰 내용을 공개한다.

—방송 이야기부터 하자. 방송 강의를 하기 전과 진행 중의 느낌이 어떻게 다른가.

"매스컴의 위력이 대단함을 다시 한번 실감한다. 해방 이후 우리 사회를 가장 크게 변화시킨것은 텔레비전이다. 그럼에도 아직 매스컴과 지성의 관계가 제대로 정립되지 않았음에 반성하는 바가 크다. 지성인이 매스컴에 나가면 천박해지는 것으로 알고 있고, 나 역시 그런 느낌이 없지 않았다. 그러나 방송은 피해

그러나 내 강의를 방청하는 한 친구는 노인은 '당신이야말로 모든 것을 깨어고 달관한 사람이다'는 말도 했다."

—방송 강의에서 기상천외한 행동으로 세간의 화제도 모으던데—.

"사실 방송국에서 겁을 많이 낸다. 내가 언제 사고 칠지 모르니까. 하긴 EBS에서 이렇게 주책맞은 프로그램이 없으니까 그럴 만도 하다. 그래서 요즈음은 66회를 무사히 끝내는게 목표라는 농담도 한다."

"
대중위한 방송용 교재 염두 일부러 쉽게 써
TV강의는 모노드라마… 편히 즐겨줬으면
문제 제기에 "젊음엔 에러 있어…" 답변회피
"

"지식인답게 차원높은 대화를 나누자"며 문화일보를 찾은 김용옥씨. 그는 '노자와 21세기' 서평과 관련한 일부 문제 제기성 질문에 구체적인 답변을 거부했다.

(『문화일보』, 1999년 12월 21일)

자신을 강하게 드러내는 김용옥의 글쓰기 방식은 자신을 철저하게 감추는 걸 미덕으로 삼아온 기존의 글쓰기 방식에 도전한 것만으로도 긍정적인 평가를 받을 만하지 않을까.

일 것 등등이다. 논문이란 도대체 무엇인가? 그것은 문자 그대로 논(論)하는 글(文)이다.…… '논문'이란 '자기의 주장을 펴서 시비적부(是非適否)를 가리는 글'이며 여기에 어떠한 일정한 양식이 주문되어 있는 것은 아니다. 자기의 주장을 펴기 위해서, 또 자기 나름대로의 체계를 의식하면서, 동원될 수 있는 모든 양식이 자유롭게 동원될 수 있다고 생각한다. 이렇지 못한 양식의 고정성은 그 문(文)의 죽음을 의미할 뿐이다.…… 나는 나의 논문을 세인들이 시라 불러도 좋고 소설이라 불러도 좋고 수필이라 불러도 좋다. 그러나 나의 논문은 명백히 나의 철학 체계의 성실한 논술이라는 사실만은 양보할 수 없다."[45]

알맹이가 있는가 하는 점에 있어선 다소 이론(異論)의 여지가 있을 수 있겠지만, 나는 김용옥이 자신을 강하게 드러내는 글쓰기 방식으로 자신을 철저하게 감추는 걸 미덕으로 삼는 기존의 글쓰기 방식에 도전하는 것만큼은 긍정적으로 평가하고 싶다. 그러나 나 같은 사람이 얼마나 되랴. 대부분의 지식인들은 그의 치기어린 자화자찬에 대한 혐오감부터 드러내지 않을까? 어디 김용옥의 자화자찬을 들어보자.

"내 글 속에는 수 없는 살아 있는 주변의 '나'들이 등장한다. 여태까지, 최소한 20세기 학문에는 전무후무했던 방식이었다. 이것은 서로가 서로를 학자로서 대접할 줄 모르고, 우리가 살고 있는 모습이 곧 사상이라는 것을 모르는 자들에게는 당혹스러운 것이었을 줄 모르지만, 남의 생각을 마구 표절하고, 주변의 살아있는 사람들의 사상성을 불인하고 외국학자들의 비맥락적 정보체계만 베껴먹는 현실을 개탄하던 많은 학인들에게는 매우 신선한 충격을 주었으며, 구체적 비판과 논쟁의 실마리를, 그리고 학문 방법의 재인식에 결정적 계기를 마련한 것이다. 이퇴계의 문집에는 동시대의 인물의 이름이 수백 명은 등장할 것이다. 현재 우리 나라 철학교수의 평생 논문에 당대의 한국 학인의 이름이 몇 명이나 나오겠는가? 도올! 너는 왜 그렇게 글 속에서 주변의 살아있는 사람들의 이야기를 많이 하는가? 그리고 왜 그렇게도 사람 평을 많이 하는가? 그것이 제가 배운 학문의 모습이외다. 나는 그것 외엔 학문이라는 것을 알지 못하옵나이다. 학문에는 절대적 추상적 기준이란 없다. 학문은 역시 인간 사이에서 성립하는 구체적 느낌의 체계일 뿐이다. 그렇다면 모든 학문의 제공자는 포폄의 대상이 되어야 하는 것이다. 바둑 두는 자들에게도 분명 단수가 확연히 구분된다면 학문에도 분명 포폄의 그레이딩은 가능해야 하는 것이다. 그래야 서로 인정하고, 서로 치고 박고 싸우는 것

---

45) 김용옥·최영애, 『도올 논문집』(통나무, 1991, 제6쇄 1996), 92~94쪽.

이다. 그것이 곧 논쟁이다. 조선조의 학문의 특징은 '四七論爭'으로 대변되는 논쟁의 역사였다. 나의 학문은 앞으로 구체적 사회의 현실에 대한 긴박한 관심을 지양하고 보다 추상적 보편성을 지향하는 측면이 분명 강화될 것이다. 그러나 어떠한 경우에도 '나'의 주체성은 포기될 수 없다."[46]

김용옥이 실제로 쓰고 있는 글과 위에 한 발언 사이에는 다소의 괴리가 있긴 하지만, 위 발언은 글쓰는 모든 사람들이 주목할 만한 가치가 있지 않을까? 그러나 그 가치를 인정해주는 사람은 많지 않다. 비난이 빗발친다.

김용옥도 사람이다. 그가 자신을 비판하는 사람들을 '졸개'로 일축하고 경멸하는 반응은 보였을망정 그 역시 상처받을 수 있는 평범한 사람인 것이다. 그는 『중앙일보』(1996년 7월 24일) 인터뷰에서는 자신에 대한 이해할 수 없는 시비가 정말 지긋지긋했다고 털어놓았다. 그는 이런 말도 했다.

"필생의 사업으로 두 가지를 정해놨다. 하나는 한의학의 약리 · 침리를 통합한 새로운 한의학적 체계를 21세기의 생물학 연구와 연결시켜 인류의 보편적 자산으로 만드는 것이다. 다른 하나는 방대한 영역에 걸친 과학사, 예술사를 다 포함하는 한국사상사를 확립하는 것이다. 이를 위해 도올서원 등을 통해 현재 많은 인재를 기르고 있다. 그 인재들이 올바로 쓰일 수 있는 자리도 만들 것이다."[47]

김용옥과 인터뷰를 한 『중앙일보』 문화부 기자 이헌익은 "또 인재 이야기다. 한까지 느껴진다"고 했다. 인터뷰 내내 김용옥이 '인재 양성'을 강조했던 모양이다. 왜 김용옥은 한(恨)까지 느껴질 정도로 인재 이야기

---

46) 김용옥, 〈기철학 산조: 다스름〉, 『신동아』, 1991년 7월, 350-369쪽.
47) 김용옥 · 이헌익, 〈인터뷰: 철학자서 한의사까지 김용옥 서울대의대 객원교수〉, 『중앙일보』, 1996년 7월 24일, 10면.

를 자꾸 하는 걸까?

한 지식인이 자신을 숭배하는 팬들을 많이 갖고 있다는 건 더할 나위 없는 기쁨이겠지만, 그에 못지 않은 강도로 자신을 경멸하고 혐오하는 적들을 많이 갖고 있다는 건 앞서의 기쁨을 상쇄하기에 충분할 만큼 가슴 아픈 일일 것이다. 오죽 하면 다음과 같은 하소연까지 해야 했을까?

"날 만나보면 알겠지만 난 참 좋은 놈이다. 어린애 같은 놈이다. 항상 발가벗고 사는 놈이다. 이렇게 호소한다고 누가 날 알아주겠느냐마는 난 최소한 대화가 통하는, 얘기가 되는 사람이다."[48]

---

48) 김용옥, 『도올 김용옥의 신한국기』(통나무, 1990), 65쪽.

김용옥을 둘러싼 '거품'에 대해

김용옥의 오만을 경계한다[1]

김용옥을 둘러싼 '거품'

『월간 인물과 사상』 2000년 2월호엔 독자 이현우가 기고한 〈도올 김용옥의 친일파관(觀) 비판〉이라는 제목의 글이 실려 있다. 나는 이 글을 아주 흥미롭게 읽으면서, 또 '김용옥 신드롬'이라 불릴 만큼 그의 EBS 특강이 뜨거운 화제가 되고 있는 현실을 지켜보면서, 새삼스럽게 김용옥에 대해 한 마디 할 필요를 느끼게 되었다.

김용옥은 매우 흥미로운 인물이다. 일부 사람들로부터 부당한 오해를 너무 많이 받아 왔다. 나는 그러한 오해에 대한 옹호를 해주다가 진중권

---

1) 〈김용옥을 어떻게 볼 것인가?〉, 『월간 인물과 사상』, 2000년 3월, 63-84쪽을 조금 개작한 것입니다.

으로부터 비판을 받은 바 있다. 진중권은 내가 단행본『인물과 사상』제3권에 쓴 〈'위선적 언어'에 도전하는 김용옥의 화려한 투쟁: 철학이 '엔터테인먼트'가 되면 안 되나?〉라는 글에 대해 혹독한 비판을 퍼부은 바 있으며, 나는『월간 인물과 사상』1999년 6월호에서 진중권의 글에 대해 반론을 편 바 있다. 나는 진중권 덕분에 졸지에 김용옥을 엄청나게 긍정적으로 보는 사람으로 평가되었기에 아무래도 김용옥을 비판하기에 편한 입장에 놓이게 되었다. 이 점은 진중권에게 감사드려야 하겠다.

진중권이 비판했던 내 글의 부제(副題)는 〈철학이 '엔터테인먼트'가 되면 안 되나?〉였다. 나는 철학이 엔터테인먼트가 되는 것도 바람직하며 김용옥은 엔터테이너로서 '천재'라고 하는 그때의 주장을 여전히 고수하고 있다.

나는 엔터테인먼트의 가치를 대단히 높게 평가하고 있다. 내가 자주 연예인들의 사회적 위상이 더 높아져야 한다고 주장하는 것도 그런 이유 때문이다. 그러나 엔터테인먼트는 어디까지나 엔터테인먼트다. 그 이상의 사기(詐欺)를 치면 안 된다. 사기를 당해도 안 된다. 김용옥은 사기꾼이 아니다. 그는 매우 강한 치기(稚氣)는 있을망정 매우 성실한 지식인이다. 그러나 사기를 당하는 사람들이 많다. 이러한 모순은 어찌하여 가능한가?

나는 이번엔 김용옥을 둘러싼 '거품'을 지적하고자 한다. 나는 지식인은 자신에 대한 세간의 평가와 관련하여 '거품'이 형성되면 그 '거품'을 스스로 제거해야 한다고 생각한다. 그러나 김용옥은 그걸 즐기고 있다. 그건 곤란하다. 김용옥은 자기 스스로 천명한대로 '엔터테이너'의 위치에 머물러야 한다. 나는 진중권의 글에 대한 반론에서 다음과 같이 예고한 바 있다.

"저는 김용옥 씨에 대해 전혀 다른 종류의 글을 쓸 수도 있습니다. 사실 요즘 손이 근질근질합니다. 그 글은 김용옥 씨의 어떤 한 가지 측면을 다루는 것으로서 그에 대한 아주 혹독한 비판이 될 겁니다. 제가 그런 글을 쓰더라도 김용옥 씨에 대한 제 생각이 바뀐 것이라고는 생각하지 마십시오."

진중권의 강준만 비판

김용옥은 노태우가 대통령으로 있을 당시 그에게 아첨하는 글을 올렸다가 노태우가 모른 척하자 자기를 몰라준다며 그에게 온갖 독설을 퍼부어댄 인물이다. 나는 치기(稚氣)는 천재의 특권이라며 그것까지도 곱게 봐주었다. 재미있잖은가. 그러나 그런 관대함은 어디까지나 김용옥이 대중의 교양 향상에 기여하는 엔터테이너의 위치에 머무를 때에만 발휘될 수 있는 것이다. 그가 그 이상을 넘보려 들거나 일반 대중이 그를 그 이상으로 보겠다고 들면 그건 곤란하다는 말이다.

대우 김우중 회장을 성인(聖人)으로 격상시킨 그의 언행은 어찌 봐야 할 것인가? 나는 그것까지도 엔터테인먼트로 못 봐줄 것도 없다는 생각을 했던 사람이다. 그야말로 엄청난 포용력이었다. 물론 나의 그런 엄청난 포용력은 진중권 같은 사람을 분노하게 만들었다. 오죽하면 진중권이 다음과 같은 끔찍한 독설을 퍼부어댔을까?

"나는 '공정한' '잣대'를 가지고 한국 진보적 지식인의 '치정주의'를 비판하는 강준만이 '살랑살랑 꼬리를 치는' 정도를 넘어 아예 노태우, 김우중 똥구멍을 핥으려 했던 김용옥 '똥' 강아지를 종자 있는 강아지 족보에 올려놓고 '대국적으로 밀어 주자'고 말한 걸 읽은 기억이 난다."

아무려면 그랬을까? 아무려면 강준만이 그런 맥락에서 '대국적으로 밀어주자'고 그랬겠냐는 말이다. 내가 그 표현을 쓴 대목을 인용해볼까?

"나는 김씨의 치기를 이해하고 인정하면서도 끊임없이 '동경대학'과 '하버드대학'을 팔아먹는 김씨의 그 치졸한 수법에 대해선 가끔 짜증이

난다. 내가 직접 보진 못했지만 그건 꼭 50여 년 전 이승만 박사가 '하버드대 석사, 프린스턴대 박사, 우드로우 윌슨의 제자이자 친구'를 내세우며 식민지 지배에 주눅이 든 순진한 국민들을 현혹케 한 '그때 그 시절'이 연상되기 때문이다. 어이하랴. 그래도 대국적으로 김씨를 밀어주자. 혹 아는가? 김씨가 이 글을 보고 생각을 조금이라도 바꿔 치기를 부려도 정도껏 부리게 될지도 모를 일 아닌가."

그러나 나의 그런 소박한 기대는 무산되었으니, 이젠 나도 더 이상은 대국적으로 못 밀어주겠다. 그러니 진중권도 이젠 화를 좀 삭이시기 바란다.

어찌됐건, 과장이 좀 있긴 하지만, 진중권이 그리 분노할 만큼 내가 '김용옥을 위한 변명'에 열을 올렸다는 건 기꺼이 인정하련다. 그러니 김용옥과 그의 지지자들은 내가 김용옥을 비판하더라도 내 과거를 생각해 내 말에 무게를 부여해주는 게 공정하지 않을까?

성실성을 잃어가는 김용옥

나는 김우중이 몰락의 길을 걸을 때에 어느 지면에서든 김용옥의 글을 보고 싶었다. 김우중을 '성인(聖人)'이라고 떠받듦으로써 김우중의 눈과 귀를 어둡게 한 자신의 책임을 통감하면서 김우중에게 심심한 위로와 더불어 죄송하다고 말하는 걸 한 번이라도 보고 싶었다는 말이다. 엔터테인먼트에도 최소한의 윤리는 있어야 한다고 생각했기 때문이다.

그러나 김용옥은 그렇게 하지 않았다. 뿐만이 아니다. 날이 갈수록 그의 엔터테인먼트의 윤리적 수준은 저하되기 시작했다. 나는 『월간 인물과 사상』 1999년 6월호에 진중권의 글에 대한 반론을 쓰면서 '각주(脚註)'에 그의 '뻔뻔함'을 한 가지 지적한 바 있다. 그 내용을 여기 다시 옮겨보겠다.

"예컨대, 김용옥 씨가 『신동아』 1999년 4월호에 쓴 〈도올 김용옥의 마야문명 탐험기: 마야는 멸망하지 않았다〉는 제목의 글은 너무 뻔뻔합니다. 그는 여태까지 아즈텍 문명, 마야 문명, 잉카 문명의 지역적 구분조차 명확히 할 줄 몰랐다고 밝히면서 가족과 함께 휴양차 멕시코에 놀러간 기회를 이용해 순전히 순발력 하나로 32면에 이르는 장문의 마야 문명론을 썼으니 이건 해도 너무 한 겁니다. 그건 마치 자기가 좀 인기 있다고 아무런 준비도 하지 않은 채 무대 위에 올라 불성실한 개그를 하는 개그맨을 보는 것처럼 욕먹어 마땅한 일인 것입니다. 무조건 인기 있다고 그런 개그맨을 자주 쓰는 PD나 김용옥이라고 하면 수십 면 지면을 마구 내주는 『신동아』 담당자나 모두 다 똑같은 사람들이지요. 제가 가장 높게 평가하는 김용옥 씨의 장점은 성실성입니다. 그 성실성은 그가 뒤늦게 한의대에 입학해 졸업한 '사건'으로 드라마틱하게 입증된 바 있습니다. 아무리 김용옥 씨를 미워하는 사람이라도 김씨의 그런 점은 인정해줘야 할 겁니다. 그런데 『신동아』 기고 건은 그런 성실성에 위배되는 일이었다는 말입니다. 저는 김씨가 용돈이 급했던 게 아닌가 하는 생각을 하고 있습니다만."

김용옥이 시도한 '한국방송역사의 전기'

이번 EBS 특강은 그가 지난 97년 5, 6월에 했던 SBS 〈명의특강-성과 건강〉과는 종류가 좀 다른 것이다. 〈명의특강〉은 그야말로 엔터테인먼트였기에 김용옥도 '좌삼삼 우삼삼'이니 하는 '약 장수' 개그로 인기를 누려도 문제삼을 게 없었던 반면, 이번엔 김용옥이 "우리 민족의 가치관과 나아갈 길"까지 역설하는, 엄청난 무리를 저지르고 있어 좀 달리 볼 필요가 있다는 말이다. 분명히 말하건대, 그에겐 그럴 '도덕적' 자격이 없다!

그러한 자격 문제보다 더욱 심각한 것은 김용옥 씨의 치기(稚氣)가, 진중권으로부터 온갖 욕을 먹어야 했을 정도로 그의 치기에 너그러웠던 나 같은 사람조차 더 이상 인내하기 어려운 수준으로까지 악화되었다는 점이다. 『문화일보』 기자 김종락과의 싸움은 그것을 드라마틱하게 보여주었다. 물론 김용옥을 좋아하는 사람들은 그의 악화된 치기마저 좋아하고 그의 인기는 예전보다 더욱 치솟고 있지만 그렇다고 해서 그게 그의 모든 행태를 다 정당화시켜 줄 수는 없는 일이다. 오히려 그렇기 때문에 그의 악화된 치기를 더 문제삼아야 하지 않을까.

『문화일보』 기자 김종락과 김용옥의 갈등에 대해 본격적으로 이야기하기에 앞서 한 가지 분명히 해둘 게 있다. 지식계 일각에서 김용옥의 TV 이용 자체에 대해 부정적으로 보는 시각엔 전혀 동의할 수 없다는 건 분명히 짚고 넘어가야 하겠다. 김용옥이 〈이소라의 프로포즈〉에 나와 '렛잇비'를 부른 것까지 시비를 거는 일부 지식인들의 돼먹지 않은 '지식인 엄숙주의'엔 동의할 수 없을 뿐만 아니라 오히려 김용옥을 대신해 내가 욕을 퍼부을 생각이 충만하다(나는 그 프로그램을 아주 재미있게 시청하면서 김용옥에게 박수를 보냈다). 나는 『미디어오늘』 1999년 12월 9일자 7면에 실린 〈방송모니터위원회의 방송읽기〉가 내린, 김용옥에 대한 다음과 같은 극찬에도 동의한다.

"한국방송역사의 전기를 수립한다." 자못 거창하면서도 불가능해 보이는 목표를 설정한 철학자 김용옥 씨가 요즘 EBS에서 펄펄 뛰고 있다.……천민자본주의에 찌들고 신자유주의에 멍든 한국인들의 가슴을 적시는 청량제랄까? 동서양 문명사에 정통한 강사가 사자후로 토해내는 한국 사회의 문제에 대한 진단은 지금껏 한국 방송에서 주어본 적이 없는 자양분을 시청자들에게 제공하고 있는 것이다. 언론과 지식사회에 대해 일갈하는가 하면 아무도 뭐라 한마디 못하는 한국종교계의 파행을 "가장

상식을 깨는 '안방의 철학교실'

김용옥 '老子특강' EBS 시청률 급상승

도올 김용옥(金容沃·53)이 단연 화제다. '알기쉬운 동양고전─노자와 21세기'. 작년 11월22일부터 주 4회(월~목 오후 10시40분~11시20분)로 시작한 도올의 EBS 프로그램 시청률이 전례없이 가파른 상승세를 보이고 있다. 최근 저서 '노자와 21세기' '금강경 강해'는 대형서점 베스트셀러 종합 10위 안에 나란히 랭크돼 있다.

처음 1% 안팎에서 시작한 EBS 시청률은 지난 3일에 전국 3.7%대로 올라섰고 서울지역에서는 무려 6.2%였다. 교육방송 평균 시청률 0.4%에 비하면 9배를 웃도는 수치다. 그의 녹화장은 언제나 200여 방청객으로 가득차고, 방송을 보기 위해 일찍 귀가를 서두르는 샐러리맨들도 있다. 30대 나이에 저서 '동양학 어떻게 할 것인가'(85년)로 지식인 사회에 파문을 불러일으키며 등장한 지 15년. 고려대 교수직을 미련없이 내던지는가 하면, 한의학을 학생 신분으로 다시 배워 동양 의술과 철학의 접목을 시도해 화제를 모으기도 했던 그가 이번엔 '노자'를 새 세기의 화두로 띄워내며 또다시 '김용옥 바람'을 불러일으키고 있는 것이다.

저서도 베스트셀러로

동양 고전철학과 현대를 오가는 자유로운 지적 상상력, 거침없는 독설과 자신감…, 그가 대중을 사로잡는 매력은 TV강의에서도 유감없이 발휘되고 있다. 청나라때 중국의 상인 초상파오(長褒)를 입고 칠판앞에 선 도올은 두 팔을 움직이며 관객 시선을 사로잡는다. "여러분 20세기 최고의 음악이 뭔지 아세요?" 빙긋 웃음을 지으며 생각을 유도한뒤 "바로 비틀즈예요. 히피문화에 멋있던 60년대 서구 젊은이들이 '렛 잇 비', 즉 그냥 내버려 두라고 외친 거요. 바로 노자철학이요"라고 너털웃음을 방청객을 무대로 불러올려 "이 아가씨 미인인가요?" "하생은 젊은게 뭐라고 생각해?"하는 파격을 연출한다. 육두문자도 종종 등장한다. "처녀가 애 배요?"가량이나 4개만 말이지, 바지팅(visiting)이 겹쳐 거지." 표정도 다양하다. '아니 이것도 몰라?' 하는 안타깝다는 얼굴을 지었다가 이내 쑥스러운 웃음으로 뒷머리를 긁적인다. "고전이라는 항아리에 대가리를 3년쯤 푹 박아 장아찌처럼 돼야 해요"라며 손으로 머리를 잡고 항아리에 넣는 시늉을 하고, "내가 또 이렇게 말하면 또 여기저기서 꺼졌지"하며 웃음을 흘린다. "아니 김용옥이 요즘 떴다고 하는데 나는 절대로 뜨지 않아요, 왜냐? 선비정신이나 그 격이 있기 때문이에요"하고 겸양한다. 방송 상식으론 'NG'라고나 할만한 파격들이 다반사로 전파를 탄다.

"처음에는 못마땅해하는 시청자들이 많았지만 차츰 '내용 자체가 재미있다' '잔잔한 말투로 고상하게 얘기하면 극적인 긴장감과 희열이 따르겠냐'고 말하는 지지자가 늘고 있다"고 조은상 PD는 말한다.

거침없는 말투 눈길 끌어

성공의 또다른 요인은 노자철학이란 아이템이다. 반(反)자본주의, 환경, 여성 등을 기본구도로 무위자연(無爲自然)을 강조하는 사상이 뉴밀레니엄과 맞아떨어졌다는 분석이다. 개화기 이후 서구문명 깃발을 향해 앞 일제히 달려왔는데 이에 대한 안티테제로서 노자철학을 거론케 사람들을 끈다는 것이다. '더 빨리 더 높이 더 세게'라는 20세기 극대화 논리를 버리고 여유와 힘을 남겨두는 허(虛)의 철학을 실현시켜야 한다는 메시지가 강렬하다는 분석도 있다. 이걸 지식으로서가 아니라 밀상생활의 경험 속에 용해시켜 설명하는 데 그의 매력이 있다는 것이다.

"지나친 자화자찬" 비판도

"실제 예를 들어 설명을 해주시니까 도덕경이 쉽게 이해돼요."(중학 3년생) "동양학 강의지만 실제로는 오락프로처럼 느껴져요."(30대 주부)"우리가 그냥 살아왔던 것이고 젊은이들한테 얘기해주고 싶었던 말들을 확 풀어주니까 시원합니다."(70대 노인)

이런 대중의 비해 지식인 사회의 반응이 후하지 않다. 자화자찬이 지나치다. 대학교수를 지낸 사람이 이렇게 저럴 수 있느냐, 스타의식에 사로잡혔다 등등이다. 지난 연말 '이소라의 프로포즈'에 출연해 비틀스 노래를 부르기도 했던 것에 대해 일부 비난이 있다고 하자 도올은 사석에서 "이번 프로만 마치면 조용히 지내겠다, 깊이있는 책을 쓰면서 후학들에게 본을 보이겠다"고 답했다. 그는 "그동안 죽어지냈고, 터졌는데 이제 TV매체를 통해 대중의 인정을 받고 있을 뿐"이라면서 "학자라면 빈곤한 고전세계를 탐독하고 정확하게 소화하는 실천속에 자기 논리를 만들어내야 하는데 많은 학자들이 어디 그래요?"라고 말한다.

李俊浩기자 juno@chosun.com

『조선일보』, 2000년 1월 11일

방송특강에서 끊임없이 '동경대학'과 '하버드대학'을 팔아먹는 김용옥의 치졸한 수법을 보면 50여 년 전 이승만 박사가 '하버드대 석사, 프린스턴대 박사, 우드로우 윌슨의 제자이자 친구' 등을 내세우며 식민지 지배에 주눅이 든 순진한 국민들을 현혹케 한 '그때 그 시절'이 연상된다.

극렬한 보수성과 광신성"이라고 대담하게 지적한다. 때로는 지나친 언사라고 욕먹기도 하지만 언제 이런 통쾌무비한 카타르시스를 우리 방송이 준 적이 있었던가. 게다가 그의 비판은 '노자'라는 수천 년의 생명력을 지닌 철학의 기반 위에 선 것이다. '노자와 21세기'는 성공해야 한다. 똥을 똥이라고 말하는 강사의 직설적 화법이 몰고 올 약간의 시비에 개의치 말고 앞으로 나가, 진정 방송의 힘이 무엇인가를 보여주어야 한다. 반드

시 성공해서 이 땅의 방송제작자들에게 그들이 그 동안 외면했던 시청자의 욕구가 어떤 것이었나를 반성할 계기를 주어야 한다. 그리하여 돈 버는 정보가 아니면 정보가 아니고, 연예인들의 신변잡기가 아니면 재미가 아니며, 억지로 쥐어짜는 신파조 눈물이 아니면 감동이 아니게 왜곡되어 버린 한국의 방송풍토를 변화시켜야 한다. 건투를 빈다.

김용옥과『문화일보』의 싸움

이 평가에 100% 동의할 수는 없다 하더라도 이 평가가 김용옥의 사회적 가치를 제대로 꿰뚫어보고 있다는 데엔 이의를 제기하기 어려우리라 믿는다. 한국 방송은 달라져야 한다. 김용옥이 그 가능성을 보여주었다는 점에서 우리는 김용옥에 대해 박수를 아끼지 말아야 할 것이다. 김용옥에 대해 비판을 하더라도 그 점은 흔쾌히 인정한 후에 각론 비판으로 나아가야 한다는 것이 내 생각이다.

그 점을 분명히 하면서 김용옥과 김종락 사이에서 벌어진 싸움을 살펴보도록 하자. 이건 그냥 가볍게 넘어가도 좋을 그런 일이 결코 아니라는 게 내 생각이다.『기자협회보』1999년 12월 13일자는 이 싸움에 대해 다음과 같이 보도했다.

"언론의 폭력인가, 치졸한 복수인가. 김용옥 전 고려대 교수가 지난 2일 EBS TV 특강에서 자신의 책을 비판한『문화일보』기사에 대해 감정적으로 대응하자『문화일보』도 기자수첩과 재반론을 싣는 등 한바탕 논쟁이 벌어졌다. 김 전 교수는 자신의 저서『노자와 21세기』에 대한 서평을 쓴 김종락 기자의 이름을 칠판에 써가며『문화일보』를 비판하는 데에 강의시간 40여 분 전체를 할애했다. 김 전 교수는 당초 예정된 특강 시리즈 8번째 '노래와 소리는 이웃된다' 를 독단적으로 변경하며 자화자찬 발언과 기자에 대한 공격으로 일관, EBS측은 강의 주제를 〈인류의 3

대 지혜의 서(書)〉로 바꾸어 내보내는 해프닝을 빚었다."

김용옥은 도대체 어떤 비판을 했던 깃인가? 그 내용이 문제이지 비판 자체가 문제될 수는 없을 것이다. 『문화일보』 1999년 12월 7일자에 발췌, 소개된 김용옥의 발언 내용을 인용해보자.

(칠판에 '김종락'이란 이름을 쓴 뒤 강의를 시작하며)『문화일보』 문화부의 김종락 기자가 최근 나의 책 『금강경 강해』에 큰 감명을 받은 모양이다. 이 책에 대해 훌륭한 코멘트를 하고, 전면에 걸쳐 극찬했다. 그런데 엊그제(11월 24일자 지면) 같은 기자가 나의 『노자와 21세기』에 대해 형편없다는 내용의 서평을 실었다. 금강경에서 느낀 감명을 못 느낀다, 밀도가 떨어진다, 수준 미달이다, 변명의 여지가 없는 형편없는 책이라는 것이다(이하 자신의 『금강경 강해』가 얼마나 좋은 책인지를 30분 가까이 설명). 김 기자 말대로 『노자와 21세기』는 수준 미달일 수 있다. 대중을 위해 저술됐기 때문이다. 그런데 김 기자가 나의 메시지나 논리를 까지 않고 성실성이나 인간적인 면을 가지고 비아냥거리고 하는 것은 용서할 수 없다. 기사에서는 내가 대가이고 자만의 늪에 빠졌다고 했는데, 나는 대가도 소가도 아니다. 나는 다만 실력있는 사람일 뿐이다(이하 자신의 실력 강조 5분 가량 중략). 내가 롭스터(바닷가재)를 먹은 것을 8페이지나 썼다고 (인신공격을 했는데), 사실은 그것도 2페이지밖에 안 썼지만 (방청객 웃음), 내 책의 독자는 나의 도덕성을 믿고, 개발되어 온 독자다. 즉 나와 독자의 관계는 사적인 것이다. (이에 반해) 신문은 공기(公器)이고, 기자가 쓴 글은 기자 개인의 글이 아니다. 독자가 신문을 읽는 것은, 개인의 글이 아닌, '신문기자'의 글을 읽는 것이다. 우리 기자에겐 이런 기본적인 철학이 없다. 내가 출판으로 먹고사는데, (신문) 출판부를 욕하는 것은 자살이다. (심하게 격앙된 채) 나는 자살해도 좋다(방청객 박수). 밀도가 떨어진다, 실망스럽다, 감명이 덜하다는 등의 글은 일기에나 쓰는

글이지 기자의 글이 아니다. (격앙된 채) 나를 똑바로 보고 준엄하게 비판하라(박수). 미국 『타임』지에 나오는 글을 보면 문장 하나에도 신경을 쓰는데, 우리 나라에는 왜 『타임』을 능가하는 언론이 없는가. 이런 수준 낮은 기사를 가지고 우리가 21세기를 이야기할 수 있는가. 우리 나라를 망치고 있는 것은 기자와 교수다. 이들만 정신 차리면 훌륭한 21세기를 맞을 수 있다(박수).

『문화일보』의 새로운 시도

나를 놀라게 만든 건, 이 싸움을 둘러싸고 네티즌들의 반응이 양분되는 양상을 보이긴 했지만 김용옥을 옹호하는 쪽이 압도적으로 많았다는 사실이었다. 이건 곤란하다. 아니 위험하다. 김용옥의 비판은 매우 부당하기 때문이다. 그의 주장을 하나씩 살펴보자.

그 전에 『문화일보』의 '서평'에 대해 이야기하는 게 좋겠다. 아니 모든 신문사들의 출판 담당 기자들에 대해 이야기하겠다. 나는 그들에 대해 불만이 많다. 내 책을 거의 다뤄주지 않기 때문에? 천만의 말씀이다. 내가 출판 담당 기자래도 강준만의 책은 안 다뤄 줄 것이다. 죽어라 하고 언론을 두들겨 패는 것도 영 마음에 들지 않지만, 그것보다 더 큰 이유가 있다. 무엇보다도 강준만은 책을 너무 많이 낸다. 게다가 도무지 낯짝을 구경할 수 없는 데다 인터뷰하자고 팩스를 몇 번 보내도 가부(可否) 연락조차 아예 해주질 않는다. 이런 싸가지 없는 저자가 어디에 있단 말인가? 그래서 나는 신문들이 내 책을 거의 다뤄주지 않아도 억울해 하지도 않거니와 불만도 없다. 내 불만은 지극히 공적(公的)인 것이다.

나는 출판 담당 기자들이 대체적으로 너무 연고와 정실에 놀아난다는 데에 불만을 갖고 있다. 이건 출판사들에게 물어보면 금방 알 것이다. 기자들을 상대로 로비를 얼마나 열심히 해대는지 말이다. 물론 양측 모두 그게 불건전한 '로비' 라고는 생각하지 않을 수도 있다. 그걸 자연스러운 문화로 간주할 수도 있다. 특히 기자들은 자기 자신의 나름대로의 잣대를 강조하면서 수준 이상의 책만 소개한다는 원칙을 강조할지도 모르겠다. 그러나 수준 이상의 책이 좀 많은가. 물리적으로 기자들이 모든 신간을 다 읽어볼 수는 없을 터인즉, 아무래도 출판사와의 '건전한 대화' 에 근거한 친분 위주로 기사가 많이 그리고 크게 나가기 마련이다.

그것 자체도 문제지만 더 심각한 문제가 있다. 연고와 정실(또는 '건전한 대화' 에 근거한 친분)에 의해 기사를 써주다보니 진정한 '비평' 이 나올 수 없다는 게 문제다. 보도 자료 내용과 크게 다르지 않는 수준의 단순한 '소개 기사' 들이 너무 많다.

또 나는 출판 담당 기자들이 교수 못돼 환장한 사람들인지 너무 학구적이라는 데에 불만을 갖고 있다. 물론 학술 서적은 시장성이 없으니까 신문에서라도 열심히 밀어줘야 한다는 원칙엔 동의한다. 내가 지적하고자 하는 건 '학문 사대주의' 다. 나는 번역의 가치를 대단히 높게 평가하는 사람이지만, 한국 신문들이 외국 유명 지식인들이 낸 책의 번역판에 베푸는 특혜는 해도 해도 너무한다는 생각을 갖고 있다. 오늘부터 유심히 신문들의 출판 기사를 살펴보시라. 내 말이 맞나 틀리나.

이런 문제들을 깨보겠다고 나선 신문이 있다. 바로 『문화일보』다. 이 신문의 출판 담당 기자들은 사내 청탁을 일체 거절하겠다고 공개적으로 선언했다. 그러니까 전에는 직장 선후배나 외부의 지인(知人)들이 무슨 책 좀 기사로 써 달라고 하면 응해주기도 했지만 앞으론 절대 그렇게 하지 않겠다는 것이다. 물론 다른 신문들에선 아직 그런 청탁이 먹히고 있을 게다. 그러나 『문화일보』에선 그렇게까지 독한 마음을 먹었으니 연고나 정실에 의해 기사나 서평을 싣는 것도 하지 않는다고 보아야 할 것이다. 그래서인지 『문화일보』 출판 지면엔 진정한 의미의 '비평' 이 많고 또 그렇게 하자니 외국 책 못지 않게 국내 책에 대해 지면을 많이 할애하는 편이다.

나는『문화일보』의 참신한 시도를 매우 높게 평가한다. 물론 출판 지면의 전반적인 색깔이나 지향성까지 내가 전적으로 동의하는 건 아니다. 사적인 경로를 통해 들은 이야기라 구체적으로 밝히진 않겠지만,『문화일보』 출판 담당 기자들의 나에 대한 시각은 매우 부정적이어서 순전히 개인적인 감정으로만 보자면 나는『문화일보』 출판면을 좋게 말할 입장이 아니다. 그러나 내 장점이자 단점이지만, 나는 공사(公私) 구분이 너무 확실한 사람이다. 나와 무관하게『문화일보』의 참신한 시도엔 박수를 보내야 한다는 게 내 생각인 것이다.

김용옥의 '뻥', 너무 심하다

이제 본론으로 들어가자. 나는 김종락이 쓴 두 편의 서평을 다 읽어보았다. 김용옥도 인정했다시피,『금강경 강해』에 대한 서평은 이 책에 대해 훌륭한 코멘트를 하고 전면에 걸쳐 극찬을 한 것이었다. 물론『노자와 21세기』에 대한 서평은 혹평이었음에 틀림없다. 똑같은 기자가 한 저자의 두 책에 대해 전혀 다른 종류의 서평을 했다는 건 무얼 의미하는가? 김종락 나름대로의 평가 기준이 있다는 걸 의미하는 것이다. 그 기준에 대해 반론을 제기할 순 있겠다. 그러나 김용옥의 비판은 그런 성격의 문제 제기가 아니었다. 너무도 오만했다.

김용옥은 "김 기자가 나의 메시지나 논리를 까지 않고 성실성이나 인간적인 면을 가지고 비아냥거리고 하는 것은 용서할 수 없다"고 했는데, 나는 서평에서 저자의 성실성이나 인간적인 면을 얼마든지 거론할 수 있으며 그래야 한다고 생각한다. 김종락이 책의 내용과 무관하게 김용옥의 무슨 은밀한 사생활을 건드린 것도 아니지 않은가. 김종락은『금강경 강해』에 대한 서평에서도 김용옥의 성실성이나 인간적인 면을 긍정적으로 거론했는데, 칭찬의 경우엔 괜찮고 비판의 경우엔 안 된단 말인가?

김용옥은 "내가 롭스터(바닷가재)를 먹은 것을 8페이지나 썼다고 (인신공격을 했는데), 사실은 그것도 2페이지밖에 안 썼지만(방청객 웃음)"이라고 주장했다. 그러나 내가 책을 확인해봤더니 8쪽이었다. 거짓말을 해선 안 될 것이다.

김용옥은 "내 책의 독자는 나의 도덕성을 믿고, 개발되어 온 독자다. 즉 나와 독자의 관계는 사적인 것이다. (이에 반해) 신문은 공기(公器)이고, 기자가 쓴 글은 기자 개인의 글이 아니다. 독자가 신문을 읽는 것은, 개인의 글이 아닌, '신문기자'의 글을 읽는 것이다"고 주장했다. 이건 참으로 어이가 없는 주장이다. 그렇게 따지자면 저자와 독자의 관계가 사적인 관계가 아닌 책이 어디 있는가? 김용옥의 주장을 따르자면 서평(書評)은 불가능하다. 호평일 경우에만 가능할 것이다. 한국 언론출판계의 가장 고질병이 바로 그 '비판없는 서평'이라는 걸 김용옥은 정녕 모른단 말인가?

기자 개인과 '신문기자'를 구분하는 것도 이해하기 어렵다. 스트레이트 기사가 아닌 서평 형식의 글에선 기자 개인도 얼마든지 자기 주관을 드러낼 수 있는 것이다. 물론 김용옥이 주관을 드러내는 서평은 외부 서평자의 몫이고 기자가 그런 일까지 하면 되겠느냐는 반론을 제기할 수는 있겠지만, 그건 『문화일보』가 새바람을 일으켜 보겠다고 새롭게 시도하는 것인 만큼 좀 다른 맥락에서 제기되어야 할 문제일 것이다. 아니 그 이전에 김용옥은 자신에 대해 극찬을 한, 김종락이 쓴 이전의 서평도 그래선 안 된다며 문제삼아야 할 것이다.

김용옥은 "내가 출판으로 먹고 사는데, (신문) 출판부를 욕하는 것은 자살이다. (심하게 격앙된 채) 나는 자살해도 좋다(방청객 박수)"고 말했다. 뻥이 심하다. 김용옥은 "우리 나라를 망치고 있는 것은 기자와 교수다"는 말도 했다. 이건 김씨가 즐겨 써 온 레퍼토리다. 그래서 어떤 이들은 김씨가 감히 언론도 비판한다고 용감하다고 생각할지도 모르겠다. 아니 김용옥 스스로 그렇게 생각하는 건 아닌지 모르겠다. 그러나 그것 역시 뻥이다. 왜? 김용옥의 언론비판은 단지 그 수준의 뻥에만 머무르기 때문이다.

나는 김용옥이 자신의 이해관계와 무관하게 언론에 대해 실명 비판을 한 걸 단 한 번도 본 적이 없다. 한국 언론은 이제 까질대로 까져서 실명 비판을 하지 않는 한 싸잡아서 언론 전체를 한두 마디 욕하는 것에 대해선 대단히 너그럽다. 그 이치를 모를 리 없는 김용옥이 일개 신문 하나를 겨냥해 '자살' 타령을 늘어놓는 건 보기에 민망하다. 그런 식으로 말을 하자면, 나 같은 사람은 그간 '자살'을 수십, 수백 번 했겠다.

누가 진정 김용옥을 아끼는가?

한국의 모든 지식인들 가운데 언론으로부터 가장 과분한 대접을 받아온 인물은 바로 김용옥이다. 김용옥의 언론에 대한 한두 마디 뻥은 비판이 아니라 개그로 통하고 있다는 이야기다. 우리 나라를 망치고 있는 게 기자와 교수라고? 일리 있는 말씀이지만, 김용옥에게 그렇게 말할 자격은 없다. 『조선일보』에 대한 문제의식이 전혀 없이 『조선일보』에 글을 쓰는 사람이 그게 말이 되나?

게다가 김용옥은, 『조선일보』와 더불어 이승만과 박정희를 무덤에서 꺼내 부활시키려고 하는 일단의 젊은 극우 지식인들의 후원자 노릇을 한 적도 있지 않은가. 김용옥이 이승만과 박정희에 대해 호의적인 생각을 갖고 있었다면 내 이런 말도 안 한다. 그는 "난 요즘 가장 악랄한 독재자로 그 국제적 권위를 인정받고 있는 흡혈귀 전두환보다도 더 용서받지 못할 놈이 이승만이라고 생각한다"[2]고 말했으며, "박정희란 놈은 요즈음 이태원 바닥에서 해롱거리는 펑크족들이 타락한 미국풍에 미쳐 있듯이,

'방송용 老子講解' 농밀한 맛 없어 아쉬움

●노자와 21세기 (上)
김용옥 지음 / 통나무

(『문화일보』, 1999년 11월 25일)

김용옥은 방송에서 자신의 책을 혹평한 기자를 비판했지만, 자신의 이해관계와 무관하게 언론에 대해 실명 비판한 것은 본 적이 없다. 한국 언론은 이제 까질대로 까져서 실명 비판을 하지 않는 한 싸잡아서 언론 전체를 한두 마디 욕하는 것에 대해선 대단히 너그럽다는 것을 김용옥을 알고 있는지?

일본 군국제국주의풍에 미쳐 있었던 특이한 취미의 사람이었다"고 말한 바 있지 않은가.3) 그런데 '이승만 살리기'와 '박정희 살리기'에 일조하는 것이 나라 망칠 수도 있다는 생각은 들지 않고 한 출판 담당 기자가 과거의 잘못된 관행을 깨고 서평다운 서평 하나 쓴 게 나라 망치는 짓으로 보인단 말인가?

김용옥의 강점이자 장점은 솔직함이다. 뻥 치지 말고 솔직하게 말씀하시라. "난 날 못 알아보는 자들을 경멸하는 엘리티즘이 뼛속까지 깊이 물들어져 있다. 그리고 날 알아보는 자들에게 감격하는 치정주의가 있다."4) 김용옥의 말씀이다. 그렇게 쉽게 말하면 될 걸 무슨 나라 걱정을 하고 '훌륭한 21세기' 타령을 하는가?

---

2) 김용옥, 『나는 불교를 이렇게 본다』(통나무, 1989, 중판 1997), 256쪽.
3) 김용옥, 위의 책, 75쪽.
3) 김용옥, 『대화: 김우중·김용옥 나눔』(통나무, 1991, 8판 1993), 93쪽.

김용옥을 어떻게 볼 것인가? 그는 탁월한 엔터테이너로 보면 된다. 물론 지식 엔터테이너다. 김용옥을 제대로 보기 위해선 엔터테인먼트에 대한 편견부터 버려야 한다. 심지어는 그를 지지하는 지식인들까지 그런 편견을 갖고 있으니 그거 참 문제다. 김용옥을 지지하는 용인대 교수 이동철은 『경향신문』 2000년 1월 17일자에 기고한 〈김용옥 옹호론〉에서 다음과 같이 말하고 있다.

> 학계와 지식인들 일각에서 바라보듯 도올이라는 한 개인이 자기과시와 온갖 쇼적인 장치를 통해 인기를 끌고 있는 일종의 이벤트일까. 텔레비전이라는 대중매체에 편승하여 잘 활용한 일종의 에듀테인먼트에 불과할까. 먼저 결론을 말한다. 노자강의는 단순한 철학의 대중화가 아니다. 고전학의 권위자가 장기간에 걸친 학문적 훈련과 축적으로 얻은 자신의 지혜와 통찰을 소화된 자기언어로 전달하면서 현실적인 삶의 문제를 다루고 있기 때문이다. 파격적 구성과 전개는 궁극적으로 지식과 삶의 화해를 지향하려는 노력의 산물이자 그 표현양식이다.…… 20세기 특히 근래 40년의 변화는 단군 이래 4,000년의 역사보다 넓고 깊으며 큰 것이다. 하지만 IMF가 상징하는 20세기 말 한국사회의 위기는 모든 한국인들에게 자성의 계기가 되었다. 이 점에서 도올의 특강은 새 천년을 위한 조선문명과 한국방송의 모험인 셈이다.

이 주장에 대해 반은 동의할 수 있지만 반은 동의하기 어렵다. 도올의 특강이 '한국방송의 모험'이라는 데엔 전적으로 동의하지만 '조선문명의 모험'이란 주장엔 '뻥이야!' 라고 외치고 싶다. 아니 그런 외침 이전에 나는 왜 지식인들이 '이벤트'나 '에듀테인먼트'에 대해 그렇게 부정적인지 그게 답답하다. 이동철의 주장 그대로 '지식과 삶의 화해'를 위해선 그게 꼭 필요하다. 나는 도올의 '뻥'만을 문제삼았을 뿐 그의 강의 내용엔 매우 유익한 게 많다고 생각한다. 그거야말로 '지식과 삶의 화해'일 터이고 그런 '화해'를 위해 '이벤트'와 '에듀테인먼트'는 필수적이다. 그리고 도올은 그 점에 있어선 우리 사회가 극진히 아껴야 할 보배 같은 존재임에 틀림없다.

누가 더 도올을 아끼는 것인가? 이동철이나 그의 열성 지지자들이 아니라 바로 나 같은 사람일 것이다. 도올이 김우중을 '성인(聖人)'이라 불렀을 때 어떤 사람들은 도올이 김우중을 아낀다고 생각했겠지만 사실은 그게 김우중을 망치는 것이었다. 도올에 대해서도 마찬가지다. 그를 진정으로 아끼는 사람이라면 그가 자신을 둘러싼 '거품'에 안주하지 않게끔 고언을 아끼지 말아야 할 것이다.

김용옥의 '미시 파시스트적 성향'

진중권이 지적한 바 있는 김용옥의 '미시 파시스트적 성향'도 짚고 넘어갈 필요가 있겠다. 진중권은 김용옥의 말을 인용하면서 다음과 같이 말한다.

> 나는 미크로 권력의 차원에서 엘리트의 독재를 반대하듯이, 지식인 공동체라는 미크로 권력 내에서도 귀족정이 아닌 민주정을 원한다. 이는 자유주의 신조다. 그런데 정작 미크로 파시스트 천재론을 비판하는 자유주의자 강준만이 미크로 파시스트의 천재론을 지지하는 이유는 대체 뭘까? 강준만이 베푸는 이 '공정'한 특혜는 대체 어디에 이론적 뿌리가 있을까? 어쨌든 우리의 새끼 히틀러는 실패했다. 히틀러는 실패하는 순간 바그너를 들으며 황홀하게 몰락했다. 우리의 새끼 히틀러도 몰락하는 순간에조차 황홀하다. 나는 운명에 굴하지 않고 세계와 용감하게 투쟁했고, 나 이제 고독한 영웅으로 죽노라. "이 땅의 어떤 래디컬보다도 나는 래디

컬하다. 그대들은 아는가? 보이지 않는 세계의 혁명을 위해 투쟁하는 자
의 외로움과 서러움, 그 창조의 공포를 감내해야 하는 용기가 과연 어떤
것일 줄 아는가?" "오, 나 도올 생의 가시밭길에 쓰러져 피흘리다." 이 키
치, 이것도 히틀러를 닮았다. 그런데 항문기('똥')와 성기기('자지', '보
지')에서 정신 발육이 멈춘 이 미숙아의 신파에 강준만은 이렇게 코멘트
한다. "나는 김씨의…… 치절한 선언에 공감……" 감동먹은 모양이다.
'늑대별' 소준섭의 '처절한 선언'을 비웃을 수 있었던 세련된 감성의 소
유자가 여기서는 왜?

나는 진중권의 이러한 주장에 대해 나의 반론에서 그의 '과잉된 진지
함'을 문제삼으면서 다음과 같이 답한 바 있다.

> 자기 중심주의는 편협함으로 나타납니다. 김용옥 씨의 편협함은 그냥
> 개그로 이해하는 게 옳습니다. 재미있잖아요. 개그맨 김국진 씨도 '개그
> 의 천재'라는 말을 듣는데 김용옥 씨가 천재 소리를 못 듣는다면 그거 문
> 제있는 것 아닙니까? 진중권 씨는 "오, 나 도올 생의 가시밭길에 쓰러져
> 피흘리다"라는 김용옥 씨의 말을 심각하게 텍스트 분석하면서 히틀러를
> 닮았다고 하셨던데, 전 히틀러보다는 신파 개그를 연상합니다. 그냥 웃으
> 면 되는 겁니다. 김용옥 씨가 진중권 씨의 주장대로 설사 파시스트라 하
> 더라도 그게 그의 '본업'은 아닙니다. 그러니까 『조선일보』 패거리와는
> 좀 다르다는 거지요. 좀 봐 주면 안 될까요? 김용옥 씨가 『조선일보』 패
> 거리와 자주 놀아 문제가 된다면 그땐 제가 또 가만 있겠습니까?

이젠 내가 더 이상 가만 있을 수 없는 상황으로까지 사태가 진전된 것
같다. 김용옥의 '미시 파시스트적 성향'에 대해선 진중권이 좀더 자세한
주장을 담은 글을 발표하리라 믿고 나는 '미시'의 차원을 넘어선 더욱

심각한 문제 제기를 하나 해야겠다. 이미 앞서 부분적으로 한 이야기지만, 다시 한번 정리를 해보잔 말이다.

'봉건적 · 보수적 세계관에 봉사하면 안 된다'

김용옥이 대중의 교양 향상 차원을 넘어 '우리 민족의 가치관과 나아갈 길'까지 역설하거나 대중이 그러한 역설에 귀 기울인다면 그건 대단히 위험하다. 그런 위험성은 이현우가 잘 지적한 바와 같이 그의 위험한 친일파관에서도 잘 나타나고 있다.[5] 이와 관련, 철학자 김상봉은 다음과 같이 말한다.

"전통사상에 대한 논의에서 한 가지 경계해야 할 점은 우리 것에 대한 담론 속에 감춰진 국수주의나 파시즘의 흔적을 부인할 수 없다는 것입니다. 동양에 대한 관심이 봉건적 · 보수적 세계관에 봉사하는 게 돼서는 안 됩니다."[6]

그런데 김용옥의 경우 이미 봉건적 · 보수적 세계관에 봉사하는 경향이 없지 않으니 바로 그게 문제란 말이다. 앞서 지적한 바와 같이, 김용옥은 박정희를 무덤에서 꺼내 부활시키려고 하는 일단의 젊은 극우 지식인들의 후원자 노릇을 한 바 있다.

그런 젊은 극우 지식인 가운데엔 『조선일보』의 기자 이한우도 포함돼

---

5) 말과 글은 다른 건가? 김용옥은 이승만과 김일성 가운데 "상대적으로 김일성이를 존경"한다며 다음과 같이 말한 적이 있었는데 말이다. "김일성이를 나는 이 세상 어느 놈보다도 형편없는 놈이라고 욕을 하는 사람이지만 객관적으로 '일제식민지역사의 청산'이란 그 측면 하나만은 매우 확실한 정치를 한 사람이며 또 그 면은 단군 이래의 조선역사에서 기리기리 꼽히는 공적으로 남을 것이다(이런 말한다고 날 잡아갈 생각 말아라! 우리 국민이 이제는 확연히 알 것은 알아야 하지 않는가?)." 김용옥, 『나는 불교를 이렇게 본다』(통나무, 1989, 중판 1997), 256~257쪽.
6) 〈동양철학, 과연 대안인가: 주자와 칸트를 전공한 동서양 철학자가 나눈 이야기〉, 『한겨레 21』, 2000년 2월 3일, 57면.

있는데, 이한우의 김용옥에 대한 태도 돌변은 한 편의 코미디를 방불케 한다. 이한우는 『조선일보』 기자가 되기 전, 『월간중앙』 1991년 6월호에 기고한 글에서 김용옥 씨가 곡학아세(曲學阿世)를 한다며 혹독하게 비판한 바 있다. 이한우는 어떤 이유에서였는지는 모르겠으나 『조선일보』 기자가 된 이후 극우화의 길을 걸었으며 곧 확실한 극우주의자로서의 면모를 갖추게 되었다. 그래서였을까? 그의 김용옥에 대한 태도는 180도 변했다. 이제 이한우는 김용옥이 아낀다는 '제자와 후학' 그룹에 끼어 '박정희 부활'을 위해 애쓰고 있다.[7] 이게 과연 우연일까? 나는 이건 앞으로 더 탐구해야 할 숙제로 남겨두고자 한다.

한 마디만 덧붙이자면, 극과 극은 통한다는 점을 말해두고 싶다. 이한우의 태도 돌변이 그걸 잘 말해준다. 김용옥을 극렬하게 매도하는 사람들이나 극렬하게 예찬하는 사람들은 양쪽 다 위험할 수 있다. 왜 인정할 건 인정해주면서 비판할 건 비판하는 그런 성숙된 자세를 갖지 못하는 건지 이만저만 안타까운 게 아니다.

『문화일보』의 용기와 분발을 기대한다

'이벤트'와 '에듀테인먼트'에 대해 이야기가 나온 김에 『문화일보』에게도 한 말씀 드려야겠다. 『문화일보』 1999년 12월 7일자에 실린 〈문화일보 서평: 도올 '감정적 대응' 논란〉이라는 제목의 기사에 포함된 다음과 같은 인용 부분은 크게 눈에 거슬렸다는 걸 지적해야겠다.

---

7) 이 그룹은 『전통과 현대』를 가리키는 것이나, 『전통과 현대』에 참여한 모든 지식인들이 다 '박정희 부활'을 위해 애쓰는 건 아니다. 이한우를 포함한 핵심 멤버들만을 가리키는 것임을 유념해주시기 바란다. 나는 이미 『인물과 사상』 제9권에 쓴 〈'아시아적 가치'의 한국적 오용과 남용: 부친 함병춘의 유업 이어받은 연세대 교수 함재봉〉이라는 글에서 『전통과 현대』에 대해 이야기한 바 있다.

S대 정치학과 모 교수는 "국민의 세금으로 운영되는 비싼 공중파를 낭비하고 있다는 생각이 들었다. 감정적인 자기과시적 발언에 치중한 김 씨의 자세에 아쉬움을 느낀다"고 말했다. 그는 "국내 매체 서평의 가장 큰 문제점은 지나친 비판에 있는 것이 아니라 주례사처럼 칭찬으로 일관해 학문적 논쟁으로 이어지지 못하고 있다는 점"이라고 지적했다.

이런 인용은 곤란하다. 이에 반대되는 주장은 인용을 하지 않았기에 공정성 측면에서 문제이기도 하지만 'S대 정치학과 모 교수'라는 익명 처리가 더욱 보기 싫다. 물론 그 발언을 한 교수가 익명을 요구했겠지만, 주례사처럼 칭찬으로 일관하는 국내 매체 서평의 가장 큰 문제점을 지적해놓고 자기는 자신의 이름을 숨기며 보신(保身)하겠다니 그게 말이 되나? 바로 그런 보신주의 때문에 모든 서평이 주례사처럼 일관하고 있다는 걸 정녕 모른단 말인가?

그렇게 말이 안 되는 말을 하니 앞에 한 말 역시 말이 될 리 없다. 왜 도올의 강의가 '비싼 공중파 낭비'란 말인가? 그게 바로 '이벤트'와 '에듀테인먼트'에 대한 편견과 몰상식에서 비롯되는 것이다. 그리고 그 편견과 몰상식은 『문화일보』측도 어느 정도 공유하고 있는 것으로 보여 그게 문제라는 말이다.

나는 도올의 언론 비판 자격을 문제삼긴 했지만, 한국 언론의 문제가 매우 심각하다는 데엔 이론의 여지가 있을 수 없다. 나는 가장 큰 문제 가운데 하나는 일부 기자들이 권력자처럼 행세하는 데에 있다고 생각한다. 언론사 자체가 권력기관 행세를 하니 그 안에 있는 기자들이 무얼 보고 배웠겠는가?

정말 기사를 함부로 써대는 기자들이 있다. '오만방자'라는 단어를 실감나게 할 정도로 말이다. 그러니 행여 그들에게 밉보였다간 큰일난다. 보복심은 어찌나 강한지 이건 카우보이나 사무라이는 저리 가라 할 정도다.

왜 그럴까? 우리 사회가 그렇게 만드는 면이 있다. 한 시민의 자격으로 관공서 출입해서 정당한 문의나 요청을 해 봐라. 과거에 비해 많이 나아지긴 했지만 아직도 시민 알기를 우습게 아는 공무원들이 아직도 많다. 그러나 당신이 어느 조직의 일원이라면 이야기는 좀 달라진다. 특히 언론사라면 이야기는 확 달라진다. 당신의 이름은 전혀 필요없다. 당신의 이름을 대기에 앞서 밝히는 무슨 무슨 언론사라고 하는 이름의 위력은 금방 나타난다. 그게 한두 번이 아니고 하루에도 수십 번 1년 365일 몇 년을 그렇게 산다고 생각해 봐라. 권력에 굶주린 허기를 안고 언론사에 들어간 사람이라면 달라지지 않는 게 더 이상하다.

김용옥이 건수를 제대로 포착해 그런 기자들을 호되게 꾸짖는다면 나는 뜨거운 박수를 보낼 것이다. 그러나 그는 그렇게 한 적이 없다. 기자가 자기를 알아주지 않는 경우에 한해서만 독설, 그것도 매우 부당한 독설을 내뿜었을 뿐이다.

일부 못된 기자들에 관한 이야기는『문화일보』들으라고 한 소리가 아니다. 오히려 정반대다.『문화일보』가 새 바람을 일으킨 마당에 아예 큰맘 먹고 '동업자 의리'까지 버려 달라는 말을 하고 싶어서 꺼낸 이야기다.『문화일보』가 출판면에서 아무리 참신한 시도를 해도 스스로 자신을 포함한 다른 언론의 문제까지 거론하지 않는다면 그건 '고급 상술'에 지나지 않는 것일 수도 있다. 일 주일에 한 꼭지라도 좋다. 다른 신문사 기자들로부터 '죽일 놈들'이라고 욕 먹더라도 출판과 관련해 언론의 문제를 거론해달라. 그러니까 출판 보도에 대한 비평까지 해달라는 말이다.

만약『문화일보』가 그런 시도를 하지 않는다면『문화일보』의 참신한 시도는 그 자체의 정당성에도 불구하고 좀더 화끈한 언론권력을 만끽해 보자는 의지에서 비롯된 것일 수도 있다는 의혹을 받을 수 있으니 명심하시기 바란다.『문화일보』의 용기와 분발을 기대한다.

'철학자'와 '엔터테이너'

김용옥 비판에 대한 반론에 답한다[1]

강준만의 일관되지 못한 김용옥 비판?

강준만 님이 지적하신 김용옥의 잘못된 부분은 사실 무크지『인물과
사상』3호에 실린 강준만 님의 글 〈'위선적 언어'에 도전하는 김용옥의
화려한 투쟁〉에서도 이미 대체적으로 언급되었던 것들이다. 그런데 무크
지에서는 김용옥에 대한 '옹호'에 무게 중심이 있었던 반면 이번 글에서
는 '비판'에 무게 중심이 실리고 있다. 어떻게 2년 반 만에 한 인물에 대
한 평가가 그렇게 달라질 수 있는가?…… 지금의 강준만 님의 김용옥 비
판이 그 타당성을 보장받으려면 그 사이 김용옥에게 그만큼의 변화가 있

---

1) 이 글은 〈김용옥을 어떻게 볼 것인가? ②〉,『월간 인물과 사상』, 2000년 5월, 162-172
쪽을 제목만 바꿔 그대로 실은 것이다. 독자의 반론에 대한 답이라 개작하지 않았다는 걸
밝혀 둔다.

었다는 사실이 설득력 있게 제시되어야 한다. 그런데 유감스럽게도 필자는 김용옥이 지난 2년 6개월 동안 그렇게 질적으로 바뀐 모습을 보였다고 생각하지 않는다. 따라서 필자는 강준만 님의 이번 평가가 무크지에서의 평가와 서로 상충된다고 주장한다. 바뀐 건 김용옥이 아니라 오히려 강준만 님 자신의 판단 기준이지 않은가 의심이 든다는 얘기다.

한국정신문화연구원 철학과 석사과정에서 연구하고 계시는 채석용 님은 지난 4월호에 기고하신 〈강준만 님의 일관되지 못한 김용옥 비판〉이라는 제목의 글에서 위와 같이 말씀하셨습니다. 채석용 님의 글은 제가 3월호에 쓴 〈김용옥을 어떻게 볼 것인가〉라는 제목의 글이 안고 있는 '문제점'을 지적해주신 것입니다. 채석용 님께 깊이 감사드리면서 제 답을 말씀드려 볼까 합니다.

채석용 님은 양자택일을 요구하셨는데, 전 그게 불만입니다. 김용옥이 달라졌느냐, 아니면 강준만이 달라졌느냐? 그런 물음을 던져놓고 답을 찾으시는 게 과연 온당한가 하는 것이 제 답의 핵심입니다. 채석용 님이 잘 지적하셨다시피, 제가 쓴 두 개의 글의 차이는 '무게 중심'일 뿐입니다. 총론과 각론의 차이라고 해도 좋겠지요. 어떤 인물에 대해 총론 차원에서 이야기할 수 있습니다. 어떤 사안에 대해 논할 때엔 그 인물의 장점만 이야기할 수도 있을 것이고 단점만 이야기할 수도 있을 것입니다. 그렇다고 해서 그 이야기들이 상호 상충된다고 말할 수 있을까요?

'대중적 지지도의 상승'과 거품의 정체

채석용 님은 왜 무게 중심을 이동시켰느냐는 질문을 하신 것 같습니다. 그런데 흥미롭게도 채석용 님은 그 질문에 대한 답을 스스로 해주셨습니다. 그 부분을 인용해볼까요?

좀더 거친 표현을 쓴다면 강준만 님은 김용옥의 철학자로서의 그릇을 너무 모르고 계시다고 말할 수 있다. 그래서 그의 대중적 지지도가 지나치게 커져가는 것을 우려하고 한사코 그를 엔터테이너로서만 머물게 하려고 애쓰게 되는 거다. 대중적 지지도가 낮았을 때는 까짓 눈감아 줄 수도 있었던 김용옥의 그릇이 이제 대중적 지지도가 높아감으로써 우려의 대상으로 변해 버리게 된 것이다. 결국 강준만 님의 김용옥에 대한 태도의 변화 이유는 바로 이것, '대중적 지지도의 상승'에서 찾을 수 있다 하겠다. 2년 전과 지금 사이에 달라진 것은 이것밖에 없다. 그런데 강준만 님은 그렇게 김용옥에 대한 대중적 지지도가 높아지는 것이 못마땅하다. 대중적 지지도가 낮을 때는 소수의 사람들한테 엔터테이너로서만 인식되었을 텐데 이제 대중적 지지도가 높아감에 따라 주제넘게도 민족의 장래 운운하는 철학자로서 행세하려 하니 문제라고 생각하게 된 거다.

제 생각에 딱 맞는 분석은 아닙니다만, 거의 근접한다고 말씀드릴 수 있겠습니다. 좀더 정확히 말씀드리자면, 단지 '지지도의 상승'만이 문제가 아니라 '지지의 성격 변화'가 제가 우려를 하게 된 더 큰 이유입니다. 그러나 채석용 님은 그렇게 말씀하시고선 곧장 반격을 가하셨기 때문에 그걸 마저 인용해놓고 나서 제 말씀을 드려볼까 합니다.

하지만 이것은 강준만 님의 착각이요 사태 왜곡이다. 2년 반 이전의 김용옥의 지지자들이 오히려 지금의 김용옥 지지자들보다 더 깊이 있게 김용옥을 철학자로서 인식했었다. 지금의 김용옥이 2년 반 전의 김용옥보다 더 엔터테이너로서의 이미지가 강하다는 얘기다. 강준만 님 지적대로라면 오히려 지금이야말로 김용옥의 이미지가 엔터테이너로서의 이미지에 적합한 상황이다. 2년 반 전, 지금보다 훨씬 소수의 지지자들한테 김용옥은 엔터테이너이기 이전에 철학자였다. 그때보다 더 엔터테이너로서의 모습을 많이 보이고 있는 지금의 김용옥에 대해 좀더 엔터테이너로서만 충실하라고 주문하다니 이거 지나친 현실 왜곡이지 않은가? 강준만님은 김용옥을 둘러싼 거품을 비판한다고 했는데 도대체 그 거품의 정체가 무어라고 생각하시는가? 그게 정말 김용옥을 과분하게 철학자로서 대접하려는 거품이라고 생각하시는가? 천만의 말씀! 오히려 시금 김용옥을 둘러싼 거품은 그를 너무 엔터테이너로서만 바라보기 때문에 생기는 그런 거품이다. 강연 이전에 독자층들만을 대상으로 할 때와 달리 지금 시청자층을 대상으로 할 때는 지나치게 엔터테이너로서의 모습만 부각되어 그 점이 바로 문제가 되고 있다. 이런 상황에서 강준만 님은 더욱더 엔터테이너가 되라고 주장하시다니 마치 아픈 데 한 대 더 때리려는 심술이 작동하신 것은 아닌가 의심스럽다.

위대한 철학자가 노상 방뇨를 한다면?

전 채석용 님의 이 말씀에 모든 답이 들어있다고 생각합니다. 저와 채석용 님의 차이는 무엇일까요? 저는 그 차이가 매우 중요하다고 생각합니다. 채석용 님은 김용옥의 철학을 이해하고 김용옥을 '최고의 철학자'로 생각하는 김용옥 전문가입니다. 저는 김용옥의 철학을 모릅니다. 따라서 그가 '최고의 철학자'인지 아닌지 그것도 전혀 모릅니다. 김용옥의 철학을 이해하지도 못하는 주제에 왜 김용옥에 대해 이러쿵저러쿵 하는가?

그리 물으시면 제가 그간 해온 모든 인물 비평의 근거가 다 무너집니다. 제가 자주 드렸던 말씀을 상기해 주십시오. 저는 지식인의 저널리즘 행위 또는 대중매체 이용 행태와 그 내용에 대해서만 이야기해 왔습니다. 그래서 철학자도 건드리고 국문학자도 건드리고 경제학자도 건드리고 정치학자도 건드리고 소설가도 건드려 왔습니다. 제가 아무리 그 분야에 대해 문외한일망정 그들이 대중매체를 통해 일반 대중을 상대로 생산해내는 현실 참여적 글과 말에 대해서는 평가할 자격과 능력이 저에게 있다고 믿었기 때문입니다. 저는 지금도 저의 그런 믿음이 타당하며 그런 믿음에 근거한 저의 시도가 바람직하다고 생각하고 있습니다.

채석용 님은 제가 "김용옥의 철학자로서의 그릇을 너무 모르고" 있다는 말씀을 하셨습니다. 저는 이 말씀에 전적으로 동의합니다. 그러나 그렇기 때문에 저의 김용옥 비판에 문제가 있다는 식의 논리 전개엔 결코 동의할 수 없습니다. 제가 비판의 대상으로 삼고자 했던 건 심오한 철학의 세계가 아닙니다. 위대한 철학자가 노상 방뇨를 했을 때 그걸 비판하는 건 위대한 철학의 이해 여부와는 무관한 것이며 오히려 위대한 철학자이기 때문에 더욱 호된 비판을 받아 마땅할 것입니다. 그건 마치 대통령 김대중의 어떤 행위를 비판하는 사람에게 "당신 김대중의 심오한 정치 철학을 이해해?"라고 물을 필요가 전혀 없는 것과 같은 이치일 것입니다.

김용옥이 노상 방뇨를 했다는 게 아닙니다. 제가 비판의 대상으로 삼고자 했던 건 김용옥의 심오한 철학 세계와 전혀 무관하며 그 어떤 관계를 가질 필요도 없다는 걸 말씀드리고자 하는 것입니다. 저와 채석용 님 가운데 김용옥의 저널리즘 행위와 대중매체 이용에 대한 평가와 관련하여 그 누군가 강한 선입관을 갖고 있다면 그건 김용옥을 '최고의 철학자'로 존경하는 채석용 님이지 저는 아닐 겁니다.

사회적 영향력이 문제다

저는 채석용 님이 '착각이요 사태 왜곡'이라고 주장하신 내용도 채석용 님이 이른바 '전문가의 함정'에 빠져 있는 게 아닌가 하는 의심을 갖

(「뉴스피플」, 2000년 3월 23일)

김용옥의 문제는 그의 책에서 나타나는 것과 TV 그리고 그걸 대서특필해대는 신문에서 나타나는 것은 서로 전혀 다르다.

고 있습니다. 김용옥을 잘 이해하는 전문가들을 놓고 보자면 채석용 님의 말씀은 설득력이 대단히 높습니다. 그러나 저는 그런 전문가들을 염두에 두고 한 말이 아닙니다. 제가 관심을 갖는 건 일반 대중입니다.

채석용 님은 "지금 김용옥을 둘러싼 거품은 그를 너무 엔터테이너로서만 바라보기 때문에 생기는 그런 거품"이라고 말씀하십니다만, 그건 정확한 표현은 아닌 것 같습니다. "지금 김용옥을 둘러싼 거품은 그의 엔터테이너로서의 천부적 재능에 의해 형성된 그런 거품"이라고 말하는 게 더 옳지 않을까요? 저는 그런 거품 속에서 민족의 나아갈 길이 역설되는 건 곤란하다는 걸 지적하고자 했던 겁니다.

지난 2년 반 동안 김용옥이 무엇이 달라졌단 말인가? 그리 묻지 마시고 "그 동안 김용옥의 저널리즘 행위와 대중매체 이용에 있어서 무엇이 달라졌는가?"라고 물어주시기 바랍니다. 저는 〈김용옥을 어떻게 볼 것인가?〉라는 글에서 다음과 같이 말씀드린 바 있습니다.

> 이번 EBS 특강은 그가 지난 1997년 5,6월에 했던 SBS 『명의특강–성과 건강』과는 종류가 좀 다른 것이다. 『명의특강』은 그야말로 엔터테인먼트였기에 김용옥 씨가 '좌삼삼 우삼삼'이니 하는 '약장수' 개그로 인기를 누려도 문제삼을 게 없었던 반면, 이번엔 김씨가 "우리 민족의 가치관과 나아갈 길"까지 역설하는, 엄청난 무리를 저지르고 있어 좀 달리 볼 필요가 있다는 말이다. 분명히 말하건대, 그에겐 그럴 '도덕적' 자격이 없다! 그러한 자격 문제보다 더욱 심각한 것은 김용옥 씨의 치기(稚氣)가, 진중권 씨로부터 온갖 욕을 먹어야 했을 정도로 그의 치기에 너그러웠던 나 같은 사람조차 더 이상 인내하기 어려운 수준으로까지 악화되었다는 점이다. 『문화일보』 김종락 기자와의 싸움은 그것을 드라마틱하게 보여주었다.…… 나를 놀라게 만든 건 이 싸움을 둘러싸고 네티즌들의 반응이 양분되는 양상을 보이긴 했지만 김용옥 씨를 옹호하는 쪽이 압도적으로 많았다는 사실이었다. 이건 곤란하다. 아니 위험하다.

이 정도의 설명으로도 부족하다는 말씀이신가요? 채석용 님은 "그러한 문제점들은 이미 오래 전부터 지적되어 오던 것들이다"고 말씀하시지만, 김용옥의 문제가 그의 책에서 나타나는 것과 TV 그리고 그걸 대서특필해대는 신문에서 나타나는 것과는 전혀 다르지요. 제가 그래서 '전문가의 함정'을 말씀드리는 겁니다. 자꾸 김용옥이라는 '본질'에만 집착하지 마시고 그가 행사하는 사회적 영향력과 그 성격의 차원에서 한번 봐주십사 하는 겁니다.

'훌륭한 철학자'라는 면죄부

채석용 님과 저 사이엔 '철학자'와 '엔터테이너'의 정의를 둘러싼 혼선도 있는 것 같습니다. 채석용 님은 "대중적 지지도가 낮을 때는 소수의 사람들한테 엔터테이너로서만 인식되었을 텐데 이제 대중적 지지도가 높아감에 따라 주제넘게도 민족의 장래 운운하는 철학자로서 행세하려 하니 문제라고 생각하게 된 거다"라고 말씀하셨습니다. '엔터테이너'와 '철학자'를 대비시키신 거죠? 그러나 제 뜻은 그게 아닙니다. 철학자이면서 엔터테이너일 수 있는 것이지 그게 왜 그렇게 마주보아야 하나요?

채석용 님은 철학자는 무조건 민족의 장래에 대해 말할 수 있다고 생각하시는 것 같습니다만, 저는 그렇게 생각하지 않습니다. 아니 그 누구든, 대한민국의 국민 모두가 민족의 장래에 대해 이야기할 수 있는 자유와 권리는 있지요. 저는 저의 이념적, 정치적 성향에 근거해 주장을 하는 것일 뿐 다른 사람의 표현의 자유까지 억압해야 한다는 건 결코 아닙니다. 말이야 바른 말이지, 파시스트도 자기 나름대로 민족의 장래에 대해 이야기할 권리는 있지요. 물론 저는 그 권리를 존중하겠습니다만, 저에게도 "당신에겐 그런 말을 할 자격이 없어"라고 말할 권리쯤은 있는 게 아니겠습니까? 그렇게 해서 논쟁이 이루어지는 게 아니겠습니까?

그런 차원에서 제 말씀을 이해해 주신다면, 채석용 님이 잘 지적해 주신대로, "언제나 『조선일보』에 대해 문제의식이 없었"던 사람이 민족의 장래에 대해 이야기한다는 건 좀 우습다는 거지요. 채석용 님께서도 "원칙적으로 김용옥의 지지자인 필자도 김용옥의 그러한 태도가 너무나도 밉고 안타깝다"고 말씀하셨습니다. 그럼에도 불구하고 채석용 님은 김용옥이 "여전히 훌륭한 철학자"이기 때문에 민족의 장래에 대해 말할 충분한 자격이 있다고 생각하고 계십니다. 저와 채석용 님의 차이는 바로 여기에서 비롯되는 것입니다.

민족의 장래와 관련하여 『조선일보』에 대한 문제의식이 전혀 없는 걸 가볍게 여겨도 되는 걸까요? 차라리 채석용 님이 『조선일보』의 민족관이나 대북관을 지지하신다면, 문제는 간단히 해결되는 겁니다. 각자 등을 맞대고 갈 길을 가면 되는 거지요. 그러나 제가 보기에 채석용 님은 『조선일보』의 민족관이나 대북관을 지지하시는 분이 아닙니다. 그럼에도 불구하고 채석용 님은 『조선일보』에 대해 문제의식이 전혀 없는 김용옥이 민족의 장래에 대해 말할 자격이 있다고 말씀하십니다. 왜? 그는 '훌륭한 철학자'이기 때문에 그렇다는 겁니다.

김용옥의 재능을 높이 평가하면서 그 밖의 다른 것들은 비교적 하찮은 것으로 보고자 하는 채석용 님의 포용력은 존중하겠습니다. 그러나 바로 그런 포용력에 문제가 있을 수 있다는 생각도 한 번쯤 해주시기 바랍니다.

친일파를 옹호하는 사람들 대부분이 친일파들의 재능을 높이 평가하면서 그 밖의 다른 것들은 비교적 하찮은 것으로 본다는 걸 모르십니까? 국내외적으로 위대한 철학자들 가운데엔 파시즘을 적극 옹호한 사람들도 있었습니다. 그들이 철학자로선 위대할지 모르지만 그 위대함이 민족 또는 인류가 나아갈 길을 역설할 수 있는 자격의 보증까지 의미하는 건 아닐 겁니다.

'폭력적이고 극악하기까지 한 언사?'

제가 군이 이해를 하자면, 김용옥은 수백 년 내지 수천 년 후를 내다

보는 민족의 장래를 말한 거고 『조선일보』는 기껏해야 수십 년짜리 문제에 지나지 않으니 이해해 주자는 건가요? 죄송합니다만, 저는 그렇게 못하겠습니다. 과거 친일파들도 너무 멀리 내다봐서 친일을 했던 게 아닐까요? 그러고 보니 김용옥이 친일파에 대해 문제의식이 전혀 없는 것도 너무 멀리 내다보기 때문에 그런 건 아닌지 모르겠습니다.

그러나 제가 그렇게 못한다고 해서 그게 무어 그리 큰 문제가 되겠습니까? 각자 자기 주장을 할 권리는 있는 거지요. 다만 다음과 같은 말씀은 오히려 채석용 님이 김용옥에 대한 존경과 애정에 치우친 나머지 저의 권리를 침해하는 게 아닌가 하는 생각이 들 정도로 살벌하다는 느낌을 받았다는 걸 말씀드리지 않을 수 없군요.

> 대중의 사랑을 받는 철학자로서 "우리 민족의 가치관과 나아갈 길"을 역설하지 말라는 충고를 받는다는 것은 상상할 수 없는 최악의 비난에 해당한다. 김용옥의 주장에 대중이 귀를 기울이는 것을 위험하다고까지 경고하는 강준만 님의 주장을 접하고서 필자는 사실 할 말을 잃었다. 김용옥의 천재로서의 치기를 그토록 따뜻한 언어로 달래주었던 강준만 님이 어떻게 이토록 폭력적이고 극악하기까지 한 언사를 내뱉으실 수 있는지 필자의 눈이 의심스러울 정도였다.

죄송합니다. 저는 "폭력적이고 극악하기까지 한 언사"라는 말씀을 접하고서 그냥 껄껄 웃었습니다. 이거 너무 심한 것 아닙니까? 저에 대해 일종의 배신감을 느끼신 모양이죠? 아닌게 아니라 중간에 서기가 정말 어렵다는 생각이 듭니다.

채석용 님은 〈김용옥을 어떻게 볼 것인가〉라는 제 글에서 '폭력'과 '극악'을 발견하셨습니다만, 김용옥을 싫어하는 사람들은 그 글에 여전히 흘러 넘치는 김용옥에 대한 저의 '따뜻한 언어'에 대해 펄펄 뛸 게 틀림없습니다. 특히 제가 비판한 S대 정치학과 모 교수가 펄펄 뛰겠지요. 어떻게 그렇게 김용옥에 대해 '따뜻한 언어'를 내뱉을 수 있느냐고 말입니다.

채석용 님, 전 김용옥의 모든 주장에 대중이 귀를 기울이는 게 위험하다고 말한 적은 없습니다. 김용옥이 대중매체의 이용에 관한 한 그냥 지적 엔터테이너에만 머물러 준다면 그의 주장은 매우 유익하다고 말씀드렸지요. 그러나 그가 아무리 이 나라 '최고의 철학자' 일망정 봉건적 · 보수적 세계관에 봉사할 수 있는, '우리 민족의 가치관과 나아갈 길'에 대해 역설하고 대중이 그 역설에 귀를 기울이는 건 위험하다는 겁니다. 그게 그토록 폭력적이고 극악하기까지 한 언사란 말입니까? 부디 재고(再考)해주시기 바랍니다. 감사합니다.

김용옥 엔터테인먼트의 유사종교적(類似宗敎的) 성격

채석용 님과 무관하게 김용옥과 관련하여 제가 갖고 있는 한 가지 우려를 더 말씀드리고자 합니다. 독자 이현우 님은 『월간 인물과 사상』 4월호에 쓴 〈도올 김용옥의 친일파관 비판 (2)〉에서 "강의 중간 중간 카메라에 비친, 새로운 지식에 홀린 듯, 맛이 간 듯한 일부 청강생들의 표정이 나는 범상해 보이지 않는다"고 했습니다. 이건 EBS-TV의 장삿속으로 인한 문제로도 볼 수 있겠습니다만, 제가 우려하는 건 그 '범상치 않음'이 낳는 파급 효과입니다.

김용옥의 지적 엔터테인먼트는 일종의 유사종교적(類似宗敎的) 성격을 갖고 있습니다. 김용옥이 그걸 의도하지는 않았겠지만, 그의 독특한 외모와 옷차림과 말투가 그 성격을 낳고 강화하는 데에 큰 몫을 하고 있습니다. 물론 그게 갑자기 생겨난 건 아니지요. 저는 그것까지도 그가 자기 분수만 지킨다면 엔터테인먼트로 못 봐줄 것 없다는 생각을 해왔습니다. 그러나 앞서 말씀드렸다시피, 이젠 사정이 달라졌습니다.

이윤 추구에 목을 매달고 있는 신문들은 대세(大勢)를 쫓습니다. 저는 대세에 개의치 않습니다. 저는 대세를 거스를 때엔 거슬러야 한다고 생각하고 그걸 실천에 옮깁니다. 제가 우려하는 건 신문들의 장삿속입니다. 신문들은 김용옥의 상품적 가치에만 주목하고 있습니다. 최근 나온 김용옥 관련 보도를 한 번 보십시오. 김용옥의 불교 관련 이해가 정확하니 정확하지 않으니 하면서 신문들이 앞 다투어 크게 보도하지 않았습니까?

그런 보도가 무의미하다는 게 아닙니다. 제가 말하고자 하는 건 김용옥과 관련하여 정작 제기되어야 할 문제로선 부차적인 것이라는 겁니다. 적어도 대중을 상대로 하는 신문에서는 말입니다. 그런데 신문들이 왜 그러는 걸까요? 신문들도 이미 김용옥의 지적 엔터테인먼트가 갖고 있는 유사종교적 성격을 수용하고 그 규모를 장사에만 이용하고자 하기 때문입니다. 이거 이대로 좋습니까?

제발 그런 일이 없기를 바랍니다만, 신문들은 대세가 아니다 싶으면 언젠간 무자비한 '김용옥 죽이기'에 나설 지도 모릅니다. 아니 아예 외면해버리는 게 더 잔인한 처사이겠지요. 적어도 김용옥에 관한 한 저처럼 중간에 선 사람이 가장 정확하게 김용옥을 이해하고 평가하는 것일 수도 있다는 점을 한번쯤 생각해 주시기 바랍니다. 감사합니다.

신문들의 '김용옥 죽이기'

위와 같은 내용이었다. 그로부터 정확히 1년 후, 불행히도 "신문들은 대세가 아니다 싶으면 언젠간 무자비한 '김용옥 죽이기'에 나설 지도 모릅니다"는 내 예측은 맞아떨어지고 말았다. 물론 양비론으로 보는 시각도 있다. 중앙대 철학과 교수 유권종은 〈'도올 논쟁'과 언론보도〉라는

김용옥 '노자' 강의 뭘 남겼나 "철학 보편화" 호평… 자화자찬

'학문' 선입견 깬 파격적 입담 대중에 어필

지난해 11월부터 방영돼 화제를 모았던 EBS의 교양강좌 '도올 김용옥의 알기쉬운 동양고전-노자와 21세기(월~목 밤10~40)'가 지난주 막을 내렸다.

완성도 높은 교양강좌

지상파TV에서 동양고전을 주제로 56회에 걸친 장기강좌를 기획해 시청자들을 TV 앞에 모았다는 점은 매우 바람직한 문화적인 상이다. 김씨와 답론자들의 치밀한 준비와 언술이 만들어 낸 강좌의 '완성도'는 교양강좌의 한 전범을 보여줬다.

그럼에도 지나칠 정도로 김씨 개인에 끌려다닌 듯한 이 강의에 대한 비판도 적지 않다. 특히 김씨 특유의 자화자찬은 때때로 강의의 '양념' 수준을 넘어 거의 40분 내내 지속되기도 했고, 자기 제자를 비판한 모 일간지 기자에 대한 원색적 비난으로 한 강좌를 모두 소비하기도 했다. 이에 대한 책임은 일차적으로 김씨가 감수해야겠지만, 그런 내용을 거의 그대로 방영된 책임은 아무래도 편성권을 가진 EBS가 져야 할 것이다.

김용옥의 인기비결

지난주 막을 내린 EBS '도올 김용옥의 알기 쉬운 동양고전-노자와 21세기'는 동양철학 보편화의 공신이나, 철학의 오락화 기수냐는 양극단의 평가를 받았다.

방송기간 동양철학자들의 첫 째 가는 솔선키값이었다는 것을 차치하고라도 수차로 드러난 이 프로그램의 파장은 대단했다.

EBS 프로그램들의 평균 시청률은 1%대 안팎에서 맴돌았지만 '도올의 강의'는 최고 10%에 육박했다. 평균 시청률도 6%대, 교재용으로 딸림 책다는 '노자와 21세기'는 방송기간 내내 서점가 시내 대형서점의 베스트셀러 상위권에 올랐다.

화요일 오후 녹화가 진행되는 서울 서초구 서초동 국제방송교류재단 내 아리랑TV 스튜디오에는 수용인원을 50% 이상 초과하는 300여명의 방청객이 몰려 EBS 측은 보조 의자를 마련하느라 바빴다. EBS는 도올 덕에 강의 시사 전보다 3배 이상 신장된(EBS 자체 분석) 채널 인지도를 얻었다고 판단, 지상파와 TV 4사 중 가장 먼저 상반기 개편을 단행할 정도로 자신감을 보였다.

시청자들의 폭발적 반응은 무엇보다 도올의 퍼스낼리티에 크게 의존했다는 분석이다. 동양과 서양을 쉴새 없이 오가는 거침없는 지적 상상력, '하버드대 박사'라면 때로는 고답적 논(高談峻論)의 선입견을 여지 없이 깨버리는 파격적 육두문자와 비속어, 강의 내내 랍 라이맥스 상태를 유지하는 특유의 예너지, 인기를 등에 업고 그는 연초 KBS2 TV의 간판 쇼프로인 '이소라의 프로포즈'에 나와 가수 조영남과 '비틀스'의 히트곡 '예 잇 비'를 부른 대중성, 게다가 세기의 전환기에 들어섰다는 노자의 철학을 내세운 시의성.

일각에서는 그를 두고 '학문적 심려도를 떠나 근거를 드문 엔터테이너'라고 평가하고 있다.

(이승헌기자)
ddr@donga.com

(『동아일보』, 2000년 2월 29일)

사실 도올 논쟁은 이제부터다. 도올 논쟁이 뜨거웠을 때엔 감정이 너무 앞선 주장들이 많았다. 이제 차분하게 그리고 넓고 깊게 이야기할 때다.

글에서 다음과 같이 말한다.

"'도올 논쟁'에 관한 일련의 보도 과잉은 사실 김용옥이라는 개인의 상품적 가치를 높게 평가하는 언론이 그것으로써 자신의 상품적 가치도 높이려는 것이었다. 그러므로 비판적 관점에서 볼 때 언론보도와 도올 강의는 자본주의 상업성과 이윤확보를 축으로 결합된 생태학적 공생관계에 있었다고 판단된다."[2]

그러나 아무리 김용옥과 언론이 공생관계였다고 할망정, 신문들의 도올 비판을 위한 지면 할애는 '죽이기'라고 해도 좋을 정도로 과잉이었다. 물론 가장 큰 이유는 그렇게 하는 것이 돈벌이가 된다고 판단했기 때

2) 유권종, 〈'도올 논쟁'과 언론보도〉, 『관훈저널』, 제79호(2001년 여름), 91쪽.

문일 것이다. 신문들 가운데 상업주의가 가장 강한 조중동(조선-중앙-동아)이 '김용옥 때리기'에 가장 적극성을 보인 건 결코 우연이 아닐 것이다.

몇 년 전과 비교해보면 참으로 격세지감이 아닐 수 없다. 예컨대, 김용옥은 해월 최시형에 대한 글을 『조선일보』(1993년 6월 1일)에 기고한 적이 있는데 당시 '편집자주'는 "그는 해월 최시형의 일대기를 다룬 영화 『개벽』의 시나리오를 쓴 적이 있을 만큼 이 부분에 대해 꾸준한 관심과 놀라운 통찰력을 보여왔습니다"라고 밝히고 있다. 그런데 6월 5일자 독자투고란엔 다음과 같은 반론이 제기됐다.

"이는 편집자의 지극히 주관적이고 개인적인 의견으로 생각된다. 편집자주란 본문의 이해를 돕기 위한 것이다. 이런 유의 편집자주는 오히려 독자를 오도할 우려가 있다. '연구를 꾸준히 해왔다' 정도로 족하지 않을까 한다."

듣고 보니 그렇다. 왜 『조선일보』의 편집자는 김용옥을 그토록 극찬했을까? 단지 자기 신문에 글을 기고하는 사람이라 키워주고 보자는 생각을 했을까? 꼭 그런 것 같지만은 않다. 그 기자는 김용옥을 정말 그렇게 생각했던 건 아닐까? 그런데 김용옥을 좋아했던 그 기자들은 다 어디로 갔단 말일까? 예전과 달리, TV 강의의 파장이 워낙 커 '뉴스 가치'에 압도당한 것일까?

분명히 그런 점도 있지만, 그게 전부는 아니다. 이문열과 비교해 보라. 수구 신문들이 이문열이 저지른 일련의 망언을 '김용옥 때리기'를 했던 식으로 문제 삼았더라면, 이문열이 견뎌낼 수 있을 것 같은가? 내가 장담하지만, 이문열은 그 날부터 하락의 길을 걷게 돼 있다. 물론 고정 독자들이 많아 한동안 소설을 팔 수야 있겠지만, 여태까지 그가 누려온 '문화권력'은 급격히 약화되리라는 게 내 생각이다.

그러나 이문열은 수구 신문들을 돕는 정치적 발언들을 했다. 그의 발언들은 늘 그런 식이다. 그래서 그는 늘 수구 신문들의 사랑을 받는다. 수구 신문들은 이문열의 발언이 나오자 쌍수를 들고 환영하면서 그를 '지원사격'하는 기사와 칼럼들을 대거 내보냈다. 앞서 살펴본 바와 같다. 이처럼 지식인이 가장 사랑하고 무서워하는 권력은 '신문권력'이지 '정치권력'이 아닌 것이다.

반면 김용옥은 대중매체를 이용하긴 했지만 대중매체와 거리를 두고, 즉 유착을 하지 않고 자신의 '상품성'을 근거로 '시장 논리'에 따라 이용한 것 뿐이다. 나도 너무 했다고 꾸짖긴 했지만, 그는 기자에게 호통을 치는 일도 불사할 만큼 신문에게 아첨떠는 일은 하지 않았다. 그는 그래서 당했던 것이다. 아무리 김용옥을 싫어하는 사람이라도 이 점만큼은 인정해줘야 한다.

일각엔 정치적 음모설을 제기하는 사람들도 있어서 흥미롭다. 도올이 김대중 정권을 옹호하는 발언을 자주 해 조중동이 '도올 응징'에 나섰다는 것이다. 물론 나는 이런 소문은 전혀 믿지 않는다. 나도 도올의 TV 강의를 자주 시청하면서 몇 차례 김 정권에게 도움이 될 수도 있는 발언이 나오는 걸 봤지만 그게 어색하다는 생각을 전혀 하지 못했다. 왜? 김용옥은 예전부터 그런 '끼'가 있었으니까. 그러나 김 정권에게 반감을 갖고 있는 사람들은 달리 생각할 수도 있지 않았을까? 정치적으론 보수적인 성향을 갖고 있으면서 김용옥을 열렬히 지지하는 『도올 김용옥』의 저자 박정진이 책에서 다음과 같이 말하는 걸 보고선 그럴 수도 있겠다는 생각을 하지 않을 수 없었다.

"그를 의심하는 자들은(본인이 전혀 모르고 있더라도) 혹시 현 정권의 보이지 않는 손이 은밀히 작용하고 정권합리화 차원의 들러리를 서게 한 것은 아닌지, 생각하는 것이다.…… 이런 혐의는…… 소위 '한국적 근대화'를 이룬 정신으로 높이 평가되는 '새마을 운동'을 '문화박멸 운동(culturecide movement)'이라고까지 혹평하고 박정희 군사독재를 극렬하게 규탄하는 글귀들이 많이 눈에 띈다는 점과 결부되어 상상력을 발동케 하고 있는 것 같다.…… 자신의 강의를 김대중 대통령이 본다는 것을 소개하면서 은근히 김 대통령을 추켜주는 발언을 한 적이 있다.…… 김용옥은 이 밖에도 현 정권의 소위 햇빛정책을 부추기는 발언을 하는가 하면 음으로 양으로 현 정권의 권력 핵심부를 편들어주는 유리한 말을 낳이 하는 편이다."[3]

어찌됐건, 김용옥은 신문들의 상업주의적 변덕과 탐욕에 큰 타격을 받아 TV 강의를 중도 하차하고 말았다. '김용옥 신드롬'은 일과성의 대중문화 현상으로 끝나버린 것인가? 나는 그렇지 않다고 생각하며 그래서도 안 된다고 생각한다. 사실 도올 논쟁은 이제부터라는 게 내 생각이다. 도올 논쟁이 뜨거웠을 때엔 감정이 너무 앞선 주장들이 많았다. 이제 차분하게 그리고 넓고 깊게 이야기할 때다. 그런 문제의식을 갖고 만든 이 책이 작은 도움이나마 되기를 빌 뿐이다.

---

3) 박정진, 『도올 김용옥 1권』(불교춘추사, 20001), 271-278쪽.

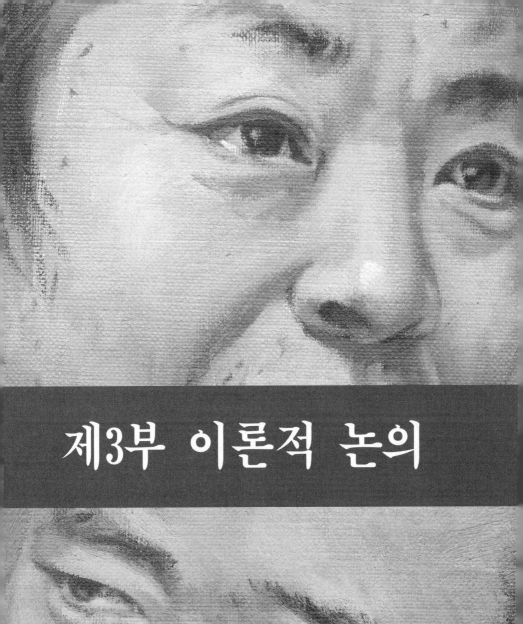

제3부 이론적 논의

문화권력과 문화특권주의

책임지지 않는 권력은 위험하다

'세속적 지식사회학' [1]을 위하여

'문화특권주의'와 '지식폭력'이라는 개념은 나의 오랜 지식사회학적 관심의 결과 나오게 된 것이다. 물론 나의 지식사회학적 관심은 매우 낮은 단계의 세속적인 관심이다. 정통 지식사회학자들은 오래 전부터 지식사회학이 세속적인 방향으로 빠져 지식사회학의 위상과 내용을 왜곡시킬 수 있다는 점을 우려해 왔다. 그러나 내가 무슨 무게를 잡고 이론적

---

1) 지식의 근원을 따지는 걸 주요 작업으로 삼는 '지식사회학'(sociology of knowledge)이라는 용어는 1920년대에 독일 철학자 막스 셸러(Max Scheler, 1874-1928)에 의해 만들어진 것이나, 오늘날 지식사회학의 원조는 모든 저작이 영어로 번역돼 세계적인 관심을 받게 된 칼 만하임(Karl Mannnheim)으로 간주하는 경향이 있다. Peter L. Berger & Thomas Luckmann, 『The Social Construction of Reality: A Treatise in the Sociology of Knowledge』(Garden City, N.Y.: Anchor Books, 1967), p. 8-9.

논의를 하는 건 아니잖은가. '지식인 탐구'를 위주로 하는 나의 작업에 대해 굳이 유형 분류를 해보자면 지식사회학의 범주에 속할 수 있다는 것이고, 나는 정통 지식사회학에 대해 매우 낮은 자세를 취하고 있는 만큼 관계자들의 너그러운 이해를 바랄 뿐이다.

그런 이해에 기대어 외람된 말씀을 하나 드리자면, 서양 지식의 식민지가 된 느낌이 없지 않은 한국에선 그런 낮은 단계의 세속적 지식사회학이 매우 중요한 의미를 갖는 게 아닌가 한다. 한국의 대학 캠퍼스는 유흥가와는 잘 연계돼 있는지 몰라도 '사회적 공론장'과는 높은 담을 쌓고 지내고 있다. 이는 대학생이 아니라 일반 대중을 대상으로 한 지식인의 강연회가 얼마나 많이 열리고 있는가를 살펴보면 쉽게 수긍할 수 있을 것이다. 한국 대학은 오직 대중매체와만 연계돼 있을 뿐이다. 그것도 '유착'이라고 해도 좋을 정도로 지나치게.

생각나는 김에 말하지만, 『조선일보』와 『동아일보』가 연세대와 고려대에서 손을 떼야 이 나라가 잘 된다. 연고대 교수들은 두 신문에 대해 자유롭게 비판을 할 수 없게끔 되어 있다. 최근의 언론개혁 논쟁에서도 수구 신문들을 옹호한 교수들 가운데 연고대 교수들이 가장 많았다는 건 결코 우연한 일이 아닌 것이다. 한국의 대표적인 두 명문 사립대학 교수들이 그런 처지에 놓여 있다는 건 매우 심각하게 생각해야 할 사회적 비극임을 분명히 밝혀둔다.

다시 진도 나가자. 그래서 한국에선 대중매체를 통해 유포되는 지식이 한국 사회 현실을 이해하는 데에 결정적인 영향을 미치고 있다. 그런데 우리는 과연 우리의 현실을 제대로 인식하고 있는가? 나의 답은 매우 부정적이다. 무엇보다도 대중매체를 이용할 수 있는 지식인의 대표성부터 크게 왜곡돼 있다. 최소한의 '검증'도 없고 '책임'도 없다. 사정이 이와 같으니 내가 낮은 단계의 세속적 지식사회학에 매달리는 건 나의 지적 능력이 낮은 탓도 있겠지만 한국의 현실이 그렇다는 게 더 큰 이유임을 알아주시기 바란다.

제대로 분노하는 법을 배우자

어찌됐건, 정통 지식사회학과 나의 작업 사이에 한 가지 분명한 공통점은 있다는 건 밝혀둘 필요가 있겠다. 그건 비판을 받는 이유 가운데 하나가 매우 비슷하다는 것이다. 미국의 사회학자 로버트 머튼은 "지식사회학은 환상이나 거짓, 기만, 허위의 껍질을 벗기는 '전문적 폭로자'이기 때문에, 너무 신랄하고 혹독할 뿐"이라고 비판한 바 있다.[2] 물론 머튼의 이러한 비판은 "인간의 사고를 막고 있는 이론 외적 요인의 작용 방식을 파악함으로써 인식의 한계를 극복하고 사고의 지평을 확대할 수 있으리라는 학문적 의도를 간과한 결과"일 뿐이다.[3]

그러나 아무리 그렇게 안심을 시켜줘도 지식사회학에 대해 불편한 심정을 숨기지 않는 사람들은 그칠 줄을 모른다. 혹 그간 누려온 '문화특권주의'가 박탈당할까봐 염려해서 그러는 사람들도 있겠지만, 무어라 설명할 수 없는 막연한 공포감 때문에 그러는 사람들도 있다. 아마도 다음과 같은 의문이 그런 두려움을 말해주는 건지도 모르겠다.

"지식의 핵심적인 신비가 벗겨질 때 영감과 힘의 원천인 지식에 대하여 우리가 가지고 있는 믿음과 확신이 날아가버리면 어쩌나 하는―표현하기는 어렵지만 그래도 어떤 사람들에게는 매우 현실적인―두려움은 어떻게 할 것인가?"[4]

일부 지식사회학자들은 전통적으로 철학자들의 영역으로 여겨졌던 과학지식의 연구에까지 침입했으며, 이러한 침입은 거센 반발을 불러일

---

2) 송호근, 『지식사회학』(나남, 1990), 39쪽에서 재인용.
3) 송호근, 위의 책, 168쪽.
4) 데이비드 블루어, 김경만 옮김, 『지식과 사회의 상』(한길사, 2000), 174쪽.

으키고 있다.[5] 나는 거기까진 모른다. 아니 정통 지식사회학에 대해서도 잘 모른다. 매우 세속적인 나 같은 사람에겐 '신비'할 것도 말 것도 없는, 조금만 관심을 가지면 너무 빤히 보이는, 한국 지식계에서 저질러지고 있는 '위선과 기만'에 대해 깊은 관심을 갖고 있고 그걸 잘 알고 있을 뿐이다.

그렇듯 큰 차이가 있음에도 불구하고, 나의 작업에 대해 쏟아지는 비판의 바탕에 깔려 있는 정서 가운데 하나는 정통 지식사회학에 대한 반감과 맥을 같이 하고 있다는 건 분명한 사실이다. 그러나 나의 작업에 대한 반감 표출은 주로 나의 글쓰기 스타일에 집중되는 경향이 있다. 이건 피차를 위해 불행한 일이다. 나의 스타일은 나라고 하는 인간의 산물인 동시에 상황의 산물이기도 하다. 내가 모든 글을 다 사납게 쓰는 게 아니다. 사나워야 할 때에만 사나울 뿐이다. 공적 문제의식을 한 개인의 스타일 문제로 환원시켜 이러쿵저러쿵 하는 것도 좋겠지만 그렇다고 그 문제의식까지 은폐시켜선 안 되리라 믿는다. 미셸 푸코에 대해 쏟아지는 비판의 대부분에 동의한다 하더라도 그의 다음과 같은 진술의 타당성까지 무시할 필요는 없을 것이다.

"나는 '정복된 지식'이라는 개념을 통하여 지금까지 사회적으로 인정된 지식의 테두리로부터 제외되어 있던 '지식외적 지식'이 무엇인지 이해할 수 있게 되었다고 믿습니다. 예를 들면 이론적인 체계가 갖추어지지 않은 지식, 또는 인식의 수준이 미흡하거나 과학성이 결여되었다는 이유로 배제되었던 지식이 그것이라 하겠습니다."[6]

그러나 사회적으로 인정된 지식의 테두리로부터 제외되어 있던 '지식외적 지식'을 다루는 건 결코 쉬운 일은 아니다. 무엇보다도 기성 지식계

---

5) 김경만, 〈옮긴이의 말〉, 데이비드 블루어, 김경만 옮김, 『지식과 사회의 상』(한길사, 2000), 344쪽.
6) 콜린 고든 편, 홍성민 옮김, 『권력과 지식: 미셸 푸코와의 대담』(나남, 1991), 115쪽.

의 반발이 워낙 강하기 때문이다. 외람된 말이나, 지금 내가 하고 있는 작업에 대한 가장 강한 반발도 바로 그런 사정과 무관하지 않다.

내가 역설하고자 하는 한국에서의 '세속적 지식사회학'은 무슨 대단한 학문적 능력을 필요로 하는 일이 아니다. 그건 정당한 분노를 필요로 하는 일이다. 그러나 많은 사람들이 그렇게 감정적으로 대응하면 안 된다고 주장하고 또 더 많은 사람들이 "맞아. 감정은 나빠!" 하고 고개를 끄덕인다. 그러나 과연 그런 건가? 신영복의 다음과 같은 반론은 어떤가?

"감정을 이성과 대립적인 것으로 인식하고 이성에 의하여 감정을 억제하도록 하는, 이를테면 이성이라는 포승으로 감정을 묶어버리려는 시도를 종종 목격합니다. 이것은 대립물로서의 이성을 대립적인 것으로 잘못 파악함으로써 야기된 오류입니다. 감정과 이성은 수레의 두 바퀴입니다. 크기가 같아야 하는 두 개의 바퀴입니다. 낮은 이성에는 낮은 감정이, 높은 이성에는 높은 감정이 관계되는 것입니다. 일견 이성에 의하여 감정이 극복되고 있는 듯이 보이는 경우도 실은 이성으로서 감정을 억누르는 것이 아니라 이성의 높이에 상응하는 높은 단계의 감정에 의하여 낮은 단계의 감정이 극복되고 있을 따름이라 합니다."[7]

그렇다 하더라도 분노는 여전히 나쁜 건가? 그렇지 않다. 철학자 이왕주의 다음과 같은 말을 믿는 게 좋겠다.

"내 경험으로 말하자면 분노는 결코 맹목이 아니다. 그것도 판단하고 선택하고 용납하고 거부한다. 그러니 분노하지 않는 법을 배울 게 아니라 제대로 분노하는 법을 배워야 한다."[8]

그렇다. 제대로 분노하는 법을 배워야 할 것이고, 내게도 제대로 분노

---

7) 신영복, 『감옥으로부터의 사색』(돌베개, 1998), 239쪽; 박형준, 〈안티조선운동은 왜 존재하는가〉, 『월간 인물과 사상』, 2001년 9월, 170–171쪽에서 재인용.
8) 이왕주, 『쾌락의 옹호』(문학과지성사, 2001), 43쪽.

한 건지 그걸 따져줘야 할 것이다. 나는 한국 사회의 '문화특권주의'와 '지식폭력'에 분노한다. 이게 과연 제대로 된 분노인지 독자 여러분들의 심판을 기대하는 것이다.

권력이동과 지식권력의 책임

나는 최근 『페니스 파시즘』(개마고원)이라고 하는 책에 실린 〈'진보상업주의'와 '문화특권주의' : '박남철—반경환 사건'과 백낙청에 대해〉라는 글을 쓰면서 '문화특권주의' 개념을 소개한 바 있다.

인하대 철학과 교수 김진석은 "문화권력은 정치경제적 세력처럼 거대하지도 추하지도 않고 거친 폭력을 행사하지도 않는다"고 말했는데,[9] 나는 이 말에 주목하면서 그렇게 '겉'만 아니라 '속'까지 볼 것을 제안하면서 '문화특권주의'라는 말을 사용했다. 여기서 그 개념을 좀더 자세히 논의해보기로 하자.

대부분의 지식인들이 '권력이동'에 동의한다. '지식권력'이 새로운 강한 권력으로 부상했다는 걸 인정하지 않을 사람은 없을 것이다. 그러나 그것뿐이다. 그것만 강조할 뿐 그 만큼 지식권력의 책임이 무거워졌다는 건 생각하지 않으려고 한다. '지식인'이 아닌 '지식권력'의 책임 말이다.

독일의 철학자 하버마스는 지식인을 "자기 개인에 관계 있는 것만 아니라 그 외의 일에 대한 권한이 없으면서도 책임을 느끼는 사람"이라고 했지만,[10] 그건 지나치게 사치스러운 정의다. 자기 개인에 관계가 있는 것에 대해서도 책임을 지지 않으려는 게 거의 상식처럼 통용되고 있기

---

9) 김진석, 〈안티조선, 의의와 쟁점: 권력비판의 방식들, 단절 혹은 느슨한 연대 속에서〉, 『사회비평』 2000년 겨울호, 41쪽.
10) 지명관, 〈퇴장하는 지식인〉, 계간 『열린지성』, 제3호(1997년 겨울), 306쪽에서 재인용.

때문이다.[11]

물론 이건 꼭 우리 나라에서만 그런 건 아니다. 미국의 경영학자이자 미래학자인 피터 드러커의 다음과 같은 말은 '지식권력'에 대한 책임이 아직 서구 사회에서도 비교적 생소한 개념이라는 걸 말해준다.

"역사상 지식인들이 권력을 보유한 적은 없었다 -- 적어도 서양에서는 그랬다. 그들은 장식물이었다.…… 그러나 오늘날 지식은 권력을 보유하고 있다. 지식은 사회적 지위로 올라갈 수 있는 기회를 제공하고, 또한 더욱 높은 사회적 지위로 올라갈 수 있는 기회를 제공한다.…… 권력과 부는 책임을 동반한다. 많은 지식을 갖고 있다는 것이 곧 지혜롭다는 것을 의미하지는 않는다. 그러므로 지식인들이 자신이 책임을 지고 있다는 사실을 스스로 깨닫지 못한다고 해서 그리 놀랄 만한 일은 아니다. 그들이라고 해서 권력을 쥐고 있는 다른 사람들과 하나 다를 것이 없기 때문이다. 더구나 그들은 순전히 자신들이 소유한 지식 덕분에 사회적 지위와 권력을 손안에 넣었다고 믿고 있다. 또한 자신들의 의도는 순수한 것이기 때문에 달리 정당성을 인정받을 필요도 없다고 생각한다.…… 그러나 지식인들 역시 결국은 권력에는 책임이 따른다는 사실, 즉 그들이 지식에 의해 획득한 권력은 오직 책임을 통해서만 정당화될 수 있다는 사실을 깨닫게 될 것이다."[12]

그러나 '지식권력' 개념의 원조는 한국으로 보아야 할 것이다. 우리

---

11) 그리고 말이야 바른 말이지 하버마스가 말하는 식의 거창한 책임은 오히려 지기 쉬운 것이다. 어떤 공적 이슈에 대해 분노하고 개탄하고 자신의 무력함을 원망하는 글 몇 줄 쓰면 되는 것이다. 누가 지식인을 감옥에 보내겠는가, 돈을 내놓으라고 하겠는가? 그런 경우엔 책임을 지겠다고 나서면 오히려 칭찬받을 게다. 하버마스처럼 괜히 뻥치는 이야기하지 말고 쉽게 생각해야 한다. 내가 여기서 말하고자 하는 책임은 이문열의 경우처럼 근거도 없는 망언을 일삼으면서 계속 한국의 대표적인 소설가 위상을 누려도 되느냐 하는 종류의 것이다. 그런 최소한의 도덕성과 아울러 '앎과 삶의 일치'와 '언행일치'의 문제를 제기하고자 하는 것이다.
12) 피터 드러커, 이재규 옮김, 『이노베이터의 조건: 어떻게 스스로를 혁신할 것인가』(청림출판, 2001), 314-316쪽.

가 자꾸 서양 학계만 쳐다볼 게 아니라 우리 눈으로 우리의 현장을 탐구해야 할 이유가 바로 여기에 있다. 한국에서 '지식권력'은 '지식폭력'으로 불려도 좋을 만큼 역사적으로 막강한 위상을 점해 왔다. 물론 '지식권력'을 가진 사람들은 그걸 인정하는 데에 대단히 인색하다. 왜? 한국 사회에선 '권력'이라는 말이 워낙 부정적으로 사용되어온 역사가 있기 때문이다.

'문화권력'에 대한 알레르기 반응

역사는 잠깐 제쳐놓고 이야기해보자. 한국의 '문화권력(지식권력 포함)'들은 악착 같이 자신이 '문화권력'이 아니라고 잡아떼는 경향이 강하다. 겸손해서 그러는 걸까? 천만의 말씀이다. 그 의미가 긍정적으로 사용된 경우라면 그렇게 잡아떼는 것이 바람직할 수도 있을 것이다. 그러나 부정적 의미로 사용된 경우라면 자신이 행사하고 있는 권력을 과대평가하는 것이 겸손한 것임을 알아야 할 것이다.

'문화권력'은 부정적인 의미인가? 그렇진 않다. 물론 세간에서는 부정적인 의미로 많이 쓰지만 나는 그걸 가치 중립적인 개념으로 사용한다. 경희대 교수 도정일의 경우 진보적인 자세를 취하면서도 '문화권력'이라는 개념에 대해선 알레르기 반응을 보이는데, 이는 아마도 그가 "외국에 없으면 한국에도 없다"는 식의 발상을 하고 있기 때문이 아닌가 생각한다. 물론 그런 생각은 존중하겠지만, 그가 '지적 미숙아' 운운하는 언어 폭력을 행사한 건 지나쳤다고 생각한다. 『뉴스메이커』 2001년 7월 26일자 기사를 인용한다.

도정일 경희대 교수는 문화권력은 "지극히 한국적인 조어일 뿐"이라고 잘라 말한다. 외국에서는 지식인을 도마 위에 올릴 때 '급진이냐 자유

(『한겨레21』, 2001년 7월 19일)

스스로 비판하고, 비판을 환영함으로써 권력의 부작용을 최소화하지 않으면, 권력의 부작용은 제거할 수 없다.

냐 보수냐' '좌파냐 우파냐' '사회참여파냐 제도권 안일주의냐' '진보냐 보수냐' 하는 식으로 따진다고 한다. 도 교수는 "외국에서 문화권력(Culture Power)이란 단지 '문화의 힘'을 의미한다"며 "우리 나라의 문화권력이란 의미는 외국에서는 정확하게 '문화권위(Culture Authority)', 혹은 '문화자본(Culture Capital)'으로 쓰고 있다"고 말했다. 그는 "진보든 보수든, 좌파든 우파든 합리적 지성이든, 문화적으로 일정 정도의 성과를 거두면 무조건 문화권력이라는 부정적 용어로 몰아붙이는 것은 한국 사회가 지적 미숙아라는 것을 시인하는 꼴"이라고 덧붙였다.[13]

물론 나는 그렇게 생각하지 않는다. 우리가 '문화권력'이라는 개념을 서양으로 수출하면 큰 일 나? 그렇게 신경질부터 낼 생각하지 마시고 차분하게 내 말씀 좀 들어보시기 바란다. 일단 '문화권력'이라는 개념을 부정적으로 보는 시각부터 버릴 일이다. 이문열의 다음과 같은 의문도 '문화권력' 개념을 제대로 이해하지 못한 무지의 소치라는 것이 나의 생각이다.

"내 이름과 평판이 힘으로 작용해 사회적 영향력을 발휘하는 것을 두고 문화권력이라고 한다면 부인할 수 없을 것이다. 그런 소박한 의미의 권력은 다른 소설가들도 갖고 있을 것이다. 강준만 씨가 말하는 것이 그런 의미의 문화권력이라면, 강준만 씨 자신도 문화권력이다."[14]

이문열 특유의 '물타기 수법'은 알아줄 만하다. 나는 아무리 열심히 떠들어대도 신문에 단 한 줄도 안 나오더라. 그런데 이문열이 떠들면 조중동이 전면 인터뷰에 수구 지식인들까지 총동원해가면서 이문열을 위한 지원사격을 해준다. 덩달아 이문열을 주제로 TV 토론까지 열린다. 이문열로부터 '나치의 요제프 괴벨스' 같다는 평가를 받은 방송사가 그러는 걸 보면 아무래도 이문열이 크게 잘못 생각했었던 것 같다. 게다가 이문열은 그 '괴벨스'와 전화 인터뷰까지 했으니, 이건 좀 해도 너무 하는 것 아닌가?

---

13) 노만수, 〈반박과 재반박 속에 이론적 진화〉, 『뉴스메이커』, 2001년 7월 26일, 58면.
14) 이문재, 〈시사저널 인터뷰/소설가 이문열: "내 기본 골격은 양비론이다"〉, 『시사저널』, 2001년 7월 26일, 30면.

'열린 권력'과 '닫힌 권력'

어디 그뿐인가. 이문열의 일거수일투족은 모두 뉴스가 된다. 그가 개인적으로 운영하는 문학사숙인 '부악문원'이 문을 열자 조중동은 일제히 대서특필해댄다. 〈"후배 기르며 창작집념 불태운다"〉,[15] 〈"궁핍한 젊은 날의 초상 후배에 물려줄 수 없어"〉,[16] 〈'차세대' 기르며 '창작 불씨' 지핀다〉[17] 등의 기사 제목에서 엿보이듯 찬사 일변도다. 또 부악문원이 사람을 모집하면 『조선일보』가 〈월말까지 4기 지망생 모집〉[18]이라는 제목의 기사로 때려주고 졸업생이 나오면 『동아일보』가 큰 사진까지 박아 〈이문열 문학사숙 첫 졸업생 배출〉[19]이라는 기사로 때려준다. 자신이 언제든지 마음만 먹으면 어떤 주제로건 조중동에게 큰소리 쳐가면서 칼럼을 기고할 수 있는 이문열이 겨우 나 같은 사람을 끌어다대면서 '물타기'를 하는 게 온당하냐 이 말이다.

그래 이문열 말마따나, 나도 문화권력이다. 몇천 부 짜리 주간신문도 '신문'이고 이문열이 들러붙은 조중동도 '신문'이긴 마찬가지다. 그런데 그렇게 비교해가면서 조중동이 면책되려는 시도를 하는 게 온당할까? 거대권력과 들러붙지 않고 '홀로 서기'를 한다는 점에서 나라고 하는 '문화권력'이 훨씬 더 아름다운 면은 있겠지만, 이문열이 그걸 지적하려고 했던 건 아니잖은가. 좋다. 비슷한 힘을 가진 문화권력이라고 가정해주자. 내가 무엇이 문제인지 이론적으로 말씀드리겠다.

권력은 반드시 부패하게 돼 있다. 그래서 권력은 무조건 악(惡)이라고

---

15) 『조선일보』, 1998년 1월 15일, 21면.
16) 『중앙일보』, 1998년 1월 20일, 40면.
17) 『동아일보』, 1998년 1월 12일, 15면.
18) 〈이문열 문학사숙 '부악문원' 월말까지 4기 지망생 모집〉, 『조선일보』, 2001년 1월 15일, 21면.
19) 윤정훈, 〈이문열 문학사숙 첫 졸업생 배출〉, 『동아일보』, 2001년 1월 16일, A18면.

주장하는 사람들도 많다. 그러나 나는 생각을 달리 한다. 권력은 반드시 부패하게 돼 있지만 또 반드시 존재할 수밖에 없다는 점에 주목해야 한다고 생각한다. 권력은 무조건 악이라고 공격하면 최악의 권력만 살아남는다는 걸 알아야 한다.

나는 '열린 권력'이라는 개념을 주장하고 싶다. 스스로 비판하고 비판을 환영함으로써 권력의 부작용을 최소화하는 권력을 지향하자는 것이다. 달리 말씀드리자면, 권력의 부작용을 완전히 제거할 수 있는 유형의 권력은 존재할 수 없다는 걸 인정하자는 것이다. 권력은 무조건 악이라는 주장은 최악의 권력에 봉사하는 어리석은 자해 행위임을 알아야 할 것이다.

나는 '열린 권력'이다. 이문열은 '닫힌 권력'이다. 거대 권력에 기생하는 '기생(寄生) 권력'이다. 그래서 그는 논쟁에 임하지 않는다. 늘 '급'과 '격'을 따진다. 익명으로 '뒤통수 때리기' 수법을 즐겨 쓴다. 누가 자기를 비판하면 그 이유에 대해 늘 한다는 소리가 "센 놈을 씹으라"라는 말이 있지 않느냐며 스스로 자기가 세다고 주장하는 골수 반(反)민주주의자다.[20]

어디 그뿐인가? 앞뒤가 전혀 맞지 않는 자기 모순도 수두룩하다. 그러나 이문열은 개의치 않는다. 조중동과 유착돼 있기 때문이다. 그래서 이문열이라는 '문화권력'이 문제가 되는 것이다. 이건 그의 주장에 대한 가치 판단을 배제하고 드린 말씀이다. 왜 자신이 문제가 되는지 이젠 아시겠는가? 더 큰 문제는 그가 '문화권력'으로서 행사하는 주장의 내용이다.

---

20) 박종주, 〈와이드 인터뷰/ '권언전쟁' 와중에서 '곡학아세' 공격받은 이문열〉, 『월간중앙』, 2001년 8월, 94쪽.

이문열이 언어폭력을 저지르는 10가지 이유

이문열은 자주 뜨거운 정치적 발언으로 세인의 입에 오르내린다. 아니 오르내리는 정도가 아니다. 노골적인 언어폭력으로 많은 사람들을 분노케 한다. 소설가로선 더 바랄 게 없을 만큼 대성공을 거둔 이문열이 그렇게 논란을 만들어내는 이유는 과연 무엇일까? 모든 가능성을 탐색해보기로 하자. 이론적으로 다음과 같은 10가지 답이 가능하지 않을까?

첫째, 지식인으로서 자신의 양심과 신념에 따른 애국충정이다. 둘째, 과거 독재정권에 호의적이었던 자신의 과거에 대한 정당화 전략이다. 셋째, 자신을 키워준 수구신문들에 대한 보은(報恩)이다. 넷째, 그런 보은과 더불어 "문학권력의 자궁은 신문이다"는 원칙에 따른 미래에 대한 투자다. 다섯째, 양반의 후예로서 소설가가 된 것에 대해 조상들께 죄스러워하는 마음 때문에 갖게 된 "어떻게 해서든 정치에 영향을 미쳐야 한다"는 강박증이다. 여섯째, 그런 강박증과 더불어 늘 대선만 가까워오면 도지는, 자신도 어찌할 수 없는 정치중독증이다. 일곱째, 최근 자신의 소설 판매의 부진에 따른 고차원적인 '판촉 전략'이다.[21] 여덟째, 그간 느

---

21) 『월간중앙』 기자 박종주는 "근래 들어 부쩍 심화되고 있는 문학시장의 침체는 가장 잘 팔리는 작가인 이문열에게도 강 건너 불이 아니다. 지난해 펴낸 신작장편 『아가』의 판매성적표가 그것을 말해준다. 『아가』는 지금까지 14만 부가 팔려나갔는데, 그의 작품의 부수가 20만 권 이하로 떨어진 것은 지난 1982년의 『미로일지』 이후 처음이었다"고 말하면서 이문열에게 "문학시장의 침체 현상을 생각하면 그래도 많이 나간 것 아닙니까"라는 질문을 던졌다. 이문열은 다음과 같이 답했다. "지난해 그 정도 판매된 책이 20권이 채 안 된다고 하지만, 나한테는 굉장히 불만스러운 성적표였습니다. 그러나 『아가』의 부진보다 1999년에 완간한 『변경』이 더 쓰라려요. 『변경』은 10년의 세월과 내 문학적 자산을 투자했고, 작가의 주관적 만족도도 결코 떨어지지 않았던 작품입니다. 12권이라는 분량도 쉽게 무시할 것은 아니고……그런데 독자의 반응은 솔직히 실망스러웠습니다. 대하(大河) 시대가 지나가서인지 기대한 만큼의 주목을 받지 못했어요. 아직 40만 권을 넘기지 못했을 걸요. 가까운 날에 마무리 부분의 급하고 거친 면을 다시 손을 봐서 독자한테 다시 한번 묻고 싶은 생각이 있습니다." 박종주, 〈와이드 인터뷰/ '권언전쟁' 와중에서 '곡학아세' 공격받은 이문열〉, 『월간중앙』, 2001년 8월, 99~100쪽.

순해진 수구 기득권 세력의 자신에 대한 지지를 강화하기 위한 전략이다. 아홉째, 불행했던 과거로 인해 갖게 된 세상에 대한 원망을 '성공 이데올로기'로 바꾸면서 파생된 치열한 대결 의식이다. 열째, 어떻게 해서든 큰 사회적 논란을 불러일으켜 자신이 그 한가운데에 서야만 한다는 '대인(大人) 콤플렉스'다.

이문열이 위 10가지 가운데 도대체 어떤 이유들 때문에 '나치'니 '홍위병'이니 하는 극언들을 쏟아놓은 것인지 정확히 알기는 어렵다. 나는 여러 이유가 복합적으로 작용했을 것이라 믿는다. 세상 웬만큼 산 분이라면 알겠지만, 우리가 어떤 중요한 행동을 취할 때 그 행동의 이면에 깔린 이유는 꼭 한 가지가 아니다. 직접적이거나 간접적인, 표면적이거나 근본적인, 단기적이거나 장기적인, 서로 다른 여러 유형의 이유들이 동시에 작동하는 것이다.

그런데 내가 몹시 궁금하게 생각하는 것은 '이유'라기보다는 '책임'에 관한 것이다. 이문열은 자신의 극언이 '곡학아세'라는 비판에 대해 "정치인의 잣대로 문화인을 폄하하지 말라"고 항변한다. 우리는 이 말에 주목할 필요가 있다. 이 말은 몇 가지 전제를 내포하고 있기 때문이다. 문화인은 정치인에 비해 도덕적 우월성을 갖고 있으며 정략적이지 않다는 의미가 숨겨져 있는 게 아닐까? 그런데 과연 그런가?

앞서 말씀드렸다시피, 의외로 많은 사람들이 문화권력은 정치경제적 권력처럼 거대하지도 추하지도 않고 거친 폭력을 행사하지도 않는다는 이유로 똑같은 잘못을 저질러도 정치경제적 권력에겐 혹독한 응징을 요구하면서도 문화권력에겐 매우 관대한 경향이 있다. 그러나 그게 언제적 이야긴가? 나는 이와 같은 '문화특권주의'가 한국 정치를 망치는 주범 가운데 하나라고 생각한다.

정치경제적 권력에겐 '책임'이라는 게 있다. 대통령도 재벌 회장도 그 책임으로부터 자유롭지 못하다. 그러나 문화권력에겐 도무지 책임이라는 게 없다. 이들이 여론에 미치는 영향력에 있어선 정치경제적 권력을 능가한다는 점을 생각하면 이건 이만저만 심각한 문제가 아니다.

이문열은 순수한 애국충정에서 문제의 발언을 했을 수도 있고 다른 뜻으로 그 발언을 했을 수도 있다. 그러나 십수 년 전부터 그가 해온 모든 정치적 발언들을 주도면밀하게 관찰해 온 나로서는 우리 사회에 문화권력도 책임지는 풍토가 조성돼 있다면 이문열이 지금과 같은 문화권력으로 행세할 수 없었으리라는 결론을 내리지 않을 수 없었다.

'책임'을 모르는 '문화특권'

어찌 이문열뿐이랴. 최근 수구신문들을 열심히 옹호한 지식인들이 많다. 이들의 사전에 '책임'이라는 단어가 있다면 과거에 자신이 했던 발언들을 스스로 뒤집는 '쇼'를 그렇게 천연덕스럽게 저지르지는 못했을 것이다. 우리는 정치인들보다 전혀 나을 게 없는 지식인들에 대해 언제까지 지금과 같은 '문화특권'을 허용해야만 하겠는가?

한국의 지식인들이 누리고 있는 '문화특권'은 실질적 근거가 박약한, 부당한 것이므로 그걸 계속 누리기 위해선 지식계가 정치판을 닮지 않을 수 없다. 사회학자 김동춘은 이 점에 대해 다음과 같이 말한다.

"우리의 대학교수 집단은 경제적으로는 그렇지 않을지 모르나 사회에서 어떤 세력으로부터도 도전받지 않는 특권층 중의 특권층이다. 전문직업 집단인 변호사 집단이나 의사 집단만 하더라도 자체의 직업 조직이 있어서 자정(自淨) 노력을 하면서 스스로의 직업 윤리를 세우기 위해 노력하고 있다. 그러나 대학은 학생으로부터도, 그리고 아직 진입하지 못한 아웃사이더(시간강사)들로부터도 도전받지 않으면서 특권을 향유하고 있다.…… 더 심각한 것은 우리 대학에서는 비판이 없고 논쟁이 없다는 점이며 대학을 움직이는 논리가 학문적인 논리가 아닌 정치의 논리와 경제의 논리라는 점에 있다. 우리의 정치가 그러하듯이 자신의 사상과 입장을 세우는 것이 상당한 위험부담을 안고 있는 한국의 현실에서 박사과정생들이나 젊은 학자들이 선배들과 충돌할 소지가 있는 주장을 내세울리 없고, 수입한 이론의 권위에 기대는 것만이 가장 안전한 길이 될 수밖에 없다."[22]

물론 이런 주장에 대해 반감을 표하는 교수들이 많으리라 믿는다. "요즘 '업적평가' 다 뭐다 해서 얼마나 시달리고 있는데 그런 말이냐?"고 신경질을 낼 교수들이 많을 것이다. 그리고 경제적 보상이 대학별로 차이가 커 일부 대학들의 경우 정말 박봉에 시달리는 교수들도 많다는 걸 안다. 그런데 •잘 아시겠지만 교수들은 사회비판엔 능한 사람들이다. 그러한 사회비판의 정당성 확보 차원에서라도 교수는 '자기 비판'에 더 엄중해야 할 것이다. 그리 이해해 주시리라 믿고, 이번엔 프리랜서 조병준의 교수 비판을 소개하고자 한다. 그는 다음과 같이 말한다.

"머리 좋고 똑똑한 친구들은 백이면 백 다 대학에 뼈를 묻으려 한다. 피아니스트도, 서양화가도, 무용가도, 소설가도, 여배우도, 분야를 가릴 것 없이 다들 대학 교수 타이틀을 따려 한다. 월급 보장되지, 바깥 수입 늘어나지, 누가 감히 그 유혹을 거절할 것인가. 그런데 대학 물먹은 사람은 누가나 다 알다시피, 우리의 대학이야말로 최악의 거대 조직이 아닌가. 정당 말고 대학처럼 정치가 판치는 영역이 또 어디에 있으며, 경로당 장기 말고 대학의 변화처럼 느려터진 현상이 또 어디에 있으며, 군대 말고 대학처럼 '하극상'에 대해 비분강개하는 집단이 또 어디에 있는가. 정치 만발, 변화 거부, 상명 하복 조직의 생존율이다. 거기에서 교육받고, 거기에 적극 찬동하여 그 안에 뼈를 묻기로 결심한 사람들이 대한민

---

22) 김동춘, 〈한국의 지식인들은 왜 오늘의 위기를 읽지 못했는가〉, 계간 『경제와 사회』, 제37호(1998년 봄), 175쪽.

국의 문화와 예술을 지배한다. 창의력과 상상력이 넘치는 문화와 예술이 나오기는 물론 불가능하다."[23]

'비판'을 부정하는 김병익

교수들이 가장 심하기는 하지만 교수들만 그러는 건 아니다. 한국의 지식권력은 현재 자기들이 누리고 있는 특권을 도전 없이 향유하기 위해 비판을 금기시하고 모두 다 화기애애하게 지내야 한다는 이론을 퍼뜨리고 그걸 실천에 옮기기에 바쁘다. 바로 이런 '화기애애 이데올로기'가 지식권력의 특권을 유지시켜주는 안전판 기능을 하고 있는 것이다.

예컨대, 한국 문단의 거물인 '문학과지성사'의 김병익을 살펴보자. 그는 아예 '비판'의 가치를 부정하는 대담한 분이다. 물론 늘 비판 대신 칭찬을 하자는 게 그의 신조다. 그가 한국의 대표적인 '문학권력'으로서 장기집권을 누려온 것도 바로 그런 처세술에 힘입은 건 아닐까?

물론 너무 심한 말이긴 하다. 사회 원로에 대한 예의가 아니라는 것도 안다. 이렇게 말하는 나도 김병익의 개인적 기질에 따른 선의도 얼마든지 이해할 수 있다. 그러나 사회적으로 큰 영향을 미칠 수 있는 사람은 아무리 선의로 한 말이라도 자신의 발언이 미칠 수 있는 사회적 파급력에 대해 무서운 책임을 져야 한다는 것이 내 생각이다. 나의 비판은 그런 차원에서 이해해 주시면 고맙겠다.[24] 다시 진도 나가자. 김병익은 1998년에 나온 『김병익 깊이 읽기』에서 다음과 같이 말한다.

23) 조병준, 〈프리랜서 또는 '뛰는 팝콘'을 위하여〉, 『한국의 지식게릴라: '현대사상' 특별 증간호』(민음사, 1999), 70-71쪽.
24) 강준만, 〈체질은 사상과 원칙을 압도하는가?: '문화권력' 김병익의 지나친 겸손과 직무유기〉, 『인물과 사상 11: 우리 마음속의 권위주의체제』(개마고원, 1999), 53-88쪽을 참고하여 주시기 바랍니다.

"몇 해 전, 고인이 된 동료와 공동의 저서를 냈던 한 연구자가 생시의 그 동료의 글과 번역에서 잘못된 부분을 아주 긴 글로 들춰낸 것을 보고서는, 아, 저런 정력이 있다면 자신의 연구 성과를 내는 데 보다 노력했더라면 그 자신과 우리 문학을 위해 얼마나 생산적이었을까 하고 탄식한 적이 있었다."[25]

이게 도대체 상식적으로 말이 되는 소린가? 이건 사업가의 처세술일 수는 있어도 문인의 비판관일 수는 없는 거다. 그러나 중요한 건 그가 그런 비판관을 당당하게 역설하면서도 한국 문단의 거물로 군림해 왔다는 사실일 것이다. 그래서 그는 2000년에도 다음과 같이 또 한번 당당하게 말할 수 있지 않았을까?

"할퀴는 비평이 너무 많아요. 어떤 작품의 부정적인 측면, 잘못된 측면을 꼬집기 위해서 비평을 한다는 것은 참 무모한 작업이고 낭비적인 일이죠. 그건 의미화가 아니라 의미 파괴 작업인데, 그러한 일은 문화적인 작업이 아니라고 봅니다."[26]

한마디로 이야기해서, 참으로 희한한 주장이 아닐 수 없다. 김병익이 생각하는 '문화'란 과연 무엇일까? 비판은 반(反)문화적이라는 걸까? 그러나 내가 보기엔 김병익의 발언이야말로 상호 소통과 성찰을 부정한다는 점에서 반(反)문화적인 주장이다. 문학평론가 권성우의 다음과 같은 평가에 동의하지 않을 수 없다.

"어떤 작품의 부정적인 측면을 얘기하는 글쓰기가 어떻게 그대로 낭비적이며 의미 파괴적인 행위로 연결될 수 있는 것일까? 제대로 된 부정과 비판 없이, 치열한 전복적 상상력 없이, 어떻게 한 주체가 근원적인 자기 갱신과 자기 성찰의 계기를 부여받을 수 있겠는가?…… 비민주적인

---

25) 성민엽 엮음, 『김병익 깊이 읽기』(문학과지성사, 1998), 61쪽.
26) 김병익·김동식 대담, 〈4·19 세대의 문학이 걸어온 길〉, 『작가연구』, 2000년 여름호; 권성우, 『비평과 권력』(소명출판, 2001), 106쪽에서 재인용.

문화와 독재적인 정치권력에 대해서 예리한 비판의 칼날을 들이대었던 김병익이 지금 이 시점에서 비판적 글쓰기를 노골적으로 폄하하는 이유는 무엇일까?"[27]

김병익의 개발독재식 문학관

그렇다. 김병익은 자신의 변화 이유에 대해 밝혀야 할 것이다. 1970년대엔 비판을 찬양했지만 오늘날엔 어떠어떠한 이유로 경멸한다거나 하는 식의 입장 표명이 있어야 마땅하다. 김병익은 1970년대에 비판을 어떻게 찬양했던가? 그가 『문학과 지성』 1971년 여름호에 쓴 〈지성과 반지성〉이라는 글을 살펴보기로 하자.

지금은 극우를 넘어서 유사 파시스트에 근접한 전 총리 노재봉이 당시 정치학자로서 제 정신을 갖고 있을 때에 『문학과 지성』 창간호에 〈한국의 지성풍토〉라는 글을 기고한 바 있다. 이 글은 한국에 진정한 지성과 그것이 활동할 토양이 이루어지지 못하고 있음을 지적한 것이라고 한다. 그런데 양동안이라는 사람이 『정경연구』 1970년 12월호에 기고한 〈지식인의 자기 모멸 행위에 대한 비판〉이라는 제목의 글을 통해 "자기를 제외한 한국의 지식인들에게 결코 마땅하다고 할 수 없는 그와 같은 비난을 가한 것은 동료 지식인을 배반한 비열한 행위"라고 비판했다는 것이다. 이런 공방을 소개하면서 김병익은 노재봉의 비판을 옹호하고 있다.[28]

김병익은 『문학과 사회』 1994년 겨울호에 쓴 〈지식인에 대한 몇 가지 단상〉이라는 제목의 글에서도 1970년대 지식인들의 비판 행위에 이의를 제기하면서도 그 가치를 인정하고 있다. 그는 경부고속도로 건설을 맹렬

---

27) 권성우, 『비평과 권력』(소명출판, 2001), 107-108쪽.
28) 김병익, 『지식인됨의 괴로움』(문학과지성사, 1996), 209-210쪽.

히 비판했던 지식인들의 반대가 과연 옳은 것이었는가 하는 의문을 제기하면서도 그러한 비판의 가치를 다음과 같이 인정하고 있다.

"그(박정희)를 비판·반대하던 지식인들의 주장이 오류였을 수도 있지만, 그렇다고 해서 그 비판과 반대가 무용한 것이 아님은, 그 비판과 반대를 통해 권력과 지식인간에 조성되는 긴장감이 권력만이 아니라 국민 전빈에 인식의 계몽을 유발하는 효과가 일어나는 것이고, 더욱이 지식인은 그 비판에 지식인의 독자적인 기능이 있는 것이지 정책과 국가 관리의 책임을 지고 있는 존재가 아닌 때문이다."[29]

그렇게 비판의 가치를 인정하는 분이 어쩌자고 그렇게 비판을 폄하하는 발언을 하는 건가? 혹 김병익은 사회비판과 문학비평은 다르다고 주장할까? 그러니까 사회에 대해선 비판이 필요하지만 문학작품에 대해선 칭찬만 해야 한다는 걸까? 그렇다면 이거야말로 내가 이 책에서 규탄해 마지않는 '문화특권주의'가 아니고 무엇이랴. 아니 그건 그렇다 치더라도 앞서 누우이 이야기했지만 비판 없는 발전이 어찌 가능하단 말인가?

나는 김병익이 독재적인 정치권력과 싸울 때엔 가진 게 없는 '문학청년'이었던 반면 이젠 가진 게 많은 기득권 세력이 되었기 때문에 그런 변화가 일어났을지도 모른다고 생각한다. 이건 매우 흔한 일이라 놀랄 게 전혀 없지만, 김병익의 주장은 전형적인 '지식폭력' 멘탈리티에 다름 아니라는 건 지적해야겠다. 비판은 전혀 없이 일방적으로 '의미화'만 진행하고 그걸 유통되게 만들면서 권위만 누리려고 한다는 점에서 말이다. 싸우면서 닮아간 건가? 김병익의 주장은 일체의 비판과 회의 없이 무조건 열심히 축적하면 된다는 개발독재식 문학관이다. 좋은 게 좋다는 식의 처세 만능주의적 문학관이다.

다시 말씀드리지만, 지나친 표현이라고 욕하지 마시기 바란다. 나는

---

29) 김병익, 『지식인됨의 괴로움』(문학과지성사, 1996), 51-52쪽.

개인 차원에선 '할퀴는 비평'이 '참 무모한 작업이고 낭비적인 일'이라는 데에 얼마든지 동의할 수 있다. 그러나 그게 전부는 아니다. 그 어떤 부작용에도 불구하고 반드시 그 '비용'을 초과하는 '수익'이 있다. 앞서 인용한 권성우의 말에 주목해 보시기 바란다. 문단이 덕담이나 주고받는 복덕방이나 경로당일 수는 없는 일이다. 더욱 중요한 건 김병익의 문학관과 비평관엔 '책임'이 존재하지 않는다는 것이며 이런 '문화특권주의'가 당연한 걸로 간주되고 있다는 사실이다.

조동일의 자기 중심주의

김병익의 문학관과 비평관을 애써 선의로 해석하자면, '창조적'인 일에 더 큰 시간과 정력을 바치자는 말로 이해할 수 있겠다. 실제로 이런 주장을 하는 분들이 적지 않다. 예컨대, 서울대 교수 조동일은 다음과 같이 주장한다.

"1990년대에 들어서서 오늘날까지, 정치를 민주화하고 사상의 자유를 얻자는 투쟁이 어느 정도 성사된 결과 '비판하는 지성'은 표적이 불분명해져서 어찌할 바를 모르고 허탈에 빠진 것이 커다란 문제이다. 우리 사회 안에 아직도 비판하고 투쟁해야 할 과업이 많이 남아 있으니 힘을 내자고 하는 것도 문제 해결에 도움이 되는 처방이지만, 생각을 아주 바꾸어야 한다. 지금의 상황은, 진실로 가치 있는 창조를 할 수 있는 최소한의 작업 여건이 마련된 것에 지나지 않는다. 작업 여건을 위한 주장이 일부 받아들여지자 작업을 그만 두는 것은 우스운 일이다. 투정만 하고 일은 하지 않는 짓이다. 이제 '비판하는 지성'에서 '창조하는 지성'으로 방향을 돌리고, 길거리에서 작업장으로 장소를 옮겨, 역사를 새롭게 이룩하는 커다란 설계도를 마련해야 한다."[30]

나는 조동일이 '비판'은 길거리에서만 이루어지는 게 아니며, '비판'

"同志 아니면 敵" 극단적 편가르기

윤평중(尹平重) 한신대 철학과 교수는 작년 4·13 총선 후 지역주의의 폐해를 지적한 신문 기고 덕분에 졸지에 "정치권에 줄을 대 콩고물을 뜯어먹으려 한다"는 비난을 뒤집어썼다. 강준만(康俊晚) 전북대 교수가 '인물과 사상'에 올린 글에서였다.

임지현(林志玆) 한양대 사학과 교수는 학계에서는 매우 진보적 성향의 학자로 통하지만 강씨로부터 "극우헤게모니를 강화한다"는 낙인과 함께 "큰 일 낼 사람"이란 인신공격까지 받았다. '진보학자이면서도 조선일보에 기고했다'는 이유 때문이었다.

H대 L교수는 최근 시국에 관한 신문 기고를 한 후, 험악한 전화공세에 시달렸다. 상대는 "야, 이 ×야, 돈 얼마나 받아먹고 그런 글을 썼느냐"고 소리를 질러댔다. "생각이 다를 수 있다는 걸 인정해주면 좋겠다"고 점잖게 타일러봤지만, 욕설만 하고 끊어버렸다. "집이 어디 좀 아니까 밤길 조심하라"는 '협박'까지 날아왔다.

작가 이문열(李文烈)씨의 신문 기고에 대해 정치인이 "곡학아세한다"고 비아냥거리고 "가당찮은 ×"이라는 상욕까지 서슴지 않는 요즈음이다. 이 시대의 대표적 작가지만, 그에겐 '아마추어 파파라

政權과의 거리에 따라 대립·갈등 양상
主流를 부정·타도대상으로 삼는 분위기
"차라리 입다물고 말지" 냉소주의 싹터

치', '막가파 개그'라는 원색적 비난에 "너같은 ×은 문인 축에도 못 낀다"는 욕설이 쏟아진다.

한국의 지식사회가 위기에 빠졌다. 이념과 정치적 입장에 따른 양극화는 '예스' 아니면 '노', 동지 아니면 적의 양자택일만 강요할 뿐이다. 정치가 지식인들을 피아(彼我)로 분류하기 시작하며 공방을 벌이면서 지식인은 설 땅이 없어져 간다. 대중주의의 기승에 일류(一流)들은 좌절한다.

전상인(全相仁) 한림대 사회학과 교수는 "요즘 지식인 사회의 진영 대립은 좌·우익이 치열하게 맞섰던 광복 직후를 방불케 한다"고 지적한다. 이념 갈등에 덧붙여, 정권과의 거리에 따른 편가르기도 부각된다.

박길성(朴吉聲) 고려대 사회학과 교수는 "YS정부 때부터 지식인의 정치 참여가 정당화되면서, 정권창출에 참여한 지식인과 배제된 지식인 간의 갈등이 본격화되고 있다"며 "이런 현상은 DJ정권이 출

범하면서 한층 심화됐다"고 진단한다.

지금 한국 지식사회를 위협하는 적(敵)들은 ▲양극화 ▲폭력화 ▲전박화 ▲폐쇄화 네 가지로 압축된다.

한국 사회의 주류를 부정하거나 타도의 대상으로 삼으려는 분위기도 위험수위를 넘어섰다. 송호근(宋虎根) 서울대 사회학과 교수는 "특히 IMF위기를 겪으면서 '그동안 사회를 이끌어온 일류들은 무엇을 했느냐'며 그들에 대한 책임추궁과 부정이 강해진 것 같다"고 분석한다. 여기에 현 정권 초 불어닥친 '신지식인론'은 실용적 지식, 부가가치를 만들어낼 수 있는 지식, 한마디로 '돈되는 지식'을 앞세워 기존 지식인의 가치를 평가절하함으로써 상아탑을 초토화시켰다는 지적이다.

분란에 휩쓸리기를 꺼려하는 지식인들의 자기검열, '발언 안하면 되지' 식의 냉소주의가 싹트고 있다. 그런 가운데 지식인에게 요구되는 개방성과 균형감각에 대한 논의는 사라져가고 있다. "한국 지성은 50여년 전 광복 직후 상황에 머물 것인가." 최근 지식사회를 둘러싼 정황들은 이같은 물음을 던지고 있다.

/金基哲기자 kichul@chosun.com

▶관련기사 3면

(『조선일보』, 2001년 7월 18일)
한국 지식인 사회의 비판문화를 교묘하게 왜곡·폄하시키고 있는 『조선일보』 기사

과 '창조'가 별개의 것이 아니라는 걸 직시하여 주시면 고맙겠다. 조동일은 '비판'을 너무 정치적인 것으로만 생각하는 것 같은데, 그게 바로 '문화특권주의'일 수 있다. '비판'을 좀더 넓게 생각해 주셔야 한다. 나는 주고받는 비판 속에 진정한 '창조'가 싹틀 수 있다고 생각한다. '비판 없는 창조'는 자기도취에 빠질 가능성이 높다고 생각한다. 영남대 교수 박홍규의 다음과 같은 문제 제기도 유념할 필요가 있겠다.

---

30) 조동일, 〈1945-1960년의 민족 지성 재평가〉, 장회익·임현진 외, 『한국의 지성 100년: 개화사상가에서 지식게릴라까지』(민음사, 2001), 140쪽.

"우리는 비판적 기능을 주로 정치적인 것과 연관시켜 말하는 경향이 있다.…… 나는 비판적 지성의 비판이란 단순히 기성 권력에 대한 것이 아니라 모든 기성의 도그마에 도전하는 보다 근본적인 것이어야 한다고 생각한다. 특히 우리의 경우 기성의 도그마가 봉건적인 것과 서구적인 것으로 공존하기 때문에 그 대결의 각오는 더욱 철저해야 한다. 오늘날의 지성에 생리화된 전문주의로는 이러한 도그마를 극복할 수 없다.…… 나는 특히 노동 사회로서의 대학이 갖는 계급성의 문제를 지적할 필요가 있다고 생각한다. 즉 교수와 시간 강사 간의, 교수와 대학원생 간의, 또는 교수와 학생 간의 엄청난 계급적 구조 문제이다. 더 광범하게는 교수 채용의 남녀 차별 문제도 있다. 지성의 요람이라고 하는 대학이 자유화, 평등화되지 않으면 자유로운 지성이 싹틀 수 없다. 마찬가지로 문화계, 예술계에서 나타나는 학연적 폐쇄주의나 권위주의 하에서 창조는 있을 수 없다. 그러한 의미에서 나는 지성 내부의 혁명이 필요하다고 생각한다."[31]

그렇다. '혁명' 까지는 아니라 하더라도 지성계 내부의 썩은 관행을 그대로 둔 채, 비판의 대상으로도 삼지 않는다면, '창조' 는 가능하지 않다는 건 분명하다. 나는 조동일이 주위를 돌보지 않고 자신의 창조적 연구에 전념해 이미 놀라운 업적을 쌓은 것에 대해 경의를 표한다. 국문학 연구는 그렇게 하는 것이 바람직하다. 그러나 그런 원칙과 이치를 지식계 전반에 적용시켜서는 안 될 것이다. 조동일과 같은 교수는 매우 희귀하기 때문이다.

교수들은 연구실이라고 하는 폐쇄적인 공간에 갇혀 홀로 작업을 하기 때문에 본의 아니게 '자기 중심주의' 를 갖기 마련이다. 물론 나 역시 예

---

31) 박홍규, 〈한국의 현대 지성사, 무엇이 문제인가〉, 장회익 · 임현진 외, 『한국의 지성 100년: 개화사상가에서 지식게릴라까지』(민음사, 2001), 311-315쪽.

외는 아니나 나는 늘 그런 한계를 의식하며 그걸 극복하려고 애를 쓴다. 조동일의 자기 중심주의는 이미 눈부신 학문적 업적을 냈지만 지식인들이 나아가야 할 방향을 모색하는 데엔 적절치 않은 것 같다. 좀 다른 종류의 것이긴 하지만, 김병익도 '자기 중심주의'를 극복하고 이후 '비판'을 함부로 폄하하는 발언을 삼가야 할 것이다.

진짜 실속은 문화권력이 챙긴다

권리만 누릴 뿐 책임은 지지 않으려는 문화권력의 특권의식과 그 특권의식이 정당하다고 인정해주는 풍토는 도대체 어디에서 비롯된 걸까? 그건 문화권력이 정치경제적 권력에 종속돼 있거나 그 권력에 기생(寄生)해 왔던 역사의 산물일 것이다. 식민지 치하와 군사독재정권 치하의 지식인들은 문화를 정치와 분리시킴으로써 자신의 생존을 꾀하고 더 나아가 자신의 번영을 누리고자 했다. 예컨대, 일제 치하에서 윤치호가 식민지 조선의 정치적 문제에 관심을 표시하는 기독교인들을 비판하면서 기독교는 현실의 정치적인 것과는 무관한 종교라고 주장했다는 걸 상기할 필요가 있을 것이다.[32]

최근 미당 서정주의 친일 행각을 둘러싼 논쟁에서 서정주를 옹호하는 사람들이 보이는 주된 논지가 '문화-정치 분리주의'라는 건 결코 우연이 아닐 것이다. '문화-정치 분리주의'는 '앎-삶 분리주의'로 이어진다.

이와 유사한 '분리주의'는 많은 지식인들에게 널리 퍼져있다. 예컨대, 이화여대 교수 남경희는 "송진우, 이광수, 김성수와 같은 이들은 민

---

32) 양현혜, 『윤치호와 김교신: 근대조선에 있어서 민족적 아이덴티티와 기독교』(한울, 1994, 제2쇄 1996), 80쪽.

족개량주의자라고 볼 수 있는데, 이들을 전적으로 친일파요 반민족주의자라고만 매도하는 것은 잘못된 평가일 수 있다"고 주장한다.[33] 그러나 그는 "이에 비해 고등계 형사와 같은 사람들은 적극적 친일파 나아가 반민족주의자들이라고 할 수 있는데 이들은 자신의 개인적 영화를 위하여 적극적으로 식민지적 상황을 활용하며 반민족주의적 행태를 주저하지 않은 자들이다"라고 주장한다.[34]

그게 말이 되나? 그건 마치 고문이 극심하게 이루어진 군사독재정권 치하에서 고문을 직접 한 고문 기술자들만 나쁜 놈이지 그 정권에 기생한 지식인과 문화계 인사들은 얼마든지 면책될 수 있다는 주장과 무엇이 다른가?

그러나 놀랍고도 재미있는 건 실제로 일제와 군사독재정권을 옹호했던 지식인과 문화계 인사들은 면책되었을 뿐만 아니라 여전히 막강한 사회적 권력과 권위를 행사하고 있다는 점이다. 그리고 보니 한국 사회의 거의 모든 비판이 정치 분야에만 집중되는 것도 결코 우연이 아니라는 생각이 든다. 바로 그거야말로 '문화 특권주의'의 적나라한 증거가 아닐까?

"문화권력은 정치경제적 세력처럼 거대하지도 추하지도 않고 거친 폭력을 행사하지도 않는다"곤 하지만 그건 너무 피상적인 관찰은 아닐까? 오히려 진짜 실속을 챙기는 건 바로 문화권력이 아닐까? 크게 한탕 할 수는 없을망정 아무런 위험부담 없이 선출되기 위해 투쟁할 필요도 없이 전혀 책임도 지지 않고 평생 우려먹을 수 있는 문화권력이 훨씬 더 알찬 게 아닐까? 더욱이 그들 가운데 일부는 정치경제적 세력의 시녀(또는 하인) 또는 간부(姦婦 또는 姦夫)로 기능하고 있지 않은가. 그런데도 우리는

---

33) 남경희, 『주체, 외세, 이념: 한국 현대국가 건설기의 사상적 인식』(이화여자대학교 출판부, 1995), 184쪽.
34) 남경희, 위의 책, 184쪽.

그런 실속 있는 알찬 권력을 내버려두고 껍데기만 화려하고 요란한 정치 경제적 권력에 모든 비판을 집중시켜야 하는가?

긴장을 제거한 문화특권주의

사실 굳이 '권력 이동'을 논할 필요조차 없다. 오늘날의 세상에서 여론이 차지하는 비중은 절대적으로 중요해졌다는 걸 부인할 사람은 없을 것이다. 문화권력이 여론에 미칠 수 있는 영향력을 감안한다면, 문화권력에 대한 특권이야말로 나라를 망치게 하는 지름길이 아닐까? 책임지지 않는 권력은 매우 위험하다고 하는 점에서 말이다.

여론이 절대적 영향력을 행사하는 사회에서 문화권력이 따로 존재한다는 생각만큼 어리석은 것도 없을 것이다. 그러니까 정치권력과의 명확한 구분 또는 경계가 존재하느냐 이 말이다. 예컨대, 소설가 이문열은 단지 문화권력일 뿐인가? 그는 늘 뜨거운 정치적 발언을 즐겨 하는 사람이다. 그의 발언은 사실상 정치판에 뛰어들어 정치에 큰 영향을 미치는 것인데도 단지 그가 소설가라는 이유만으로 그는 특권을 누리는 문화권력으로만 분류되어야 하는가?

우리는 오늘날 한국의 정치경제적 개혁을 좌초시키는 주범은 수구 기득권 세력이 아니라 기성 체제에서 특권을 누려 온 문화권력일 수도 있다는 점에 주목해야 할 것이다. 우리는 그들이 거대하지도 추하지도 않고 거친 폭력을 행사하지도 않는다는 이유로 그들에게 특권을 부여하는 데에 익숙해 있다. 그러나 전체 시스템의 작동 방식이라고 하는 관점에서 보자면 그들은 기성 체제의 안전판 역할을 하는 사람들이다. 우리는 그들에게 언제까지 지금과 같은 특권을 허용해야 하는가?

정치인은 과거에 아무리 화려한 민주화투쟁 경력이 있어도 순간의 실수 하나로 하루아침에 무너질 수 있다. 모든 사람들이 그걸 당연하게 생각한다. 또 정치권력에 대한 비판은 거의 선(善)으로까지 간주된다. 설사 그 비판이 아무리 지나치다 하더라도 권력의 오용과 남용을 예방하는 차원에서 용인되고 고무되어야 한다는 것이다.

그러나 문화 영역의 경우엔 그렇지 않다. 문화권력은 정치권력과는 전혀 다른 잣대로 평가받는다. 아니 평가 자체가 없다. 문화권력에 대한 비판 자체를 금기시한다. 아니 권력을 부패하기 마련이라면서 왜 문화권력에게는 그런 특혜를 베풀어야 한단 말인가? 그리고 한국의 문화 영역은 과연 정치를 선도하거나 비판할 만한 도덕성과 역량을 갖고 있는가? 나는 전혀 그렇지 않다고 생각한다. '문화특권주의'가 문화 영역을 버려놓았다고 생각한다. 그런데도 문화권력은 정치권력과는 전혀 다른 대접을 받아야 한단 말인가?

나는 '문화특권주의'가 오히려 사회문화적 자산을 키우는 데에 큰 장애로 작용하고 있다고 생각한다. 그게 바로 마땅히 있어야 할 긴장을 제거해 버렸기 때문이다. 그래서 '시종일관(始終一貫)'하는 지식인을 구경하기가 매우 어렵게 되었다. 나는 기존의 '문화특권주의'를 박탈하는 것이 문화 영역을 살리고 키우는 데에 절대적으로 필요하다고 믿는다. 이제 페이지를 넘겨 '지식폭력'이라는 개념을 본격적으로 살펴보기로 하자. ▨

'지배 이데올로기'로서의 '지식폭력'

'삶'과 '앎'을 분리시키는 국민 사기극

'상징적 폭력'으로서의 '지식폭력'

나는 '지식폭력'이라는 개념에 대해서도 최근에 나온 『인물과 사상 19』에 쓴 〈'학문 신비주의'라는 '지식폭력' : 반경환은 '지식폭력'의 희생자인가?〉라는 글에서 이미 선보인 바 있다. 이것 역시 여기서 좀더 자세히 논의해 보기로 하자. 우선 지식과 권력의 관계에 대해 생각해보자. 조흡은 다음과 같이 말한다.

"지식과 말은 밀접한 관계가 있는데, 이 말이라는 것도 철저하게 힘의 관계에 의해 지배되는 것이다. 힘깨나 쓰는 사람의 말이 힘없는 사람의 말보다 무게가 있을 것이라는 것도 상식적인 얘기다. 이렇게 힘(파워)이 실린 말을 영어로는 '디스코스(discourse)'라고 하고 한자어로는 '담론(談論)'이라고 주로 번역해 사용하는데, 담론이라는 단어에는 힘이란 개념이 내포되지 않아 부적합한 일본어식 번역이라고 생각된다. 디스코스는 '힘을 실은 말'이라고 번역했을 때에 원래의 의미가 살아난다. 디스코스, 즉 힘쓰는 말이란 지식을 가능케 하는 것으로 생각을 해야 가장 쉽게 이해할 수 있다. 더 쉽게 얘기하면 힘 좀 쓰는 사람의 얘기는 항상 그럴 듯하게 들리고 또 그 사람들이 얘기하는 것은 진리로 통용되며, 따라서 지식으로 취급되기 십상이라는 얘기다."[1]

그렇게 힘의 관계에 의해 '지식'으로 대접받는 말은 그러한 '지식'을 갖지 못한 사람들에게 '폭력'을 행사할 수 있다. 물론 여기서 말하는 '폭력'은 일종의 '상징적 폭력'이다. 프랑스의 사회학자 피에르 부르디외가 제시한 '상징적 폭력'은 "사회적 행위자 위에 가해지는 복합적인 폭력의 형태"인데, 이에 대해 홍성민은 다음과 같이 설명한다.

"즉, 피지배자는 자신이 권력에 지배당하고 있다는 점을 인식하지 못하고 있다는 점을 부르디외는 강조하고 있는 것이다. 사회적 행위자가 권력을 그 자체로 인식하지 못한 채 사회세계를 있는 그대로 받아들일 때, 권력의 효과는 비로소 나타나게 된다. 따라서 부르디외가 '상징적 폭력'이라는 테마를 통해 주장하는 바는 권력이 인지 체계를 통해 작동하고 있다는 것이며, 그런 의미에서 그의 푸코에 대한 비판이 우리에게 던지고 있는 가장 커다란 메시지는 권력이 훈육이나 길들이기 혹은 그물망과 같은 객관적인 절차가 아니라는 점이다. 부르디외의 눈에는 푸코가 권력의 효과를 추적하면서 개별자들의 주관적인 요인을 무시하고 있는 것으로 보인 것이다."[2]

부르디외의 '상징적 폭력'이라는 개념은 학교에서 특히 중요한 의미

---

1) 조흡, 〈힘, 몸, 그리고 성: 미셸 푸코를 어떻게 읽을 것인가?〉, 『인물과 사상 4』(개마고원, 1997), 324-326쪽.

2) 홍성민, 〈부르디외와 푸코의 권력개념 비교: 새로운 주체화의 전략〉, 현택수 편, 『문화와 권력: 부르디외 사회학의 이해』(나남, 1998), 187-188쪽.

를 갖는다. 학교는 상징적 폭력이 행사되는 전형적인 공간이다. 교사는 학생에게 칭찬을 해주거나 눈길을 주거나 또는 그 반대의 방법으로 학생에게 권력을 행사할 수 있다. 부르디외는 학교에서 벌어지는 상징적 폭력에 대해선 지식인이 그걸 가장 알아차리기 어려운 사람들이라고 말한다. 지식인은 다른 사람들보다 그것에 더욱 집중적으로 처해 있고 그 행사에 계속 기여하고 있기 때문에 그렇다는 것이다.[3]

나는 한국에선 그렇게 어렵고 복잡하게 이야기 할 필요가 없다고 생각한다. 한국의 '지식폭력'은 기본적으론 '상징적 폭력'이면서도 너무 노골적으로 당당하게 자행되는 경우가 많아 부르디외의 개념만으론 감당하기가 어렵다. 그런데 중요한 건 '폭력'의 피해자들이 그러한 폭력 구조에 기꺼이 수긍한다는 점이다. 권력이 인지 체계를 통해 작동한다는 부르디외의 주장이 실감이 나는 대목이다.

'지식폭력'은 '헤게모니'다

나는 앞서 "'지식폭력'은 삶의 실질과는 무관하거나 큰 관계가 없는 현학적 지식 또는 제도적 지식 자격증으로 그걸 갖추지 못한 사람들을 고통스럽게 만들고 그 고통을 그들의 책임으로 돌리게 만드는 상징적 폭력을 의미한다"는 정의를 내린 바 있다. 이는 '지식폭력'이 이탈리아의 사상가 안토니오 그람시가 말하는 의미에서의 '헤게모니(hegemony)'라는 걸 뜻하는 것이다. '헤게모니'란 무엇인가? 우선 사전적 정의를 살펴보자.

"헤게모니는 대체로 특정한 역사적 시기에서 지배계급이 국가의 경제

---

3) Pierre Bourdieu and Loic J.D.Wacquant,『An Invitation to Reflexive Sociology』(Chicago:University of Chicago Press,1992), pp.168-170.

적·정치적 문화적인 방향에 대한 자신들의 권력을 유지하기 위해 피지배계급에 대한 직접적인 강압보다는 문화적 수단을 통해 사회적·문화적인 지도력을 발휘하는 능력을 의미한다.…… 헤게모니는 계급 이데올로기를 자연화(naturalize)하며 이를 상식(common sense)의 형태로 만드는 것이다. 결국 권력이 강요로서가 아니라 '권위'로서 행사될 수 있다는 것이며 생활의 '문화적' 국면이 탈정치화(de-politicized)된다는 것이다. 가장 쉽게 통용되고 공적으로 장려되는 인간에 대한 그리고 세계에 대한 인식을 만드는 그러한 전략은 전략으로서가 아니라 '인간성'의 자연스러운(이론의 여지가 없는) 속성으로 나타난다."[4]

'헤게모니'를 아주 단순화시켜 쉽게 이야기하자면, 그저 동네 아저씨한테서도 쉽게 들을 수 있는 '세상 돌아가는 이치'라고 생각해도 좋을 것이다. 세상이 어떻다는 식의 말은 무시할 수 없는 권위를 갖는다. "세상이 다 그런 거야!" 그런데 그런 세상은 강자에게 유리하다. 약자는 그런 세상이 자기에게 불리하다는 걸 알면서도 세상이 어떻다는 식의 '상식'을 스스로 받아들이고 그 '상식'에 따라 살기 때문에 그런 세상은 그대로 유지된다. 그게 바로 헤게모니가 성립된 사회이다.

'지식폭력'을 살펴보자. 대학을 나오지 못했거나 서울대를 나오지 못한 사람들은 서울대에 아무리 많은 문제가 있어도 서울대 비판을 꺼려한다. 누군가가 글이나 말에 유명한 서양 사상가 이름을 들먹이면서 이야기를 하면 그 사상가가 누구냐고 묻기가 어렵다. 그리고 그 사람 주장에 뭔가 있는 것처럼 느껴진다. 소설 한 편을 읽어도 뭔가 남는 것 같은 느낌을 주는, 지식으로 위압감을 느끼게 하는 그런 소설을 좋아하는 사람들이 많다. 이게 다 '헤게모니'가 성립된 '지식폭력' 현상인 것이다.

---

4) 박명진 편, 『비판커뮤니케이션과 문화이론: 기본 개념과 용어』(나남, 1989), 343-344쪽.

지식에 대한 이율배반적 태도

'지식폭력'의 관점에서 고려대 교수 서지문이 〈지식의 민주화〉라는 제목의 글에서 인류학자 레비 스트로스의 『슬픈 열대』[5]에 관한 이야기를 언급하면서 한국 사회의 '지식폭력'에 대해 한 다음과 같은 견해는 주목할 만하다.

"저명한 인류학자 레비 스트로스는 그의 저서 『슬픈 열대』에서 인간이 문자를 발명한 때부터 인간세계에 유식한 자의 무식한 자에 대한 지능적 억압과 착취가 생겨났다고 주장했다. 지식을 먼저 점유한 사람이, 무식한 사람은 이해할 수 없는 말로, 여러 가지 규칙이나 법률 같은 것을 정하여 무식한 사람에게 심리적 두려움을 주고 그들에게 교묘한 올가미를 씌워 그들을 마음대로 조종하고 착취한다는 것이다. 그래서 레비 스트로스는 문명인에게서 잔인성과 허위만을 보았고 문명에 물들지 않은 원시 사회를 이상 사회로 보았다. 레비 스트로스 이 외에도 많은 구조주의 철학자들과 비평가들이 문명을 불신하고 지능적 강자들의 말과 글에 의한 대중조작과 기만·착취를 질책하고 경계했다.…… 우리 나라의 교육열이 이토록 높은 이유는 교육이 사회적 신분 상승의 가장 빠른 길이기 때문이기도 하지만, 조선왕조 후기에 양반계급에 의한 지식의 독점으로 인해서 민중들이 너무나 지긋지긋한 억압과 착취를 당했기 때문이기도 하다고 생각한다. 그러므로 오늘날 한국의 교육자들은 사회민주화의 역군이며 선봉장이 되어야 한다. 그런데 지식의 민주화는 그저 일방적으로 정보를 던져주기만 해서는 안 된다. 그것을 수용자의 수준에 맞게 소화하기 쉬운 형태로 주고, 이해할 수 있도록 설명을 해주고, 그리고 그들

---

5) C. 레비-스트로스, 박옥줄 옮김, 〈28 문자의 교훈〉, 『슬픈 열대』(한길사, 1998), 537-555쪽을 참고하시기 바랍니다.

에게 더 높은 정도의 지식을 접하고 싶은 욕구를 갖도록 해 주어야 한
다."[6]

그러나 서지문의 주문이 과연 가능할까? '지식폭력'에서 이익을 취하
는 사람들이 그걸 완화시키기 위한 노력을 하겠는가 하는 것이다. 그런
노력이 사회적으로 대단히 미미한 수준에 머물러 있기 때문에 지식에 대
해 '주눅 드는 사람들'이 생겨나는데, 이들의 행동 양태는 이중적이다.
주눅이 들어 있기 때문에 겉으로는 복종적인 태도를 취하지만 내심 거센
반감을 갖고 있다. 그러나 세상은 '겉'에 의해 움직일 때가 많다. 예컨
대, 대학 교수들에 대해 경멸감을 갖고 있는 현업 언론인들까지 악착같
이 야간 대학원을 다니면서 학위를 따려고 하는 이유는 과연 무엇이겠는
가?

같은 맥락에서 사회학자 홍성태는 한국 사회는 '지식'과 '지식인'에
대해 이율배반적인 특수한 태도를 갖고 있다며 다음과 같이 말한다.

"이 '이율배반성'의 한쪽에는 '지식인 혐오증'이라고 부를 만한 태도
가 놓여 있다. 지식인은 쓸데없이 말만 많고 전혀 실질적이지 못한 존재
라는 인식이 이를테면 '대중의 지혜'로 자리잡고 있는 것이다.…… 그러
나 다른 한편에서는 '숭문의 전통'이라는 유령이 여전히 이 사회를 떠돌
아다니고 있다. '사람은 모름지기 글을 알아야 한다'는 단문 속에 내장
되어 있는 지배이데올로기의 내력은 얼마나 깊고 넓은 것인가?…… 물론
'숭문의 전통'이라는 이데올로기가 여전히 생생하게 살아있는 까닭은
한국 사회가 처해 있는 '학력위계사회'의 현실을 떼어놓고 설명될 수 없
다. 그러나 흥미롭게도 신지식인론은 바로 이 현실에 대한 비판을 주요
한 목표로 추구하고 있기도 하다."[7]

---

6) 서지문, 『어리석음을 탐하며: 서지문 칼럼집』(지식산업사, 1998), 42-43쪽.
7) 홍성태, 〈자본주의 '지식사회'와 '신지식인'론 비판〉, 『문화과학』, 제19호(1999년 가
을), 44-46쪽.

'지식폭력'은 바로 그런 '이율배반성'에서 더 큰 위력을 발휘한다. 철저하게 '실질'이 존중받는 사회에서는 '지식폭력'이 설 땅이 없다. 또 철저하게 '숭문 이데올로기'가 지배하는 사회에서는 모든 사회 구성원들이 오로지 '숭문'을 위한 투쟁을 할 것이므로 지금처럼 암암리에 작동하는 '지식폭력'은 일어나지 않을 것이고 그 양상을 전혀 달리 할 것이다.

성리학이라는 지식폭력에 대해

홍성태가 지적한 '이율배반성'은 역사적 산물이기도 하다. 철학도이자 컴퓨터 전문가인 김현은 한국의 역사적인 '지식폭력'에 대해 비교적 긍정적인 견해를 내놓는다. 그의 보수적인 역사관에는 동의하기 어렵지만, '지식폭력'이 최소한 민중의 수동적 동조 또는 묵인 하에 이루어져 왔다는 걸 말해주는 걸로 이해하면 될 것 같다. 그는 다음과 같이 말한다.

"우리가 주목해야 할 것은 조선시대의 하층민들이 지향해 간 목표가 자신들을 억압해 온 양반을 부정하는 것이 아니라, 자기들도 그 양반 집단의 일원이 되려 했다는 점이다. 그 원인은 무엇인가? 조선시대의 지배 계층인 양반 사대부들은 무능하고 부패한 구석을 오백 년 역사의 도처에 노정시키는 가운데에도 피지배 계층이 감히 정면에서 적대할 수 없게 하는 효과적인 자기 보호의 무기를 보지하고 있었다. '인간의 도리를 부지하는 존재'라고 하는 명분을 점유하고 있었던 것이다. 그들은 전근대 농경 사회에서 인간의 지혜로 도달할 수 있는 온갖 바람직한 삶의 원리들을 집성하여 단단한 윤리설을 정립하고, 그것을 예절이라고 하는 실천 규범으로 형상화하여 정교(政敎)와 일상 생활에 연출하였다. 조선이라는 땅 덩어리를 무대로 오백 년의 긴 시간 동안 공연된 그 연극에 양반 사대부들은 스스로 주연의 역할을 담당하였지만, 중요한 사실은 중인 서리

영원한 주류, 그 오만과 편견

조선 후기 노론으로 시작해 한번도 기득권을 놓지 않고 역사를 망친 세력들

이덕일/ 역사평론가

친일파가 반공세력과 손잡고 우리 현대사의 주류로 행세했다는 사실은 우리 역사의 보수적 단면을 잘 말해준다. 우리나라는 단군 이래 밑바닥에서 시작해 정권을 잡은 적이 한번도 없는 사회이다. 그래서 나온 것이 주류는 영원하다는 오만한 믿음인지도 모른다.

우리 사회 주류 논쟁이 한창이다. 그러나 주류가 무엇인가에 대한 정확한 개념규정 없이 진행되는 논란이기에 조금은 혼란스럽다. 현재 우리 사회의 주류는 어떤 세력일까? 우리 역사 속에서 그 답을 찾아보는 것도 좋은 방법의 하나가 될 것이다.

고려 멸망과 신흥사대부의 등장

우리 역사의 첫 주류는 하늘에서 내려온, 이른바 천강(天降)세력이었다. 환인(桓因: 하느님)의 서자 환웅(桓

雄)의 아들인 단군이나, '광개토대왕비'에 천제(天帝: 하느님)의 아들이라고 기록된 고구려의 시조 추모왕은 모두 하늘에서 내려온 천강세력이었다. 이는 정복세력이 자신들의 혈통을 신성시하기 위해 조상을 하늘과 연결시킨 데서 나온 것이다. 우리 고대사의 첫 주류는 정복세력인 셈이다.

통일신라의 주류세력인 진골귀족은 폐쇄적인 집단이었다. 따라서 좀더 개방된 주류를 요구하는 사회적 요구를 모두 거절했다. 그 결과 후삼국의 혼란이 야기되고 새롭게 성장한 지방호족과 6두품 세력의 반발을 받아 신라는 붕괴됐다.

이와 달리 고려는 비주류를 광범하게 포섭했다. 왕건에게 무려 29명의 부인이 있었던 것은 고려가 이들 비주류, 즉 호족들의 연합에 의해 탄생한 국가임을 말해주는 것이다. 이들은 신라사회를 얽어매고 있던 골품제의 사슬을 과감하게 풀어버렸고, 이 점에서 이들의 집권은 역사

『한겨레21』, 2001년 3월 1일

단군(왼쪽)부터 시작해서 지금까지 우리사회는 한번도 밑바닥에서 출발해 정권을 잡은 사례가 없다. 신흥사대부를 기반으로 조선 건국에 큰 공을 남긴 정도전(오른쪽).

우리 나라의 교육열이 높은 이유는 교육이 사회적 신분 상승의 가장 빠른 길이기 때문이기도 하지만, 조선왕조 후기 양반계급에 의한 지식의 독점으로 인해서 민중들이 너무나 지긋지긋한 억압과 착취를 당했기 때문이기도 하다.

나, 상민이나, 심지어는 노비들까지도 그 연극의 조연으로 초대되었다고 하는 사실이다.…… 조선 사회의 상층부를 차지하고 있던 양반 사대부들은 그들의 기득권을 포기할 생각을 하지 않았지만, 양반들이 가진 것을 빼앗거나 그들을 몰락시키기보다는 열려진 틈새에 파고들어 자기들도 그 반열에 끼기를 추구했던 하층민들의 노력은 결국 극단적인 대결을 피

하고서도 얻을 것을 얻어내는 위업을 이룩했다. 그것은 강상(綱常)의 윤리를 지존의 것으로 만드는 성리학(性理學)의 도덕 지상주의가 이룩한 위업이라고 해도 틀린 말이 아닐 것이다."[8]

김현의 위와 같은 다소 보수적이고 국수주의적인 견해에 대해선 정치학자 손호철의 다음과 같은 비판이 가능하지 않을까?

"서양이 시민혁명으로 피를 흘리고 있을 때 우리는 안정적 체제를 누렸다는 얘기까지 나오니, 그 말의 논자가 조선시대 노비로 태어났어도 그런 헛소리를 할 수 있었을까요? 물론 지적 식민성은 극복돼야 하지만 문화적 상대주의란 이름 하에 존재하는 것은 무엇이든 정당화시키는 것은 문제입니다."[9]

어찌됐건 분명한 건, 조선 사회가 안정적 체제를 누릴 수 있었던 이면엔 성리학이라고 하는 '지식폭력'이 큰 몫을 하였다고 보아도 무방하리라는 점이다. 지금은 크게 달라졌을까? 나는 그렇지 않다고 생각한다. 여전히 그 기본 골격은 살아 있다.

입시전쟁이라는 폭력

무엇보다도 '서울대의 나라'라는 현실이 가장 대표적인 '지식폭력' 현상이며 한국 사회가 자랑하는 학벌주의와 학연주의도 '지식폭력'과 관련된 개념이다. 한국의 대학입시 경쟁을 가리켜 흔히 '전쟁'이라고 부르는 건 수사적 표현 이상의 것이다. 정신과 전문의 김종주는 다음과 같이 말한 바 있다.

---

8) 김현, 〈정보화시대에 여전히 옛것을 돌아보는 이유〉, 『한국의 지식게릴라: '현대사상' 특별증간호』(민음사, 1999), 208~212쪽.
9) 손호철 외, 〈권두좌담: 오늘의 좌파 지식인, 무엇을 할 것인가〉, 『한국 좌파의 목소리: '현대사상' 특별증간호』(민음사, 1998), 44쪽.

"온통 입시에 관한 이야기뿐인 것 같습니다. 고3, 중3을 둔 어른들만의 얘기가 아닙니다. 가깝고 먼 친척들도 한몫을 거들고 있습니다. 고교생을 둔 부모는 물론이요, 중학생뿐만 아니라 장차의 입시전쟁에 참전할 국민학교 학생과 그 부모들, 유치원의 꼬마들까지도 전투력 배양에 여념이 없습니다."[10]

모든 전쟁이 더 폭력적이라곤 하지만, 대학 입시전쟁만큼 폭력의 범위가 넓은 전쟁도 드물 것이다. 부모가 자식(수험생)에게 다음과 같은 언어폭력을 가할진대, 눈에 보이지 않는 폭력은 어떠할 것인지 미루어 짐작하기 어렵지 않다.

"내가 너보다 더 속이 탄다", "내가 어쩌다 너를 낳아서 이 고생인지", "내가 무슨 낙을 보자고 이러는지 모르겠다", "넌 왜 OO처럼 못하니! OO의 반만 따라 해 봐라", "어째 잠시 말썽 없이 잘 한다 싶더니…… 네가 하는 짓이 다 그렇지 뭐", "공부해라, 공부해서 남 주니?"[11]

"왜 떨어졌어? 친구 사귀지 마. 공부해! 엄마 소원성취 좀 해줘! 전교 1등 좀 해라. 서울대학교 들어간 딸 좀 가져보자. 그렇게 한가하게 음악들을 시간이 있으면 그 시간에 공부해."[12]

그 와중에서 아이들에게도 '폭력의 내면화'가 발생해 무섭게 자신을 채찍질한다. 심지어 자살을 택한 학생은 유서에서까지 "명문대학이 왜 그리 내 가슴을 짓눌렀는지, 왜 나는 아버님께 제 점수에 맞추어 평범한 대학에 간다고 단호히 말씀드리지 못했는지…… 반 학우들아, 너희들은 죽더라도 대학에 가서 죽어라"라고 말한다.[13]

---

10) 『중앙일보』, 1990년 2월 10일자; 조혜정, 『탈식민지 시대 지식인의 글 읽기와 삶 읽기 〈3〉: 하노이에서 신촌까지』(또하나의문화, 1994), 86쪽에서 재인용.
11) 조혜정, 『학교를 거부하는 아이 아이를 거부하는 사회』(또하나의문화, 1996), 14쪽.
12) 김용숙, 『점수병학교, 학력병사회, 이대로 좋은가?』(성원사, 1990), 22쪽.
13) 김용숙, 위의 책, 27-28쪽.

이러한 '폭력'은 혼자 하는 게임이 아니다. '부모-학생-교사-학교-언론'이라고 하는 5대 주체가 벌이는 공동 게임이다. 언론과 학교는 폭력 분위기 조성하는 데에 앞장서고, 그 분위기에 자극받은 부모와 교사들은 주마가편(走馬加鞭)을 통해 모두 다 함께 미쳐 돌아가는 굿판을 벌인다. 사회학자 조한혜정은 다음과 같이 말한다.

"아이들은 아이들대로 '입시 전선 우방 없다', '졸면 죽는다', '사당오락(四當五落)' 등의 문구를 책상머리에 붙여 놓고 살벌하게 공부한다. 부모들은 '대학에 들어가는 것이 효도'라고 누누이 강조한다. '인생은 성적순'이고, '남을 제치고 이겨야 산다'는 생각을 아이들은 일찍부터 뼈아프게 터득하게 된다. 어머니, 교사, 아이들이 어우러져 만들어 내고 있는 이 입시극에서 행복한 사람은 하나도 없으나 과장과 신화에 싸인 이 연극이 최대의 관객을 끌고 있는 것은 외면하지 못할 비극적 현실인 것이다."[14]

그러나 우리는 그러한 비극적 현실의 전모를 제대로 보지 못하고 있다. 그 비극적 현실과 연계된 다른 현상에 대해선 아름다운 사회적 미담(美談)으로 칭송하기를 주저하지 않는다. 예컨대, 왜 수많은 '김밥 할머니'들께서는 평생 모은 돈을 기부하면서 꼭 대학에만 하는가? 이는 아름다운 미담임에 틀림없지만, 한국인 다수에게 못 배운 게 한(恨)으로 작동해 온 사회적 심리 구조를 이해해야만 온전히 이해될 수 있는 현상이다.

공리공론이 대접받는 사회

그런 사회적 분위기 속에서 '지식폭력'은 활개를 친다. 앞서 말씀드렸다시피, '지식폭력'에서 말하는 '지식'은 실질적인 지식이 아니다. 그

---

14) 조혜정, 『학교를 거부하는 아이 아이를 거부하는 사회』(또하나의문화, 1996), 31쪽.

내용이 무엇이건 많은 사람들이 높게 인정해주는 그 무엇이다. 지식의 알맹이보다 '간판'이 절대적으로 중요한 의미를 갖는 이유가 바로 여기에 있다. '간판'만이 전부는 아니다. 그 지식은 습속과 관행의 지배를 받는다. 서양의 유명 지식인들이 생산해낸 지식은 국내의 그 어떤 지식보다 더 높은 대접을 받는다. 그래서 못 배운 게 한이 될 정도로 서러움을 많이 당한 사람이 죽어라 하고 서양 사상가들의 책을 읽고 그것에 대해 떠드는 걸로 한을 풀려고 시도하는 이유도 바로 여기에 있다.

기존의 '지식폭력' 현상이 드러내 보이고 있는 또 하나의 특징은 '현실에서 이론을 만들어내려는 것'을 경멸하고 '이론을 통해 세상을 보려는 것'에 대해 과도한 의미를 부여한다는 점이다. 물론 그 이유는 간단하다. 한국의 '지식폭력' 현상은 이른바 '기지촌 지식인' 현상과 맞물려 있기 때문이다. '이론'은 서양에서 얼마든지 수입할 수 있지만, '현실'은 그 어떤 권위를 주장할 수 있는 텍스트가 없다. 한국 현실의 주요 텍스트는 신문과 잡지다!

많은 사람들이 '인물 비판'을 "소모적이고 비생산적인 글쓰기"라고 생각한다. 심지어 어떤 정치학자는 〈위기의 한국, 위기의 사회과학: IMF 위기를 보며〉라는 제목의 글을 쓰면서 "특정 개인이 비판의 대상이 되지 않도록 주(註)의 작성에 신경을 썼다"고 밝히고 있다[15] 과연 그렇게까지 해야 할 필요가 있는 걸까?

인물에 대한 실명 비판을 피하려는 건 아마도 실명 비판에 따르는 감정적 대립으로 인한 피곤함과 환멸감 때문에 그러겠지만, 보다 큰 이유는 '이론을 통해 세상을 보려는 것'이 진정한 학문이라고 믿는 고정관념 때문이라는 걸 깨달아야 할 것이다. 예컨대, "사회학계에서는 이론적인

---

15) 손호철, 〈위기의 한국, 위기의 사회과학: IMF 위기를 보며〉, 계간 『경제와 사회』, 제37호(1998년 봄), 143쪽.

것을 매우 좋아해서 논문을 쓸 때면 서양의 이론을 끌어들이기 위해 이 것 저것 많이 뒤적거려야" 하는 것이다.[16]

대학생들도 이러한 고정관념에 감염돼 있어 실명 비판을 바람직하지 않게 생각하는 학생들이 적지 않다. 그들은 '인류학 개론' 강의를 들어도 다른 나라 사람들에 대해 관심이 없고 "사회적 법칙을 알고 싶고, 어려운 사회 이론이 알고 싶을 뿐이다."[17] 연세대 교수 조한혜정이 지적한 다음과 같은 문제도 이러한 '지식폭력' 현상과 무관하지 않다고 보아야 할 것이다.

"흥미롭게도 학생들은 추상화 수준이 높으면 그 나름대로 쉽게 소화하는 방식을 갖고 있다. 구태여 자신의 삶과 연결시켜 볼 필요도 없이 공식을 외우듯 머릿속에서 처리해 버리는 것이다.……물론 이것은 전혀 바람직한 학문하는 방법이 아니나 학생들 자신이 무엇인가 어려운 것을 배웠다는 뿌듯한 느낌을 갖기에 충분하다. 대부분의 사회과학 공부가 지금까지 그런 재미 속에 이루어져 왔다고 해도 과언이 아닐 것이다.……이는 곧 우리의 인식 체계, 우리 자신들의 문제를 논의하기 위해 사용하는 언어 자체가 우리 것이 되지 못한다는 사실을 또 한번 인식하게 한다. 지식과 권력 체계, 지식인 문화, 지식인에 대해 근본적 질문을 던질 것을 강하게 요구하는 것이다"[18]

지식폭력을 떠받치는 이론의 식민성

조한혜정의 발언은 한국 지식계에 흘러 넘치는 '공리공론'이 학생들

---

16) 조혜정, 『탈식민지 시대 지식인의 글 읽기와 삶 읽기 〈2〉: 각자 선 자리에서』(또하나의 문화, 1994), 179쪽.
17) 조혜정, 위의 책, 175쪽.
18) 조혜정, 위의 책, 21쪽.

에 의해서조차 학문의 본령으로 받아들여지고 있다는 걸 시사하는 것이다. 앞서 말씀드렸다시피, 이는 '기지촌 지식인' 현상과 깊은 관계를 맺고 있는 것이다. 이와 같은 문제를 사회학자 김동춘은 다음과 같이 날카롭게 지적하고 있다.

"공리공론성은 한국의 학계가 안고 있는 최고의 병폐인데, 이는 이론의 식민성과 깊이 관련되어 있다. 문제의 출발이 자신의 현실이 아니므로 오로지 '누가 무슨 말을 했다', '요즘 서구에서는 무엇이 중요하다' 라는 논의가 가장 중요하게 고려된다. 조선조의 한문학을 보면 조선 땅이 무대인 작품은『홍길동전』,『양반전』등을 제외하고는 거의 없다. 그들은 조선 땅에 발을 디디고 있었으면서도 언제나 정신은 중국에 가 있었다. 그러니 조선 사람들이 무슨 옷을 입고, 무슨 음식을 먹으며, 무엇을 생각하고 있는지는 그들의 관심사안이 아니었다. 자기의 것을 소중히 여기지 않으니 그에 관한 기록들을 남길 가치가 없을 수밖에 없고, 후세의 학자들은 추측과 상상력만으로 우리의 역사 연구를 할 수밖에 없다. 자고로 사회의 미래를 조망하려면 나의 처지와 다른 사람이 제시한 훌륭한 생각들을 결합해야 할 터인데, 우리 사회에서는 나의 처지는 생략되고 오직 남이 좋다고 생각하는 것만이 나에게도 좋을 것이라는 가정 하에서 그들이 중요하다고 말하면, 곧바로 수입하여 우리도 그 쪽으로 나가자는 주장들이 곧바로 등장하는 특징을 갖는다."[19]

이처럼 삶과 앎이 따로 노는 사회에서는 삶과 유리된 앎만을 추구하는 사람들이 자기들의 기득권 강화를 위해 삶과 관련된 지식을 폄하하기 마련이며, 바로 그런 풍토 속에서 '지식폭력'이 발생하게 되는 것이다. 물론 그러한 '지식폭력'은 단지 그 피해를 입는 사람들만의 문제가 아니

---

19) 김동춘, 〈한국의 지식인들은 왜 오늘의 위기를 읽지 못했는가〉, 계간『경제와 사회』, 제37호(1998년 봄), 172-173쪽.

다. 나라 전체의 문제가 된다. 이화여대 교수 진덕규는 IMF 사태 당시 『한국일보』1998년 2월 18일자에 기고한 글에서 그러한 문제를 다음과 같이 실토한 바 있다.

"나는…… 본질을 외면한 채 겉치장에 몰두했으며, 나다움의 가치보다는 시세에 편승해서 모방하는 일에 전념했으니, 그 거품이 얼마나 심했는지는 짐작하고도 남는다. 공부한 내용이 우리의 현재와 미래를 집요하게 묻고 대답하는 실학적 연구가 아니라 한낱 외국의 이론들, 그것도 우리와 별로 연관되지 않는 것들을 무슨 대단한 학문인 것처럼 받아들이고 고답적으로 주장했으니 그것이야말로 대표적인 거품이요 허학적인 것에 불과했을 뿐이다."[20]

사회적 언로(言路)에서 '외국의 이론들' 및 그것과 연계된 지식이 힘을 쓰는 풍토에선 우리 자신의 문제의식을 설정하는 일마저 어려워진다. 비록 실천에 있어선 이론(異論)의 여지가 있을 것이나, 김용옥은 이런 문제를 다음과 같이 지적하였다.

"우리 나라 학문이 지금 우리 나라 현실과 유리되어 있어서 현실의 문제 타결에 아무런 도움을 주지 못하여 사회 혼란만 가중시키고 있다고 생각하는 가장 큰 이유는 바로 우리가 우리의 문제를 제기해 온 방식(나의 과거나 뿌리)에 대한 정확한 이해가 없이 남의 문제를 내 문제로 착각하고 문제를 제기하고 있기 때문이다. 즉 나의 문제를 제기하는 방식이, 남이 자기의 문제를 제기하는 방식대로 따라서 제기하고 있기 때문이다. 즉 내 문제가 아닌 남의 문제를 내 문제로 착각한다."[21]

조한혜정 역시 "좋은 사회란 어떤 면에서 그 사회의 지식인들이 만들어 내는 이론이 현실을 보다 잘 보게 하는지 아닌지에 달려 있다"며 다음

---

20) 김동춘, 〈한국의 지식인들은 왜 오늘의 위기를 읽지 못했는가〉, 계간 『경제와 사회』, 제37호(1998년 봄), 173쪽에서 재인용.
21) 김용옥, 『대화: 김우중 · 김용옥 나눔』(통나무, 1991, 8판 1993), 43쪽.

과 같이 말한다.

"현실과 유리된 이론으로 먹고사는 지식인이 많을수록 그 사회는 문제가 있는 사회인 것이다. 달리 말해서 이론과 실천이 유리된 생활을 하는 지식인이 많은 사회는 자체 내 문제를 제대로 풀어가지 못하는 사회이다. 나는 여기서 '자신의 문제를 풀어갈 언어를 가지지 못하는 사회, 자신의 사회를 보는 이론을 자생적으로 만들어 가지 못하는 사회'를 '식민지적'이라고 부르고자 한다. 여기서 '식민지성'은 구체적이고 역사적인 사건과 관련된 현상을 뜻하기보다는 지식과 삶이 겉도는 현상을 뜻한다. 사회가 복잡해지고 거대해질수록 삶을 총체적으로 알아 가는 작업은 더욱 어려워지고 그런 면에서 사회가 복합적이 될수록 삶과 앎의 괴리가 멀어질 가능성은 높아진다."[22]

'거시'와 '미시'의 조화가 필요하다

나는 이 주장에 동의하되, 이 주장이 더 나아갈 경우 생길 수 있는 위험에 대해서도 경계한다는 걸 밝혀두는 게 좋겠다. 조한혜정은 이어 다음과 같이 말하는데, 나는 이 주장엔 동의하기 어렵다.

"제3세계의 경우에 문제는 좀더 복잡하다. 제3세계의 지식인은 '식민지성'을 재생산하는 데 앞장선 사람들일 가능성이 높기 때문이다. 그들이 흔히 보이는 징후는 이론에 치우치면서 그 속에 담긴 자신의 삶에 대한 암시를 애써 외면하는 것, 자신의 삶이 전혀 담겨 있지 않은 글읽기에 일생을 기꺼이 바칠 수 있는 것, 아니면 책읽기를 너무나 지겨워하는 것 등일 것이다. 지식인들도 즐거운 삶을 살 권리가 있다. '식민지적 지식

---

22) 조혜정, 『탈식민지 시대 지식인의 글읽기와 삶읽기 〈1〉: 바로 여기 교실에서』(또하나의 문화, 1992), 22쪽.

'곡학아세'에서 찾는 희망

실천을 추구하는 지식인의 지식인 비판… 행동하는 지성을 위하여

조흡 / 문화연구가

지금은 은퇴한 어느 대학 교수의 이야기다. 학교에 몸담고 있던 수십년 동안 그는 비교적 반골 지식인으로 통했다. 그가 펴낸 책이며, 평소에 행한 강의와 강연 내용을 살펴보면 그가 진보 성향의 학자라는 사실을 누구도 의심할 수 없을 정도로 좌파 이론에 정통했다. 그를 의심한다는 것 자체가 오히려 이상한 일이 되는 것이, 그가 진보의 경계를 넘어 때때로 급진적인 발언까지도 마다하지 않았기 때문이다. 그런 그를 후학들은 꽤나 존경했다.

어느 존경스런 노교수의 변질

그러던 그가 어느 국영기업에서 묵직한 의자를 하나 차지하더니 조금씩 달라지기 시작했다. 평소에 주장했던 민주적 원칙은 온데간데없이 자신의 거취와 관계되는 일이라면 편법을 동원해서라도 처리해는 부리수를 범하기도 했고, 자신의 이기적인 행동을 옹호하기 위해 온갖 궤변을 늘어놓는 일이 흔해졌다. 공적 영역에서 그가 그동안 주장했던 이론과 사적 영역에서 실제로 보여준 '행동' 사이에 존재하는 괴리는 너무나 큰 것이었다.

정권이 바뀌고 어느날 갑자기 일자리를 잃게 된 그는 이에 '반체제인사'로 나서기도 했다. 새 정부의 정책이 평소에 그가 주장한 내용을 담고 있음에도 자신을 몰아낸 정권의 처사가 괘씸해서인지 그는 노골적으로 이에 저항하기 시작했다. 더이상 정교한 이론을 내세울 필요조차 없었다. 복받친 감정만이 모든 것을 판단하는 기준이 되어, 정부가 내놓는 안건마다 욕설로 평가를 대신하곤 했다. 그에게 개혁이란 자신의 이익이 다치지 않는 범위에서만 가능했던 것이다.

이런 일이 단지 한국에서만 일어나는 현상은 아닐 것이다. 그리고 요즘 세태만의 일도 아니다. 이탈리아의 지식인 안토니오 그람시도 제 잇

그람시

속 처리기에 급급한 지식인과 사회적 약자들의 이익을 위해 행동하는 지식인을 구분해서 부르기도 했다. 그람시에 따르면, 변호사·신문사 편집장·동네 의사와 약사 등은 '전통적'인 지식인이 분명하지만, 그들의 행동양식은 대체로 체제의 변화에 커다란 거부감을 느끼는 부류라고 한다. 따라서 그들은 주로 지배그룹의 이익을 옹호하지만, 간혹 약자와 강자 사이의 갈등을 중재하기도 한다는 것이다.

전통 지식인에게서 사회변혁을 위한 역할을 기대할 수 없었던 그람시는 또다른 유형의 지식인에 주목했다. 세상을 좀더 민주적인 사회로 바꾸는 데 지식인이 필요하다고 생각한 그람시는 지식인들이 해야 하는 일이 제 목소리를 낼 수 없는 사회적 약자의 이익을 보살펴주는 것이라고 주장했다. 바로 '유기적 지식인'이라고 불리는 이들이다. 이 '유기적 지식인'들은 지배그룹과 '전통 지식인'들이 만들어놓은 불평등한 구조를 해체하고 사회를 새롭게 건설하는 데 직접 나서는 행동대인 셈이다.

그러나 행동하는 지식인이란 말이 쉽지 실제 주변에서 찾아보기 무척이나 힘든 지식인이다. 대부분의 지식인들이 가치중립적 태도를 견지하면서 현상을 관조하는 옵서버의 역할에 만족하고 있기 때문이다. 통계와 중

『한겨레21』, 2001년 8월 9일

삶과 앎이 따로 노는 사회에서는 삶과 유리된 앎만을 추구하는 사람들이 자기들의 기득권 강화를 위해 삶과 관련된 지식은 폄하하기 마련이다. 이런 풍토가 '지식폭력'을 만들고 있는 것이다.

인'들이 터무니없는 자만심으로 목소리를 높이거나, 세상 모든 고통을 지고 가다가 탈진해 버리거나, 열등감과 자책감에 시달리다가 포기해 버린다면 '식민지 지식인의 옷을 벗은 지식인'은 개인적으로 즐겁게 살고자 하는 자신의 노력이 사회 전체의 진보와 직결되는 삶을 사는 사람일 것이다. 나는 지식인이라는 전문 집단의 권위가 더 이상 필요 없는 사회

가 이상적인 사회라고 생각한다. 그러한 방향으로 가기 위해서, 지금 우리의 삶에 엄청난 권력으로 작용하고 있는 지식인 집단은 심각하게 자기 반성을 해야 하는 것이다."[23]

물론 위 주장에 동의할 수 있는 것들도 있다. 특히 "자신의 삶이 전혀 담겨 있지 않은 글읽기에 일생을 기꺼이 바칠 수 있는 것"이라는 표현이 너무 마음에 든다. 실제로 보수와 진보를 막론하고 그런 지식인들이 아주 많기 때문이다.

그러나 조한혜정이 말하는 지식인들의 "즐거운 삶을 살 권리"가 영 아리송하게 다가온다. 그건 마치 모두 다 '각자 선 자리에서' 미시적으로만 활동하는 게 바람직하다는 주장처럼 여겨지기 때문이다. 물론 그렇게 활동하는 것도 바람직하다. 그러나 그걸 기준으로 '식민지적 지식인'과 '식민지 지식인의 옷을 벗은 지식인'을 구분하는 건 무리가 아닌가 생각한다.

"지식인이라는 전문 집단의 권위가 더 이상 필요 없는 사회가 이상적인 사회"라는 건 백 번 옳은 말씀이지만, 그게 현실로 이루어지기 매우 어려운 상황에서 미시적으로만 활동한다고 해서 그런 이상적인 사회가 저절로 이루어질 수 있을까? "지금 우리의 삶에 엄청난 권력으로 작용하고 있는 지식인 집단"이 스스로 "심각하게 자기 반성"을 하겠느냐 이 말이다. 그 기득권을 놓치지 않기 위해서라도 더욱 큰 '권력'이 되기 위해 애쓰지 않을까?

이건 역설이지만, 그걸 깨기 위해서라도 조한혜정이 생각하는 '즐거움'과는 다른 종류의 '즐거움'을 추구하는 지식인도 필요할 것이고 거시적 또는 그 중간에서 활동하는 지식인도 필요하지 않겠느냐는 것이다.

---

23) 조혜정, 『탈식민지 시대 지식인의 글읽기와 삶읽기 〈1〉: 바로 여기 교실에서』(또하나의 문화, 1992), 23쪽.

'거시'를 부정하는 '미시'보다는 둘 사이의 조화를 꾀하는 것이 어떨까 한다.

'즐거움'이란 무엇인가?

말 나온 김에 '즐거움'에 대해 더 논의해보자. 나는 조한혜정의 대부분의 주장에 대해선 전폭적인 지지를 보내지만 그의 주장을 계속 따라가다간 넘어선 안 될 선을 넘는 문제가 발생할 수 있다고 보기 때문이다. 조한혜정은 위와 같은 발언을 한 지 1년 6개월 후에도 다음과 같이 비슷한 내용의 말씀을 하셨다.

"삶의 정서는 글에 나타나기 마련이며, 개인적으로 비관적이고 냉소적인 삶을 살면 비관적인 미래를 말하게 될 가능성이 높다. 우리 주변에 근원주의적 논의들이 지나치게 많이 생산되는 것은 실은 그 필자들이 일상적으로 갖고 있는 개인의 불안감이 상승 작용을 하고 있기 때문일 것이다. 개인적 삶을 관리하지 못함으로 생기는 삶의 '짜증'을 독자에게 지우는 일은 부당하다. 그래서 글쓰는 이는 자신의 삶이 즐거울 수 있도록 최선의 노력을 한다. 즐거운 기분으로, 따뜻하게 글을 쓰기 위해서 삶의 조건을 만들어 가려고 노력해야 한다."[24]

이 주장은 그 선의에도 불구하고 한국 지식계의 전체 판을 읽지 못한 말씀이 아닌가 생각한다. 도대체 한국에 '짜증' 내는 글을 쓰는 지식인이 얼마나 된다고 그런 말씀을 하시는지 나 같은 사람으로선 좀 서운하다.

말이야 바른 말이지, 지금 한국 사회에서 에헴 하고 힘깨나 쓰는 교수들 거의 대부분이 지금 이대로 너무 행복해 못 살겠다는 사람들이다. 그

---

24) 조혜정, 『탈식민지 시대 지식인의 글 읽기와 삶 읽기 〈2〉: 각자 선 자리에서』(또하나의 문화, 1994), 254쪽.

분들은 절대 남 비판 안 한다. 큰일날 짓이다. 뭐든 한 자리 하고 재미보려면 친구를 아무리 많이 만들어도 모자랄 판에 왜 남을 비판한단 말인가. 그분들의 행태는 정치인들의 그것과 너무 비슷하다. 나는 왜 조한혜정은 그런 분들에 대한 문제 제기를 하는 대신 저기 한쪽 구석에 처박혀 있는 극소수의 '짜증' 내는 교수들에게 그런 조언을 하시는 건지 안타깝다.

사실 난 이런 말하기가 참 편한 입장이다. 난 좌파 지식인들로부터는 노동자 걱정하면서 '짜증' 내지 않는다고 욕을 먹기 때문이다. 좌파 지식인들은—좌파 냄새 피우는 위선자들 말고 진짜 좌파 지식인들은—지식인이 자신의 계급적 입지에 안주하지 말고 노동자들의 삶에 다가가야 한다고 말한다. 조한혜정 식으로 말하자면, 오히려 '짜증'을 키워야 한다고 말하는 것이다.

물론 조한혜정의 말씀은 그런 이데올로기 차원의 말씀은 아닐 게다. 어떤 이념이나 지향성을 갖고 있건 지식인들이 자신의 삶이 즐거울 수 있도록 최선의 노력을 다해야 한다는 건 좋은 말임에 틀림없다. 그러나 과연 즐거움의 기준과 내용이 뭘까? 한국 사회의 총체적 부패구조라든가 그 밖의 문제들에 대해 짜증을 내고 분노하는 데에서 즐거움과 보람을 찾는다면 어떻게 할 것인가? 수시로 해외 관광 다니고 스키 타고 골프 치고 그러면 즐겁게 사는 걸까? 일부러 우리 사회의 어두운 구석만 찾아다니면서 보려는 사람들의 경우 왜 그들은 즐겁게 살지 못할 것이라고 생각해야 하나?

지식인의 발언이 개인적인 삶의 조건으로부터 자유로울 수 없다는 건 분명한 사실이지만, 그와 동시에 지식인의 발언을 지식인 개인의 삶의 조건의 문제로 환원시키고자 하는 시도는 경계해야 마땅할 것이다.

지식폭력과 글쓰기

어찌됐건, '외국의 이론들' 및 그것과 연계된 지식이 힘을 쓰고 또 그래서 남의 문제를 우리의 문제로 착각하는 풍토에선 실제 삶에서 얻은 지혜는 제대로 된 대접을 받을 수 없다. 그건 '지식'의 범주에도 끼지 못하고 실제 삶과는 전혀 무관한 남의 나라 이론이나 문제에 관한 것이 '지식'으로 대접받는 비극이 발생한다.

이와 같은 '지식폭력'은 당연히 글쓰기 문제와도 연결된다. 김용옥은 '말하기'뿐만 아니라 '글쓰기'에 있어서도 파격을 보여 왔다. 글을 쉽게 씀으로써 어려운 글에 주눅이 들어온 보통 사람들에게 다가 간 것이다. 그 자신의 표현을 빌리자면, 그는 "철학자 동료들로부터 너무 글을 쉽게 쓴다고 야단을 맞기 일쑤였는데, 즉 어렵고 귀한 내용을 너무 쉽고 싸게 폭로해버리기 때문에 우리의 '고등한 장사'가 잘 되지 않는다고 질책을 받아왔"다는 것이다.[25]

장난스럽게 한 말이긴 하지만, 김용옥이 그간 '지식폭력'에 대해 환멸을 느껴 온 사람들을 열광시켰다는 건 분명하다. 물론 김용옥의 '지식폭력'에 대한 도전은 그 자체로서 새로운 '지식폭력'이 되는 문제를 드러내긴 했지만, 그건 그 도전의 가치에 비추어 비교적 사소한 것으로 보는 것으로 온당할 것이다.

'지식폭력'을 극복하기 위해선 '구어적(口語的) 전통'의 회복을 꾀할 필요가 있다. '지식폭력'은 주로 '문어(文語)'에서 발생하기 때문이다. 이에 대해 크리스토퍼 래쉬는 "구어는 문어의 모델이 되어야 하는데 실제로는 그 반대로 문어가 구어의 모델로 되며, 일상적인 연설은 우리가 인쇄물에서 보는 응고된 상투어들처럼 들리기 시작한다. 일상적인 연설

---

25) 김용옥, 『대화: 김우중·김용옥 나눔』(통나무, 1991, 8판 1993), 33-34쪽.

이 '정보'처럼 들리기 시작한다"고 말한다.[26]

바로 그런 상황에서 '지식폭력'이 발생한다. 문어를 앞세운 '지식폭력'은 오랜 역사를 자랑하는 것이다. 존 길로리는 근대 부르주아지가 '문화자본'으로서의 문어 사용 능력을 관리해 왔다고 주장한다. 영문학자 송무의 해설을 들어보자.

"근대 부르주아지는 문어 사용 능력을 통해 새 시대의 지배계급이 되었다. 그런데 부르주아지는 하층 계급에게도 문어 사용 능력을 갖게 하는 것이 산업사회의 구축에 더 유리하리라는 것을 발견하고 교육을 대중화시켰다. 대신 그들은 문어 사용 능력을 차등화하기 위해 고급 언어로서 문학의 범주를 수립하였다. 그리고 문학에 대한 접근을 대학 교육을 통해 통제하고 관리함으로써 이 새로운 문어 사용 능력을 이전 시대처럼 일종의 자본으로서 이용할 수 있음을 발견하였다. 이러한 이중 언어의 구축은 대중이 문어 사용 능력을 갖지 못했을 때와 같은 효과를 냈다. 고급 문학을 이해하지 못하는 것은 일종의 문맹이기 때문이다. 그런데 새로 등장한 전자 매체는 문어처럼 관리할 수 없거나 다른 방식의 관리 체제를 요구하기 때문에 문학 교양을 자본화한 상층 계급에게는 텔레비전의 인기가 그들의 문학적 체제의 기반을 흔드는 위기라고 느껴진다는 것이다."[27]

물론 그렇다고 해서 모든 커뮤니케이션이 구어적으로 이루어져야 한다는 건 아니다. 구어적 가치를 일정 부분 인정할 필요가 있다는 것이다. 어떤 경우엔 말같이 글을 쓰기 위해 애를 쓸 필요가 있다는 것이다. 이에 대해 사회학자 조한혜정은 다음과 같이 말한다.

---

26) 크리스토퍼 래시, 이두석 · 권화섭 옮김, 『엘리트의 반란과 민주주의의 배반』(중앙 M&B, 1999), 216쪽.
27) 송무, 『영문학에 대한 반성: 영문학의 정당성과 정전 문제에 대하여』(민음사, 1997), 91-92쪽.

"글 같은 말은 엘리트들이 쓰는데 아주 소수들이 만들어 내고 폐쇄적으로 쓰고 있지요. 그래서 결국 일반적으로 쓰는 말과 글의 거리를 더 넓혔어요. 이론 논쟁을 즐겨하는 지식인들이 술좌석에서 가서는 전혀 다른 언어를 쓰는 이중성도 이런 분열이 지식인 내부에서 그대로 일어나고 있음을 말해줍니다. 글 같은 말을 쓰는 장소와 그렇지 않은 장소가 확연히 구별되어 있고, 그래서 우리 사회에서는 항상 뒤풀이가 있어야 하지요. 우리의 관심은 먼저 어떻게 하면 말을 살려낼 거냐 하는 문제지요. 앙리 르페브르라는 사람이 '말이 글로 되었을 때부터 억압은 시작되었다' 는 얘기를 해요. 관료적인 통제, 일상에서 멀어지는 것이 거기서부터 시작되어 지금 기호의 시대까지 온 것을 얘기하는데 그의 주장이 극단적인 것이긴 하지만 거기서 말하는 글이 갖는 억압에 대해 분명히 인식해야 한다고 봅니다. 그래서 말같이 글을 쓴다는 것이 중요해집니다."[28]

말같이 글을 쓰는 것이 중요한 동시에 자신을 드러내는 것도 필요하다. '지식폭력' 은 자신을 감추고 다른 '권위' 를 내세워 상대방을 제압하는 형식으로 이루어지고 있기 때문이다. 서울대 영문학과 교수 신광현은 "'나' 의 사용을 거부함으로써 논문은 그 주체가 '학문적이고 과학적이고 객관적인 주체' 라는 당위를 폭력적으로 내세우면서 실제로 그렇지 않은 면도 있다는 사실을 은폐한다"고 말한다.[29] 어찌 논문뿐이랴. 나는 적어도 사회참여적 글쓰기만큼은 나를 드러냄으로써 '지식폭력' 을 막아야 한다고 생각한다. 그래야 제대로 된 커뮤니케이션이 가능해진다고 보기 때문이다.

---

28) 조혜정 외, 〈좌담: 살아남기 위한 말, 살리기 위한 말〉, 『또하나의 문화 제9호: 여자로 말하기, 몸으로 글쓰기』(또하나의문화, 1992), 34-35쪽.

29) 신광현, 〈대학의 담론으로서의 논문: 형식의 합리성에 대한 비판〉, 계간 『열린 지성』, 제3호(1997년 겨울), 16-17쪽.

대학 교수는 피해자인가?

그런데 건국대 영문과 교수 김종갑은 글쓰기 방식과 관련하여 교수들 역시 제도가 부과하는 '지식폭력'의 희생자일 수 있다는 주장을 내놓고 있어 흥미롭다. 그는 "글쓰기는 자율적으로 선택하는 것이 아니라 타율적으로 선택된다고 할 수 있다"면서 다음과 같이 말한다.

"오로지 몇몇 특권적인 학자들, 담론 유통 시장에서 수요가 급증하는 학자들만이 자유로운 글쓰기를 실천할 수 있는 자유와 자격이 있다고 할 수 있다. 어떠한 이유든 간에 담론 유통 시장에서 배제된 학자들은 김영민이 비판하는 이른바 '논문 쓰기'식 글쓰기를 유일한 대안으로 삼을 수밖에 없다. 이들에게 허용되는 지면은 담론 유통 시장과 무관한 비매품 학술지이기 때문이다. 결국 시장 경제에서 밀려난 학자들이 학술 논문이라는 대학의 제도적 장치의 도움을 빌려 글쓰기를 실천하는 셈이다. 따라서 논문 중심주의가 인문학자의 의식 속에 존재한다면, 그것은 우월감이나 특권의 표현이 아니라 열등감과 패배 의식의 표현이라고 말하는 것이 더 올바른 진단이 될 것이다. 또 만약 논문 중심주의가 존재한다면, 그것은 학자의 개인적인 의식에 존재하는 것이 아니라 비매품 학술 논문지를 생산하는 대학이라는 제도적 장치 안에 존재할 것이다."[30]

이와 같은 견해엔 분명히 타당한 면이 있다. 교수들이 논문 중심주의에 굴복해 '공적 지식인'으로서의 역할을 포기하는 건 비단 한국만의 문제는 아니다. 예컨대, 미국에서도 '공적 지식인'의 사망이 거론된 건 오래 전 일이다. 경제적 풍요와 학계 내 위계질서, 그리고 학계 내에서의 생존을 위한 몸부림이 '좁고 깊게'를 외치는 전문가들만 양산해내는 시

---

30) 김종갑, 〈누가 논문 중심주의를 강요하는가: 최근의 글쓰기 논쟁에 관하여〉, 『현대사상』, 제6호(1998년 가을), 157-158쪽.

스템 하에서 교수들이 더 이상 대중을 상대로 한 글쓰기를 하지 않으며, 지식인 특유의 상상력과 모험정신은 거세된 지 오래라는 진단이 나오고 있는 것이다.[31]

한국의 경우엔 문제가 더욱 심각하다. 미국에서 그걸 보고 온 한국 유학생들은 그게 '선진적'인 거라고 생각하고 그걸 한국에서 그대로 흉내 내고 있기 때문이다. 어디 그뿐인가. '공적 지식인'의 역할을 고수하려는 사람들을 당당하게 비아냥대거나 비판하기도 한다. 바로 이런 이유 때문에 김종갑의 견해에 타당한 면이 있음을 인정하면서도 다음과 같은 해법엔 동의하기 어려워진다.

"교수들은 이러한 논문 중심주의적 평가의 수혜자가 아니라 일차적인 피해자들이다.…… 대학이라는 제도에 속해 있으면서 교수 업적 평가에 발목이 묶여 있는 교수들에게 그러한 새로운 글쓰기는 자칫하면 예기치 못한 결과를 초래할 수 있다. 그것은 아예 논문으로 평가되지도 않거나 논문보다 등급이 훨씬 낮은 평론의 범주로 강등되면서 이들의 지위를 위협하기 때문이다. 때문에 논문 중심주의라는 이름으로 학자들의 글쓰기를 질타하고 단죄하는 것도 나름대로의 정당성을 지니기는 하지만, 그것은 글쓰기를 둘러싼 제도적인 장치들을 도외시하기 쉽다. 물론 약간이나마 허위의식이나 논문 중심주의적 성향에 노출되지 않은 학자들은 없을 것이다. 그러나 이러한 허위의식을 조장하는 출처는 학자들이 아니라 대학의 논문 평가 제도에 있다. 새로운 글쓰기가 개화만발하기 위해서는 학자의 의식을 닦달할 것이 아니라 우선 제도적으로 논문 평가 방식이 개선되어야 한다."[32]

---

31) Russell Jacoby, 〈The Decline of American Intellectuals〉, Ian Angus & Sut Jhally eds., 『Cultural Politics in Contemporary America』(New York: Routledge, 1989), pp. 271-281.
32) 김종갑, 〈누가 논문 중심주의를 강요하는가: 최근의 글쓰기 논쟁에 관하여〉, 『현대사상』, 제6호(1998년 가을), 162-163쪽.

나는 이와 같은 견해에 대해 『인물과 사상 19』에 쓴 〈시장은 누구의 것인가?: '개혁 상업주의'를 어떻게 볼 것인가?〉라는 글에서 "그러나 의식이 잘못돼 있는데, 제도 개선의 동인이 어디에서 나올까? 김종갑의 주장에 일리가 없는 건 아니나 교수를 단순 노동자와 다를 바 없는 존재로 간주한다는 점에서 동의하기 어렵다"고 말한 바 있다.

이야기를 분명히 해두자. 모든 지식인들이 다 '공적 지식인'이 되어야 한다는 게 아니다. 그럴 필요도 없고 그게 가능하지도 않다. 김종갑은 교수들이 '제도적 장치'의 피해자일 수 있다는 점에만 주목할 뿐, 이젠 교수들이 그러한 '제도적 장치'를 고수하는 주체가 되고 있다는 점은 보지 않으려 한다. 제도적으로 논문 평가 방식을 개선하기 위해서도 학자의 의식을 닦달해야 하는 게 아닐까? 김종갑의 주장은 아무리 타당한 면을 인정한다 하더라도 지나친 패배주의라는 비판을 면키 어려울 것이다.

지식폭력을 부추기는 『조선일보』

'지식폭력'은 깨지기 매우 어렵다. 이 현상에서 이익을 취하는 집단들이 너무 많기 때문이다. 가장 대표적인 집단이 바로 언론이다. 모든 언론이 다 그런 건 아니다. 조중동(조선-중앙-동아)이 심하다. 특히 『조선일보』와 그 새끼 매체들이 가장 극성이다. 이들은 '지식폭력'을 팔아먹기 위해 안달을 한다. 예컨대, 『미디어오늘』 2000년 11월 2일자는 〈대학 탐방기사 서열화 '부채질': 『주간조선』, 『월간조선』 등 연재 "광고·판매에 악용" 제기도〉라는 제목의 기사에서 다음과 같이 말한다.

"언론의 대학 소개·평가 기사가 대학의 서열화를 부추기는 한편 광고·판매용으로 악용될 소지가 크다는 지적이 제기되고 있다. 『주간조선』은 지난 10월 5일자(1622호)부터 대학 탐방 시리즈를 게재하고 있다. 『주간조선』의 대학탐방은 한양대를 시작으로 숙명여대, 숭실대로 이어지고 있다. 『월간조선』도 11월호에서 대학평가와 함께 동국대학교가 명문사학으로 부상하고 있다는 기사를 게재했다.…… 이와 관련 동국대학교의 한 관계자는 '『월간조선』에 기사가 나가고 난 뒤, 광고부에서 연락이 와 광고를 한 번 해준 적은 있다'면서 '하지만 협찬은 아니었고 기사의 대가성 여부와도 상관이 없었다'고 말했다.…… 하지만 다른 주간지 기자는 '일반적으로 대학교를 소개하는 기사의 경우 2주 전에 담당자와 만나 광고비든 협찬금이든 금액이 들어온 것을 확인한 후 기사가 나가는 것이 통상적'이라고 밝혔다. 이에 대해 교육개혁운동 시민연대의 최현섭 운영위원장은 '언론에서 대학평가를 하는 것은 일반적으로 서열평가 위주'라면서 '공통적으로 합의된 평가기준이 없기 때문에 형식적인 평가로 이어질 소지가 크다'고 말했다. 최 위원장은 '언론에서 이런 식으로 평가를 매기다 보니 대학 측으로서는 부담을 느낄 수밖에 없고, 학교 소개 기사에도 민감하게 반응한다'면서 '특정 언론이 대학을 평가하는 것이 아니라 민간위원회를 구성해 평가하는 방식으로 전환할 필요가 있다'고 지적했다. 언론의 대학평가는 지난 95년 『중앙일보』가 외국신문의 대학평가 방법을 도입·조사하면서 시작됐으며, 이후 각 언론이 앞다퉈 대학평가 및 소개기사를 싣고 있다."

왜 대학에 서열을 매기는 걸까? 우문(愚問)임에 틀림없다. 서열 없는 폭력이 어디 있는가? 폭력은 서열을 위해 행사하는 것이다. 같은 종(種)의 동물들이 싸우는 이유도 바로 그 서열 때문이다. 인간이라고 다를 게 없다. 서열이 있어야만 어떻게 해서든 높은 서열로 올라가려는 싸움이 생기게 마련이고, 또 그런 상황에선 서열을 따지는 짓이 장사가 되는 것이다. 물론 그런 '서열 따지기'는 많은 사람들에게 대단히 폭력적인 것이다. 『한국대학신문』 2000년 12월 11일자 사설〈대학 서열과 인생의 서열〉은 다음과 같이 말한다.

"서울대에 들어가면 그를 바라보는 남들의 눈이 달라지고 프리미엄이 일평생 따라다닌다. 연세대, 고려대, 이화여대도 그렇지만 서울대는 다같이 어느 대학 출신보다 최상급의 인생을 누리는 데 있어서 가장 유리한 고지를 점령하게 되는 것이다. 그리고 대학 서열이 아래로 처질수록 인생의 설움은 이미 입학 당시부터 시작해서 졸업장 받는 날부터는 더욱 가속화된다. 4년 동안 쌓은 실력 따위는 소용없다. 우수한 수능성적으로 타 대학에 전학년 장학금을 받고 용돈까지 받으며 졸업했어도 우리 사회가 만든 대학 서열의 위력 앞에서는 무력하기 짝이 없다.

입시 준비가 입시 지옥이 되는 이유는 이 같은 대학 서열이 곧 그들의 인생 서열이 되고 그것이 사회를 계층화하고 불평등한 전근대적 계급사회의 모순까지도 심화시켜 나가기 때문이다. 그리고 이것은 일류대의 세습화와 함께 사회적 특권계급의 세습화라는 극단적인 우려까지 낳는 추세에 있다.

최근 발표된 지역별 서울대 출신 분포 조사에서 나타난 것을 보면 짐작이 간다. 왜 서울대 출신들이 서울의 강남에서도 강남구와 서초구에 가장 많이 밀집되어 있을까? 지역에는 고위 관직자들이 가장 많이 집중돼 있다. 국회의원이나 기업인들도 그렇다. 즉 우리 사회의 부와 권력의 특성과 서열 제1위의 서울대가 일치하고 있는 것은 우연일까? 물론 예외가 되는 진짜 우등생도 적지 않지만 우리는 여기서 고액과외 등 돈의 위력을 생각하지 않을 수가 없다. 과목당 백만 원 이상의 비밀 고액과외는 아무나 할 수 있는 것이 아니다. 그리고 그런 과외가 수능 성적을 꽤 많이 올려준다는 것은 이미 알려진 사실이기 때문이다.

그렇다면 부와 권력이 고액과외와 기타 입시준비의 최고 조건을 낳고 그것이 서울대를 낳고 서울대에 따라붙는 온갖 프리미엄이 다시 부와 권력을 낳으며 이 같은 순환이 우리 사회에서 서울대와 부 또는 권력의 세습화를 촉진해 나간다는 것이다. 그리고 물론 서울대만이 아니라 연세대, 고려대 등도 비슷하게 이런 순환 형태를 따라갈 것이다. 그들뿐 아니라 고관이나 금배지나 기타 경제적 상류층이 누리는 특권을 보면 우리 사회는 상습적으로 정의가 배반당하고 있는 사회이며 원칙이 이미 오래 전에 사라져 버린 사회다."

'대학 서열화' 라는 지식폭력

'대학 서열화'는 많은 사람들에게 큰 상처를 준다. 그 상처를 치유할 방법도 없다. 이미 지나간 시간을 되돌릴 수 없기 때문이다. 아무리 열심히 공부한다 해도, 한국의 '지식폭력'은 실질적인 능력을 따져서 행사되는 것이 아니기 때문에 피해자의 신세를 벗어날 길이 없다. 한 지방대 출신 학생운동 활동가는 다음과 같이 말한다.

"아무도 우리의 입학을 축하하지 않았다. 그것은 부모님의 기대와 성적, 가정 형편 사이에서의 불만족스러운 타협에 불과했다. 엄청난 양의 입학금과 등록금을 내고서 들어온 학교는 기대에 비해 형편없었지만, 그나마 재수, 삼수를 하고 있는 친구들을 생각하며 그럭저럭 다행스러워했을 뿐이었다.……그래서 '조금 후진 학교일 뿐이야', '열심히 살면 뭔가 되겠지'라고 위안하면서 계층 상승의 욕망을 요체로 하는 향학열을 부채질했다.

그러나 대학은 이미 수직 서열화되어 있었다. 그리고 이 대학의 서열은 큰 이변이 없는 한 평생에 걸쳐 내 삶에 확대 재생산되어 투영될 것이었다. 이 사실이 너무 끔찍스러워 재수를 하거나 편입학을 감행해 보지만, 그 결과는 계층상승 욕망을 더욱 깊숙이 내면화시키고 자본의 질서가 갖는 힘을 절대화시키는 데로 귀착된다. 그러다가 우리 삶에 큰 이변이 생겼다. 재수 없게 학생운동을 하게 된 것이다.…… 그런데 이 대중운동의 시대에도 '공부도 못하는 게 데모질이야'라는 말로 대변되는 의식이 우리 내면에 똬리를 틀고 있다. 지방대 학생운동 활동가들에게 열등

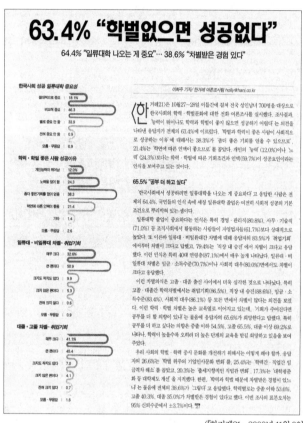

63.4% "학벌없으면 성공없다"

64.4% "일류대학 나오는 게 중요"··· 38.6% "차별받은 경험 있다"

이화주 기자/ 한겨레 여론조사팀 holly@hani.co.kr

한국사회 성공 일류대학 중요성

절대적으로 중요	18.1%
비교적 중요	46.3
별로 중요 안함	33.9
전혀 중요 안함	0.9
모름·무응답	0.9

학벌·학연 좋은 사람 성공이유

개인능력이 뛰어남	12.0%
노력을 많이 함	24.3
좋다 좋은기회를 많이 얻음	38.3
학연에 따른 인맥이 좋음	21.4
기타	1.4
모름·무응답	2.6

일류대·비일류대 차별─취업기회

매우 크다	32.6%
큰 편이다	50.9
크지도 작지도 않다	9.9
크지 않은 편이다	5.3
전혀 크지 않다	0.6
모름·무응답	0.9

대졸·고졸 차별─취업기회

매우 크다	41.1%
큰 편이다	45.4
크지도 작지도 않다	7.0
크지 않은 편이다	4.1
전혀 크지 않다	0.7
모름·무응답	1.8

〈한겨레21〉은 10월27~28일 이틀간에 걸쳐 전국 성인남녀 700명을 대상으로 한국사회의 학력·학벌문화에 대한 전화 여론조사를 실시했다. 조사결과, 능력이 뛰어나도 학력과 학벌이 좋지 않으면 성공하기 어렵다는 의견을 나타낸 응답자가 전체의 63.4%에 이르렀다. 학벌과 학력이 좋은 사람이 사회적으로 성공하는 '이유'에 대해서는 38.3%가 '좋다 좋은 기회를 얻을 수 있으므로', 21.4%는 '학연에 따른 인맥이 좋으므로'를 꼽았다. 개인의 '능력'(12.0%)이나 노력'(24.3%)보다는 학력·학벌에 따른 기회조건과 인맥(59.7%)이 성공요인이라는 인식을 보여주고 있는 것이다.

65.5% "공부 더 하고 싶다"

'한국사회에서 성공하려면 일류대학을 나오는 게 중요하다'고 응답한 사람은 전체의 64.4%. 국민들의 인식 속에 여전히 일류대학 졸업은 여전히 사회적 성공의 기본 조건으로 뿌리박혀 있는 셈이다.

일류대학 졸업이 중요하다는 인식은 특히 경영·관리직(80.8%)과 사무·기술직(71.0%) 등 조직사회에서 활동하는 사람들이 자영업자(61.7%)보다 상대적으로 높았다. 또 이러한 일류대·비일류대 차별에 대해 응답자의 83.5%가 '취업기회'에서부터 차별이 크다고 답했고, 79.4%는 '직장 내 승진'에서 차별이 크다고 응답했다. 이런 인식은 특히 40대 연령층(87.1%)에서 매우 높게 나타난다. 일류대·비일류대 차별은 '임금·소득수준(70.7%)이나 사회적 대우(80.0%)면에서도 차별이 크다고 응답했다.

이런 차별의식은 고졸·대졸 출신 사이에서 더욱 심각한 것으로 나타났다. 특히 고졸·대졸간 학력차별에서는 '취업기회(86.5%), 직장 내 승진(88.6%), 임금·소득수준(83.4%), 사회적 대우(86.1%) 등 모든 면에서 차별이 많다는 의견을 보였다. 이런 학력·학벌 차별은 높은 교육열로 이어지고 있는데, 기회가 주어진다면 공부를 더 할 의향이 있느냐는 물음에 응답자의 65.6%가 희망한다고 답했다. 특히 공부를 더 하고 싶다는 의향은 중졸 출신이 54.5%, 고졸 65.5%, 대졸 이상 69.2%로 나타나, 학력이 높을수록 오히려 더 높은 단계의 교육을 받길 희망하고 있음을 보여주었다.

우리 사회의 학벌·학력 중시 문화를 개선하기 위해서는 어떻게 해야 할까. 응답자의 26.6%는 '학벌 위주의 기업인사문화 변화'를, 25.4%는 '학력간·직업간 임금격차 해소'를 꼽았고, 20.3%는 출세지향적인 직업관 변화', 17.3%는 '대학평준화 등 대학제도 개선'을 지적했다. 한편, '학력과 학벌 때문에 차별받은 경험이 있느냐'는 물음에 전체의 38.6%가 '그렇다'고 응답했다. 학력별로는 중졸 이하 53.6%, 고졸 40.3%, 대졸 35.0%가 차별받은 경험이 있다고 했다. 이번 조사의 표본오차는 95% 신뢰수준에서 ±3.7%이다. 〈끝〉

『한겨레21』, 2000년 11월 9일)

학벌 따지고 학연 따지는 사회에서 따질 만한 학력조차 갖지 못한 사람들이 당할 수밖에 없는 '폭력'이 어떠할 것인지는 짐작하기 어렵지 않을 것이다. 이러한 '지식폭력'은 '정치를 희생양으로 삼는 국민 사기극'으로까지 진전되고 있다.

감을 갖게 만드는 첫 번째 계기는 운동 바깥에 존재했다. 그것은 바로 대학의 서열이다.

운동의 깊이가 더해 갈수록 열등감의 계기와 더 자주 맞닥뜨리게 된다.…… 가끔씩 찾아오는 선배들을 만나면 지방대 출신이 살아가는 모습과 운동권 출신이 살아가는 모습이 심하게 비틀린 채 결합된 군상을 만나게 된다. 운동권의 덕목에 전문성이란 것이 추가된 지 오래되었지만, 우리 캠에서 자질과 적성, 전공을 살리는 선배를 본 적은 없다.…… 그래서 가끔 운동을 하다가 변절했다는 서울대 사람 얘기를 들을 때면, '서울대 놈들이 다 그렇지'라고 예민하게 반응하며 냉소적인 말들을 뱉어버리곤 한다. 사실, 변절의 기회조차 지방대 활동가에겐 주어지지 않았다. 그래서 난 직업적 운동, 삶의 현장에서 운동을 벌여내는 것을 포기하고 이름도 없는 작은 회사에 취직해 소시민으로 근근히 살아가는 우리 선배들이 과연 변절했는가 의문을 품곤 한다. 적어도 변절이라 했을 때는 운동의 포기 정도가 아니라 사회적 출세를 의미해야만 할 것 같다. 그래야 '변절'이라는 주홍 글씨가 자랑스럽지 않겠는가?"[33]

'변절의 기회조차 주어지지 않았다'는 말이 가슴에 와 닿는다. 국가폭력에 저항했던 많은 학생운동 활동가들은 나중에 곧 그것보다 더 무서운 게 '지식폭력'이라는 걸 알게 된다. 국가폭력은 일시적인 것이었고 가시적인 것이었기에 얼마든지 투쟁의 대상으로 삼을 수 있었지만, '지식폭력'은 영원하거니와 눈에 보이지도 않기 때문에 저항의 대상으로 삼는 것이 불가능하다. 그러니 어떡하겠는가? '내 자식만큼은'이라는 생각을 하지 않겠는가? 그래서 한국의 대학입시 전쟁은 거대한 범국민적 '한(恨)풀이'의 의미를 갖게 된 것이다.

'교양'도 한풀이 전쟁터

범국민적 차원의 '한풀이'는 대학입시 전선뿐만 아니라 '교양'의 영

---

33) 양세슬, 〈변방에서 중심으로: 지방대에서 학생운동을 한다는 것〉, 『학회평론』, 제14호 (1998년 겨울), 201-203쪽; 김대성, 〈변방 소묘: 절망과 희망 크로키〉, 이재원 외, 『오래된 습관 복잡한 반성 2: 학생운동의 감추어진 일상문화』(이후, 1998), 75-76쪽에서 재인용.

역에서도 왕성하게 이루어지고 있다. 부르디외는 다음과 같이 말한다.

"학력자격이 보증하는 '교양'은 지배자 측의 정의에서 '완벽한 인간'의 기본적 구성요소의 하나이고, 그 결과 교양 없음은 그 사람의 정체성과 인간으로서의 위엄을 훼손하는 본질적인 결함으로 인식되는데, 모든 공식적 상황, 즉 자신의 신체와 매너, 언어와 함께 다른 이들 앞에 설 때, 그 사람은 침묵을 강요당하게 된다."[34]

이는 프랑스만의 이야기가 아니다. '교양폭력'이라 할 만한 이러한 현상은 한국에서 더 극심하게 벌어지고 있다. 최근 월간 『현대시』의 발행인인 시인 원구식이 이 잡지 7월호에 쓴 〈교활한 여우를 위하여〉라는 글은 한국의 '교양폭력'이 갈 데까지 갔다는 걸 잘 보여주고 있다. 이 글의 내용을 『한겨레』 기자 최재봉의 해설을 통해 들어보자.

한국에서 나오는 문학잡지 120여 개 중 제대로 된 15개 안팎을 제외한 나머지는 대부분 문학적 수준이 의심스러운 '시 전문지'들이다. 이들 잡지의 발행인들은 각자 매달 10여 명의 문인을 등단시키면서 그달 치 잡지 100여 권씩을 의무적으로 구입하게 한다. 한 사람 당 100만 원씩 1천만 원의 판매대금이 보장된다. 이들을 모두 정기구독자로 확보한다. 신작 특집에 시를 싣고자 하는 이들에게는 10만 원씩 게재료를 받는다! 협회를 구성하고 회비를 걷는다. 시집을 '자비출판'해주고 상당한 이익을 챙긴다. 이들이 다른 잡지나 단체로 가지 못하도록 바깥 세상과는 완전히 차단시킨다. 믿기 어려운 일이지만, 문단 내에서는 일종의 상식으로 통하는 일들이다. 그의 지적대로 이들 잡지와 '문인'들의 수준을 '문학 이하'로 판단해 내버려두었을 뿐이다. "어느 문예지는 지난 10년간 1천여 명의 문

---

34) 피에르 부르디외, 최종철 옮김, 『구별짓기: 문화와 취향의 사회학 下』(새물결, 1996), 642-643쪽.

인을 배출하였다. 이것은 기업이다.", "문단에서 성공하지(=문학적 평가를 받지) 못한 문인들이 잡지사를 차리고 똑같은 장사를 시작한다.", "이들의 주된 사냥터는 대학 부설 평생교육원이나 사회교육원, 각 문화센터, 지역의 시인학교, 시동호회, 문하생을 가지고 있는 시인 등이다. 조금이라도 글줄을 쓰면 모두 다 포섭의 대상이다. 작품이 안 되면 고쳐서 내보낸다.", 인구 5천만의 나라에 수천, 수만의 '문인' 들이 있게 된 속사정이다.[35]

어디 문학뿐인가. 한국의 극성스러운 예능 교육, 특히 악기 교육 붐은 어떻게 볼 것인가? 부르디외의 분석에 따르면, 악기 연주는 프랑스에선 '계급' 을 말해주지만, 한국에선 어떻게 해서든 '계급' 의 상향 이동을 위한 몸부림으로 보아야 하지 않을까? 부르디외는 다음과 같이 말한다.

"출신계급과 관련된 차이는 의문의 여지없이 시각예술의 개인적 생산 또는 악기연주 그리고 악기를 다룰 수 있는 소질에서 가장 두드러지게 나타난다. 이러한 소질을 획득하고 발휘하려면 예술과 문화 세계 안에서의 제도적 지원과 장기간의 훈련이 이루어져야 비로소 몸에 배게 되는 성향뿐만 아니라 (특히 피아노 연주의 경우) 경제적 수단과 여가가 전제되어야 한다.……상대적으로 최고 수준의 학력을 가진 사람들도 소홀히 하는 회화나 조각 또한 교육수준이 동일한 경우 지배계급 출신의 응답자들이 훨씬 더 가까이 하고 있는 것으로 나타난다."[36]

35) 최재봉, 〈최재봉 기자의 글마을 통신: 문단 정치꾼들 비리를 폭로하다〉, 『한겨레』, 2001년 7월 30일, 27면.
36) 피에르 부르디외, 최종철 옮김, 『구별짓기: 문화와 취향의 사회학 上』(새물결, 1995), 135쪽.

'학연주의'로 이어지는 지식폭력

한국에선 왜곡된 형식의 '지식'과 '교양'이 대중의 '인정 투쟁'의 주된 도구로 활용되고 있으며, 이 와중에서 '지식폭력'이 발생한다고 볼 수 있다. 그러한 '지식폭력'의 소용돌이에서 사람들은 생존하는 방법에 몰두하게 된다. 그건 무언가? '지식폭력'의 피해자들조차도 누추하나마 내 학연 확실하게 챙기자는 것이다. 이는 모든 분야에서 왕성하게 작동하는 것인데, 아무래도 가장 코믹한 건 스포츠 분야의 학연주의인 것 같다. 『스포츠투데이』 2000년 9월 26일자는 시드니 올림픽과 관련해 〈출신교 싸움에 망한 남 핸드볼〉이라는 제목의 기사에서 다음과 같이 말한다.

"내심 우승까지 욕심냈던 남자 핸드볼이 메달은커녕 8강 결승토너먼트 진출조차 실패했다.…… 남자 핸드볼이 힘 한 번 제대로 쓰지 못하고 망신살이 뻗친 이유는 무엇일까. 한심하기 짝이 없는 선수들간의 내분 때문이다. 크게 대단한 이유가 있는 것도 아니다. 이해하기 힘든 출신학교 이기주의가 팀워크를 망쳐놨다.…… 대표팀에서 젊은 축에 속하는 한 선수는 '경기를 유심히 본 사람들은 다 안다. 확실한 득점 찬스가 나도 아예 패스를 해주지 않는다. 경기뿐 아니라 생활에서도 밥을 따로 먹을 정도로 끼리끼리 행동한다'고 설명했다."

지역주의가 어떻다곤 하지만, 그것보다 훨씬 더 무서운 게 바로 학연주의다. 이걸 드라마틱하게 보여주는 사례가 있다. 같은 고향은 1점이지만, 대학동문이면 2점이고 고교동문이면 3점이고 고교 동기동창이면 5점이다. 무슨 이야긴가? 『동아일보』 2000년 11월 11일자에 실린 〈'법조 인맥' 사이트 논란〉이라는 제목의 기사는 다음과 같이 말하고 있다.

"소송이 붙었을 경우 변호사를 선택하는 문제는 쉽지 않다. 이런 때 도움을 주기 위해 인터넷 법률정보회사인 '로티즌'이 변호사와 판검사의 '친밀도'를 점수로 매겨 소개하는 '법조인맥 찾기' 사이트를 열어 관심을 끈다. '친밀도'는 해당 법조인과의 지연 학연 등에 부여한 점수를 합산해 높은 점수대로 우선 순위를 정해 놓았다. △같은 지역 출신이면 1점, △사법시험과 사법연수원 동기는 각각 1점, △같은 곳에서 근무한 적이 있으면 근무지별로 각각 2점, △대학 동문은 2점이 부여된다. 고교 동문 관계가 가장 큰 영향을 미치는 특성을 고려해, △고교 동문이면 3점, △고교 동기 동창은 최고점인 5점을 부여한다. 이 사이트는 이런 방식으로 전체 판사 및 검사 2000여 명의 친밀도 리스트를 작성, 법조계의 얽히고 설킨 인연을 찾아낼 수 있도록 했다."

이렇게 서열 따지고 학연 따지고 하는 게 일상화되다 보면 사람들은 미친 짓을 하면서도 자기가 미쳤다는 걸 전혀 모르게 된다. 『국민일보』 2001년 3월 10일자에 실린 다음과 같은 기사는 그걸 잘 보여준다.

"경북중 – 경기고를 나온 한나라당 주진우 총재비서실장이 최근 '민주당 김중권 대표는 특정고(경북고) 출신이 아니므로 정통 TK가 아니다'며 지역감정을 조장하는 발언을 해 눈총을 받고 있다. 주 실장은 'TK라는 말은 원래 경북고 출신을 지칭하는 말로 쓰이다가 대구 · 경북의 이니셜로 범위가 확대됐다'면서 '김 대표는 대구에서 고등학교를 나오지 않았고 김 대표의 연고지인 울진은 애초 경북이 아닌 강원도'라고 소지역주의에 근거한 지역감정을 자극했다."

'비전@한국'이라는 코미디

자, 이렇게 학벌 따지고 학연 따지는 사회에서 따질 만한 학력조차 갖지 못한 사람들이 당할 수밖에 없는 '폭력'이 어떠할 것인지는 짐작하기 어렵지 않을 것이다. 그러한 '지식폭력'은 '정치를 희생양으로 삼는 국민 사기극'으로까지 진전되니 문제가 더욱 심각하다. 나는 이러한 '국민 사기극'에 대해 『노무현과 국민 사기극』이라는 책에서 자세히 말씀드렸으므로 긴 말 않겠지만, 지식인들이 어떤 의도에서건 그러한 사기극의 주범 가운데 하나라는 것만큼은 다시 말씀드려야 하겠다.

나는 『인물과 사상 19』에 쓴 〈『노무현과 국민 사기극』: 한국 대학교수들의 정치 참여 방식〉이라는 글에서 일부 교수들이 '문화특권주의'를 바람직하지 못한 방향으로 이용하는 것에 대해 비판을 한 바 있다. 그 대표적 사례로 '비전@한국'이라는 지식인 모임을 지적했는데, 내가 이들에 대해 갖고 있는 가장 큰 문제의식은 이들이 무이념, 무당파성을 표방하면서 정치개혁을 해보겠다고 나섰다는 점이다. 이들의 행태는 부르디외가 말하는 보수 지식인의 생존술과 너무 흡사하다. 부르디외는 다음과 같이 말한다.

"관찰된 대상에 따라 관찰 지점을 변하게 할 수 있고 각각의 관점을 연속적으로, 그리고 분리해서 취할 수 있는 그들의 성향과 적응력 때문에 그들은 좌익과 우익에게 다른 쪽이 취하는, 또는 취해야 할 이미지를 돌려보내면서 좌우익 어느 쪽도 지지하지 않는다고 주장하는 일종의 중립주의를 취한다. 그들은 이러한 객관성의 외양을 논쟁적으로 사용하는데 탁월하다."[37]

그러나 '비전@한국'의 솜씨는 결코 탁월하지 않다. 앞뒤가 전혀 맞지 않는 자신의 발언에 대해 전혀 책임지지 않는 엉터리 극우 지식권력까지 회원으로 참여시켜놓고 정치를 개혁해 보겠다니 그게 도대체 말이 되나? 바로 이 단체야말로 한국을 망치는 '문화특권주의'의 적나라한 증거가 아닐까? 한국의 모든 문제는 정부와 정치권에만 있고 지식권력은 늘 그들을 향해 훈계할 수 있다고 생각하는, 이 코미디 같은 정신 나간

---

37) 피에르 부르디외, 하태환 옮김, 『예술의 규칙: 문학 장의 기원과 구조』(동문선, 1999), 367쪽.

지식인들의 모임 '비전@한국'의 발언은 앞뒤가 전혀 맞지 않다. 한국의 모든 문제는 정부와 정치권에만 있고 지식권력은 늘 그들을 향해 훈계할 수 있다고 생각하는 이 코미디 같은 논리야말로 개혁 대상 제1호가 아닐까?

작태야말로 바로 개혁 대상 제1호가 아니겠느냐 이 말이다.

『한국논단』 6월호의 최대 '특종'이 바로 〈'비전@한국' 창립 기념 정책 심포지엄: 대한민국은 어디 갔는가!〉라는 기사라는 건 과연 무얼 의미하는 걸까? 이 잡지는 4개 분야에 걸친 주제 발표 논문들을 간추려 게재했는데, '비전@한국'은 이에 대해 책임질 게 없다고 말할 수 있겠는가? 아니면 『한국논단』이 뭐가 문제냐고 항변할까?

손바닥으로 하늘을 가려?

아무래도 그럴 것 같다. 『조선일보』 2001년 7월 24일자 4면을 보았더니 〈'비전@한국' 발표문 요약〉이라는 게 실려 있다. 이 희한한 지식인 모임의 주장인즉슨, "수적으로 다수인 마이너 신문들은, 자신들은 마치 비판에서 자유로운 듯 메이저 신문을 비난하고 나섰다. '언론개혁'을 요구해 온 시민단체들의 행동도 이상스러워졌다"는 것이다. 내 그럴 줄 알았다. 이게 '무이념, 무정파' 냐? 에라 이 양반들아!

2001년 7월 25일자 『조선일보』와 『동아일보』는 신이 나서 이 희한한 지식인 단체를 크게 보도하고 나섰다. 『조선일보』는 이 단체의 공동대표라는 국민대 교수 배규한을 부각시켰고, 『동아일보』는 또다른 공동대표라는 이화여대 교수 김석준을 부각시켰다. 이들은 "우리 회원들은 토론을 거듭한 끝에 현 상황이 '언론탄압'이라는 결론에 이르렀"댄다. 좋다. 어디 이 사람들 두고 보자. 죽을 때까지 '무이념, 무정파'로 안 살기만 해봐라.

두 신문은 '사설'에서까지 이들에 대한 지원사격을 하고 있다. 『조선일보』 2001년 7월 25일자 사설은 〈침묵 깨는 비판의 목소리들〉이라는 제목을 달고 이들이 "비판정신을 당당하게 표출했다"고 칭찬하는가 하면, 『동아일보』 2001년 7월 26일자 사설은 〈지식인들의 잇단 '나라 걱정'〉이라는 제목을 달고 이들이 발표한 문건의 다음과 같은 한 대목을 감격스럽다는 듯 인용하고 있다.

"언론개혁세력들은 정부에 비판적인 신문에 대해 '수구언론'이라는 낙인을 찍음으로써 이들 신문이 부당하다는 여론을 형성하려는 의도를 보이고 있다."

이게 도대체 '무이념, 무정파'를 내세운 사람들이 할 수 있는 수작이란 말인가? '무이념, 무정파'를 내세우는 사람들이 얼마든지 있을 수는 있다. 그러나 그런 사람들은 조용히 숨어서 자기 할 일 하면서 사는 사람들이다. 사회 잘 되게 해보겠다고 나서지 않는다는 말이다. 사회참여를 하겠다는 사람들이 '무이념, 무정파'를 내세우는 건 사회발전에 전혀 도움이 되지 않는다. 특히 '비전@한국'처럼 명백한 수구성을 갖고 있으면서 그걸 '무이념, 무정파'로 포장하는 건 야비한 속임수다. 차라리 정당정치를 부정하든가 할 것이지, 그게 도대체 무언가?

『시사저널』2001년 8월 9일자는 〈누구 위한 비전일까〉라는 제목의 기사에서 '비전@한국'에 대해 이들이 '친(親) 한나라당'이라는 세간의 시선이 있다는 걸 지적한 후 "'무색무취'하다는 이들의 항변이 진실일까, '당파성'을 의심하는 정치권의 주장이 사실일까"라는 질문을 던지고 있다.

그러나 '친 한나라당'이건 '친 민주당'이건 중요한 건 그게 아니다. 만약 이 모임에 속한 지식인들 가운데 나중에 어떤 식으로건 당파성을 드러내는 정치 활동을 하는 사람이 한 명도 나오지 않는다면 나는 위에 한 발언에 대해 공개적으로 사과하겠다. 공개적으로 말만 안 했다 뿐이지 이미 한나라당과 끈끈한 관계를 맺고 있는 사람이 여러 명 눈에 띄는데, 어디 감히 손바닥으로 하늘을 가리려 하는가?

한국 지식계의 '정신병적 상황'

정말 왜들 그러는 걸까? 왜 배운 만큼 배웠거니와 학생들을 가르치는 사람들이 야비한 속임수를 쓰려는 걸까? 혹 한국 지식계가 일각이나마 정신병적인 상황에 빠져 있는 건 아닐까? 난 아무래도 사회학자 김동춘의 다음과 같은 주장이 가슴에 와 닿는다.

> 사회주의자라고 낙인찍히지 않기 위해 오로지 민족주의만을 연구해야 하고, 잡문은 입장이 들어가므로 학술 논문만 써야 한다고 주장하는 학문 사회의 정서는 정신병적인 상황이다. 분단과 군사독재는 우리를 이러한 정신병적인 상황으로 몰아갔다. 그러나 내가 보기에 우리 사회에서는 아직 한번도 전복적인 자유주의자나 개인주의가 나타난 적이 없다. 그러한 전복적인 개인주의자라면 이러한 우성과 위선의 덩어리를 그냥 두었을 리 없다. 따라서 나는 한국의 자유주의자들을 의심한다. 나의 일은

정치가 아니며 나는 정치를 모른다는 사람들을 더욱 의심한다. 그래서 인간의 논리, 혹은 문화의 이름으로 '정치'를 떠난다는 것은 그것보다 더 위험한 결과를 낳을 가능성이 많다.…… 니버(Reinhold Niebuhr)가 강조하였듯이 개인간의 관계와 집단간의 관계는 근본적으로 다르기 때문에, 개인적인 윤리는 집단간의 관계에서는 적용되지 않는다. 집단간의 관계는 본질적으로 정치적이다. 오히려 문제는 우리가 집단에 소속되지 않을 수 있는가, 그리고 사회의 자원의 배분으로부터 자유로울 수 있는가 하는 점에 있을 것이다. 왜냐하면 정치는 기본적으로 이해 관계의 문제 혹은 경제적인 것, 즉 제한된 자원의 배분 문제를 둘러싸고 발생하는 것이기 때문이다. 따라서 타인을 자신의 강제력 아래 두기 위한 술수, 속임수, 기만으로서의 '정치적인 것'은 추악한 것이지만, 정치 자체는 이러한 도덕적 가치 판단 너머에 존재한다. 즉 우리는 아무리 정치로부터 도피하려고 하여도 정치로부터 자유로울 수 없다. 그것은 우리가 공기나 물 없이 살 수 없는 것과 마찬가지이다.[38]

도대체 왜들 이러는 걸까? 정치가 아무리 개판이더라도 어떻게 해서든 정치를 살리려고 애쓰는 게 지식인의 책무가 아닐까? 개같은 현실을 모른 척하는 것이야말로 가장 편파적인 행위가 아닐까? 지식인들이 앞다투어 비이념, 비정치를 부르짖는 나라에서 재미를 볼 수 있는 사람이 과연 누구이겠는가?

나는 한국 지식인들이 정치를 조지거나 멀리 하는 걸로 한몫 보려는 기존의 행태와 결별해야 한다고 생각한다. '정치를 희생양으로 삼는 국민 사기극'에 앞장 서선 안 된다고 생각한다. 내가 보기에 가장 좋은 방

---

38) 김동춘, 〈탈정치의 시대에 '정치'를 생각한다〉, 『현대사상』, 제4호(1997년 겨울), 263-264쪽.

법은 정당을 투명한 시장판으로 만드는 것이다. 지식인들이 앞다투어 쳐들어가야 한다. 점령해버려야 한다. 노회한 정치꾼들을 무슨 수로 당할 수 있겠느냐고 지레 포기할 일이 아니다.

이제 한국의 지식인들은 '문화특권주의'로 '지식폭력'을 행사하려는 구태와 결별해야 한다. 상아탑에만 푹 파묻혀 지내거나 그게 아니라면 정치인 못지 않은 무서운 책임감을 느껴야 한다. 사회참여적 행위에 관한 한 '지식폭력'의 유혹에서 벗어나 그 누구건 다 문제를 제기할 수 있는 실질적인 지식에 근거한 주장을 해야 할 것이다.　◪

좌파 · 진보적 지식인들의 '지식폭력'

이데올로기를 방패로 삼는 이문열

이문열의 '골목길 콤플렉스'

나는 '이문열 연구'에 있어서 그의 이데올로기와 정치적 성향 못지 않게 중요한 건 그의 '골목길 콤플렉스'라고 생각한다. 사실 이건 모든 글쟁이들이 정도의 차이일망정 조금씩은 갖고 있는 것이며, 나 역시 예외는 아니다. 다만 이문열의 경우 거의 편집증에 가까울 정도로 극단적인 증세를 보인다는 점에서 주목할 만한 가치가 있다.

'골목길 콤플렉스'는 흔히 '전문가의 함정'이라고 하는 개념과 비슷한 면이 있다. 예컨대, 기자들은 뉴스를 취재하고 보도할 때에 독자들을 먼저 생각하는 게 아니라 기자 집단을 먼저 생각하는 경향이 있다. 즉, 이 뉴스가 독자들에게 얼마나 필요하고 중요한가 하는 것이 우선이 아니라 내가 이 뉴스를 보도했을 때에 동료 또는 선후배 기자들이 나를 어떻게 평가할까 하는 것에 더 집착한다는 것이다.

대학 교수들도 마찬가지다. 그들의 학문 활동은 우선적으로 사회를 위한 게 아니다. 학계에서의 '인정'을 받는 게 우선이다. 그게 심화돼 우리가 흔히 말하는 '삶'과 '앎'의 분리 현상이 나타나고, 삶과 무관한 지식이 필요 이상의 권위를 갖고 '폭력'을 행사하는 비극적인 결과가 발생하게 되는 것이다.

문인들의 경우 그 어느 직업보다 더 문단이라고 하는 골목길을 자신의 세계 또는 우주로 간주하는 경향이 강하다. 기자는 자기 할 일만 열심히 하면 동료들로부터 좋은 평가를 받지 못한다 하더라도 밥을 굶지는 않는다. 교수 역시 마찬가지다. 그러나 문인의 경우엔 그렇지 않다. 문단에서의 평가, 실질적으로 '줄'이라고 하는 것이 절대적으로 중요한 의미를 갖는다. 책을 낼 출판사를 잡는 것에서부터 언론플레이를 하는 것에 이르기까지 문인은 기자나 교수에 비해 훨씬 더 자신이 노는 골목길의 통제를 많이 받는다. 이문열의 '골목길 콤플렉스'는 바로 이런 상황에서 비롯된 것으로 보인다.

한국 사회의 전반적인 지배권은 그간 극우거나 극우에 가까운 세력이 잡아 왔다. 진보적이진 않지만 진보 세력에 대해 비교적 열려 있는 김대중 정권이 그 세력의 공세에 의해 휘청거리는 걸 보더라도 극우 헤게모니가 얼마나 강한지 잘 알 수 있을 것이다. 그런데 1980년대 한때 문단을 비롯한 지식계 일각에 좌파가 좀 눈에 띄게 활동하던 때가 있었다. 그러나 그건 한국 전체라고 하는 지형도를 놓고 보면 매우 미약한 규모의 것이었다.

그런데 문단이라고 하는 골목길을 자신의 세계 또는 우주로 간주해 온 이문열은 자신이 그 골목길에서 겪은 일을 골목길 밖으로 뛰쳐나가 한국 전체의 일이라고 과장하면서 선동하는 일을 열심히 해 왔다. 그러나 이문열만을 탓할 일은 아니다. 그가 1980년대 한동안 받은 상처를 이해해야 할 것이다. 그는 당시 이른바 '민족 민중 문학 진영'과 불화를 겪었는데, 그 진영에서 이문열이 다뤄진 여러 방식에 대해 문학평론가 김명인의 해설을 들어보자.

"예컨대 보수반동적 세계관에다 상업주의적 기량을 적당히 갖춘 천박한 이야기꾼일 뿐인 그를 민족 문학 비평의 대상으로 다루는 것은 일고의 가치도 없는 일일 뿐더러 공연히 대중의 관심만 유발시켜 책이나 더 팔리게 해준다는 좀 고답적인 견해가 있고, 이문열 문학의 대중에 대한 역기능과 그 비판 작업의 중요성을 부인하지 않지만 그보다 더 중요하고 시급한 작업들이 산적한 상태에서 이문열론을 붙드는 것은 비평 역량의 분산과 희석화를 가져오지 않겠느냐는 현실론이 있는 반면, 민족 민중 문학 진영의 자족성을 비판하면서 보수 반동 문학에 대해 적극적 공세를 취하고 대중에게 그 해독적 본질을 폭로하는 일의 중요성을 강조하는 가운데서 이문열 비판을 그 중요한 고리로 파악하는 적극적 견해 역시 점차 자리 잡아가고 있는 것이다."[1]

"동네 사람들 다 나와 보소!"

이문열로선 미치고 환장할 일이 아닐 수 없었겠다. 그 어느 쪽 시각이건 모두 이문열을 '보수반동적 상업주의 작가'로 보는 건 마찬가지였으니 말이다. 그때 이문열이 받은 상처를 어찌 말로 다할 수 있으랴. 이문

1) 김명인, 〈한 허무주의자의 길 찾기〉, 류철균 편, 『이문열』(살림, 1993), 205쪽. 김욱동은 김명인과 관련해 "이문열을 '보수반동적 세계관에다 상업주의적 기량을 적당히 갖춘 천박한 이야기꾼'으로 비판하는 그는"이라고 했는데, 이런 식으로 왜곡하면 안 될 것이다. 김명인은 그렇게 보는 시각도 있다고 말한 것이지 그게 꼭 김명인 자신의 시각이라고 말하진 않았다. 김욱동이 전공했다는 '미국 신비평을 비롯한 형식주의 접근 방법'이 무엇인지는 몰라도 쉬운 글만큼은 어렵게 읽지 말고 쉽게 읽어야 할 것이다. 김욱동, 『이문열: 실존주의적 휴머니즘의 문학』(민음사, 1994), 226쪽.

열은 자존심이 매우 강한 사람이다. 강한 자존심을 갖고 있는 사람이 그 자존심에 상처를 입었을 경우 강한 보복심을 갖게 되는 건 매우 자연스러운 현상이다. 이문열은 그때 받은 상처에 대해 평생을 두고 보복하겠다는 각오를 다졌던 것으로 보인다. 이게 바로 '골목길 콤플렉스'라는 것이다.

골목에서 당했던 일은 지나간 과거이며 골목 밖의 일이 아니었다. 그리고 아마도 한국인의 절대 다수에 해당될 나 같은 사람은 당시의 '민족 민중 문학 진영'의 이문열에 대한 공격 내용에 전적으로 동의하진 않는다. 아니 동의하는 점이 많기는 하지만, 너무 이데올로기화돼 지나친 면이 있었다고 생각한다.

그러나 여전히 보복심에 사로잡힌 이문열은 자신이 당했던 골목길을 대한민국으로 간주하여 이젠 거의 다 끝난 '이데올로기 투쟁'의 불씨를 되살려가면서 시대착오적인 '수구반동 이데올로기' 전파에 앞장서는 수구 기득권 세력과 연대하고 있으니 이 어찌 가슴 아픈 일이 아니냐.

이문열은 자신이 당시 화가 났던 이유를 여러 차례 글로 밝혔는데, 모두 다 문단과 관련된 것임을 잘 알 수 있다. 그는 '민족 민중 문학 진영'에 대해 "독선과 우둔, 획일주의와 단순화"와 같은 공격을 퍼부었는데, 나는 그의 공격 가운데 가장 주목해야 할 점이 그의 '자존심'과 관련된 것이라고 생각한다. 그는 자신의 자존심이 상처받은 것에 대해 다음과 같이 말한 바 있다.

"내가 사회의 여러 기능 또는 가치를 통합적으로 파악하려는 입장에 반발한 첫 번째 이유는 자존심 때문이었습니다. 내가 선택한 가치가 그 자체로 완성된 것이며 절대적이지 않고, 다른 가치에 종속하거나 수단화된다는 것이 참을 수 없었던 것입니다. 오래 사회에서 격리되다시피 살아온 자에게서 흔히 발견할 수 있는 일종의 완전주의일지도 모르지만, 쓴다는 것은 평생의 일로 선택한 이에게는 또한 당연할지도 모르는 자존심입니다."[2]

그러나 이문열의 이 주장은 자기모순을 안고 있는 것으로 보인다. 그는 자신의 안전과 번영에 실질적으로 해를 입힐 수 있는 강력한 세력에 대해선 적어도 침묵으로 굴종하거나 타협했으면서도 자신에게 실질적으로 아무런 해도 입힐 수 없는 사람들의 비판에 대해선 필요 이상으로 펄펄 뛰면서 "동네 사람들 다 나와 보소!"라고 외치는 일을 계속해 왔기 때문이다. 그런 일들이 늘 이문열의 소설을 많이 팔아주는 데에 기여했다는 주장엔 논란의 소지가 있을 것이나 그게 소설가로서의 이문열의 대중성에 부정적인 영향을 미치지 않았다는 건 짚고 넘어갈 필요가 있을 것이다.

과연 누가 '이념 과잉'인가?

또 하나 지적할 것은 '사회적 책임'에 관한 것이다. 이게 바로 이문열을 비롯한 한국의 문화권력들이 갖고 있는 가장 안 좋은 습관 가운데 하나인데, 어떻게 된 게 이들은 권리만 누릴 뿐 책임을 지지 않으려 한다. 문화특권주의를 요구하는 것이다. 아니 자기는 마음대로 사회에 대해 비판을 하면서 자기가 비판을 받으면 그건 자기 자존심을 건드리는 것이라니 이게 도대체 말이 되나? 이문열의 사회비판의 대상이 된 어떤 사람들이 이문열에게 "내가 선택한 가치가 그 자체로 완성된 것이며 절대적이지 않고, 다른 가치에 종속하거나 수단화된다는 것이 참을 수 없었던 것입니다"라고 외치면 뭐라고 답할 것인가?

나는 이문열이 매우 머리가 좋고 박학다식할 거라 믿는다. 그러나 그게 상식(常識)까지 보장해주는 건 아니다. 그에게 가장 결여돼 있는 상식

---

2) 이문열, 『사색』(살림, 1991, 제13쇄 1996), 39쪽.

'막가는' 이문열

김동춘
성균관대 교수

연암 박지원은 "선비가 독서를 하면 그 혜택이 천하에 미친다"고 했지만, 나는 "소인이 워세를 옆에 되어 지식의 날을 마구 휘두르면 그 화가 천하에 미친다"고 말하고 싶다. 지난 13일자 '조선일보' 지상을 도배한 이문열의 인터뷰는 그를 그냥 보수적 지식인, 상처받은 허무주의자로 안정하려 했던 필자의 생각을 확실히 바꾼 계기가 됐다. 작년 총선연대 공격 발언 이후 이번 언론사 세무조사에 대한 발언 등을 통해 보게 된 이문열은 단순한 보수성향의 소설가가 아니라 '자신의 것을 잃어버리지 않으려는' 세력의 입이 되 궤변과 왜곡을 서슴지 않는 선동가의 모습 그것이다.

기득층 대변하는 궤변·왜곡

대표적인 것이 그의 '흥위병론'이다. 그는 작년의 총선연대 활동이나 이번 언론사 세무조사를 지지하는 일부 언론이나 운동세력을 아무런 논거 없이 흥위병과 같다고 선동적 인상비평을 하고 있다. 과연 그가 주장하듯이 분혁(文革) 당시의 흥위병이 권력층의 방침을 마구잡이로 따라한 폭력집단이었는지도 논란의 여지가 있지만, 군사독재 시절부터 갖은 탄압을 받으면서 지금까지 버텨왔으며 그와는 달리 언론자유나 정의를 위해 사익(私益)을 버린 사회운동가나 예의 언년인들을 일게 정권의 돌격대라고 공격하는 그의 논조는 단순한 사실조작, 혹은 선동에 그치는 것이 아니라 인신공격,

언어폭력이자 적반하장(賊反荷杖)이 아닐 수 없다. 그는 80년대말 문단내 운동세력으로부터 소외된 일을 '시대와의 불화'라고 과장한 적이 있지만, 사실상 그는 일찍이 연좌제의 멍에가 가져다 준 '시대와의 불화'를 청산하고 '시대를 지배하는' 권력과 언론에 '봉사' 하면서 출세의 길을 택했다. 그가 이 땅에서 살아남기 위해 극우 독재정권과 '조선일보'에 순응한 것은 인간적으로 이해는 할 수 있다. 그러나 그 자신을 고통에 빠드리기도 했던 비정상적인 정치현실과 '말의 독재'를 극복하자는 사회운동에 대해 이런 식으로 볼팔매질하는 것은 우리의 이해와 용납의 수준을 훨씬 넘어선다. 어려움을 각오하고 '불화'의 길을 걸은 사람들과 그의 삶은 어떤 잣대로도 비교될 수 없다.

차라리 5共이 좋았다고 하라

30년 전이나 지금이나 운동세력은 권력과 돈을 가져본 적이 없는 소수자이며, 이 정권이 운동세력의 정권도 아니다. 언론개혁은 이 정권이 수립되기 훨씬 전인 90년대 초부터 제기된 가장 중요한 의제다. 설사 현 정권의 언론사 세무조사가 약간의 문제점을 안고 있으며 일정한 정치적 의도를 갖고 있다고 하더라도 그것 때문에 온갖 비리와 부패를 간직한 일부 언론이 이런 식으로 면죄부를 얻어야 하는 것은 아니다. 그가 '흥위병'이라 부르는 세력들은 오늘의 언론개혁이 단순한 세무조사에 그쳐야 한다고 주장하고 있지도 않으며 오히려 권력과 언론이 또 야합해서는 안된다고 경계하고 있다.

인터뷰 말미에 그는 80년대 이후 우리 사회의 질적 팽창이 멈추었다고 한탄하고 있으며 그것은 민주화운동과 그 수많은 희생자를 모독하는 말이다. 그가 정말 보수주의자라고 자처한다면 '국가안보와 경제안정을 위해 우익독재, 보수언론의 비리는 정당화될 수 있다' '나는 5공시절이 차라리 좋았다고 생각한다. 민주주의는 너무 비용이 많이 드는 제도다'라고 솔직하게 말하는 편이 낫

(『대한매일』, 2001년 7월 20일)

군사독재정권에 참여했거나 협조한 과거가 두려운가? '우'에 서서 '좌'를 타도하라. 이데올로기의 방패 뒤로 숨어라. 그게 바로 이문열 논쟁술의 기본이었다.

은 도무지 역지사지(易地思之)를 하지 않으려 한다는 점이다. 자기가 누구를 비판하기 위해 동원한 이론과 논리는 자기 자신에게도 그대로 부메랑이 되어 돌아가건만, 그는 그 점에 대해선 완전히 모른 척한다.

예컨대, 이문열은 '이념 과잉'을 비판하지만, 자신의 비판 역시 그 어떤 과잉된 이념에 근거하고 있다는 건 전혀 보지 않으려 한다. 이미 10여 년 전 문학평론가 김명인이 그 점을 다음과 같이 잘 지적했는데, 이와 같은 종류의 비판을 여러 차례 접했을 이문열이 계속 '이념 과잉'을 비판하는 건 다른 숨은 뜻이 있지 않은가 하는 생각을 갖게 만들기에 족하다고 보아야 할 것이다.

"이문열은 그의 문학으로 허무주의적 반이념 투쟁에 헌신해 온 작가다. 그는 내내 …… 이념 과잉을 비판해 왔다. 하지만 역설적으로 그처럼

이념의 망령에 들려 있는 작가를 찾아보기도 힘들다. 그는 이념의 노예가 된 많은 지식인들을 조소했지만 그는 다른 의미에서 또 한 사람의 이념의 노예였던 것이다. 이것은 단순히 수사학적인 역설이 아니다. 그의 관념 편향의 심도는 진정으로 이념이 이 세계와 인간을 좌우할 수 있다고 믿기에 충분하다. 그렇기 때문에 그는 자기의 삶을 거의 유전적으로 규정해 놓았다고 믿은 아버지의 이념의 흔적을 지우기 위해 필사적인 노력을 기울여 온 것이다. 그것은 눈물겨운 생존 본능의 표현이었는지도 모른다. 어쩌면 허무주의도 그 놀라운 생의지(生意志)에 덮힌 하나의 꺼풀인지 모른다."[3]

이문열은 자신의 생존 본능을 이데올로기화한 건지도 모른다. 우리는 흔히 '좌우'라는 표현을 쓰지만 둘의 관계는 전혀 대등하지 않다. 한국에선 '우'가 이념 투쟁뿐만 아니라 생존경쟁에서 훨씬 더 유리하다. 한국에서 이념 구도는 일종의 '블랙 홀'이다. 모든 걸 다 빨아 들여 흡수해 버린다.

친일 과거가 두려운가? '우'에 서서 '좌'를 타도하라. 군사독재정권에 참여했거나 협조한 과거가 두려운가? '우'에 서서 '좌'를 타도하라. '좌'가 없거나 너무 미약하면 어떻게 해서든 그들의 존재를 부풀려 위협적인 것으로 만들어내라. 그래야 당신의 과거가 그 이념 구도 속에 흡수돼 면죄부를 받을 수 있고 더 나아가 '대한민국의 정통성'을 수호하고자 하는 '애국자' 행세를 할 수 있다. 이게 바로 한국 현대사를 관통한 가장 중요한 처세술이었다.

이문열도 그런 이치를 충분히 의식하고 있을 것이다. 그걸 의식하지 못하거나 애써 의식하지 않으려는 사람들은 '좌파'였을 것이다. 그래서 그들의 이문열 비판은 골목길에선 이문열에게 어떤 타격을 가했을망정

---

3) 김명인, 〈한 허무주의자의 길 찾기〉, 류철균 편, 『이문열』(살림, 1993), 233쪽.

늘 골목길 바깥의 세상에선 이문열에게 유리하게 작용하였다. 여태까지 이문열이 소설가로서 정상의 자리를 지켜올 수 있었던 이유 가운데 하나도 바로 그것이다. 이데올로기의 방패 뒤로 숨어라. 그게 바로 이문열 논쟁술의 기본이었다.

'상식'이란 무엇인가?

그러나 이문열에겐 유감스러운 일인지는 모르겠으나 나는 '이념 투쟁'에 전혀 흥미가 없는 사람이다. 나의 무기는 이념이 아니라 상식이며 최소한의 합리성이다. 여기서 잠깐 '상식'에 대해 한마디 하고 넘어가야겠다. 이의를 제기하는 사람들이 있기 때문이다. 예컨대, 안티조선운동이 "상식에 기초하여 전개될 수 있는 실천이다"는 진중권의 주장에 대해 '정치철학 연구가'인 조정환은 다음과 같이 반론을 폈다.

"'상식에 기초하여 전개될 수 있는 실천' 같은 생각은 저를 몹시 어리둥절하게 합니다. 맑스는 '모르면서 행하는 것'이 곧 이데올로기라고 말했지요? 그렇다면 이론과는 무관한 자리에 독립해 있는 '상식'은 앎의 형태인가요, 아니면 '모름'인가요? 오리무중입니다."[4]

조정환은 '상식'의 이중적 의미를 혼동한 것 같다. 우리는 앞서 '헤게모니'에 관한 이야기에서 "헤게모니는 계급 이데올로기를 자연화(naturalize)하며 이를 상식(common sense)의 형태로 만드는 것이다"는 정의를 접한 바 있다. 조정환이 제기하는 문제는 바로 이 경우의 '상식'이다.

쉽게 말하자면, 이런 이야기다. 아버지가 아들에게 말한다. "절대 무

---

4) 홍기돈, 『페르세우스의 방패: '비평과 전망' 동인 홍기돈 비평집』(백의, 2001), 175쪽에서 재인용.

슨 일에 나서지 말고 중간에 서라. 모난 돌이 정 맞는다." 우리는 이런 처세술을 '상식'이라 부른다. 반면 이런 경우도 있다. 우리는 최소한의 시민의식과 공중도덕심도 없이 길가에 방뇨를 한다거나 밤에 몰래 쓰레기를 버리는 사람을 가리켜 '상식'이 없는 사람이라고 말한다.

『조선일보』에 관한 문제도 그렇다. 무난하게 살면서 이름도 얻고 재미를 보려면 『조선일보』와 유착하는 게 세상을 사는 '상식'이다. 그러나 『조선일보』가 하는 일이 너무도 역겨워 그 신문의 제 몫을 찾아주지 않으면 탈날 것 같다는 생각을 갖고 있는 사람이 『조선일보』의 역겨운 행태를 고발할 때에 쓰는 무기 역시 '상식'인 것이다.

이는 조금만 생각해 보면 알 수 있는 문제가 아닌가. 굳이 '부정적인 의미의 상식'이니 '긍정적인 의미의 상식'이니 하고 구분해서 써야 하겠는가? 아니면 '현실적 상식'이니 '당위적 상식'이니 하는 구분을 해야겠는가? 이걸 모를 리 없는 조정환이 시치미를 뚝 떼고서 진중권이 말하는 '상식'이 '앎의 형태'냐고 묻는 건 온당치 않은 것 같다.

이론이라는 게 도대체 무언가? 어렵게 생각할 것 없다. 길 가다 똥 보면 피해가면 된다. 그것도 이론적 행위다. 똥 앞에서 '거대 담론'과 연계시켜 똥을 피할 건지 밟을 건지 고민할 필요가 있을까? 조정환이 역설하는 신자유주의 문제만 해도 그렇다. 그는 안티조선운동이 "점차 와해되는 반공주의를 초점으로 부각시키면서 신자유주의의 문제를 후경화시키는 효과"를 낸다고 비판하는데,[5] 이거야말로 사실을 이론에 꿰맞추는 '조정환식 이론주의'의 폐해라 아니할 수 없다. 안티조선운동을 하는 사람들 가운데 『조선일보』식 반공주의를 중요하게 생각하는 사람이 없는 건 아니지만, 그건 대세가 아니다. 신자유주의 문제를 극복하는 것도 결

---

5) 홍기돈, 『페르세우스의 방패: '비평과 전망' 동인 홍기돈 비평집』(백의, 2001), 176쪽에서 재인용.

국은 언로(言路)에서의 투쟁을 통해 가능한 것이기 때문에 언로에 절대 다수의 공익을 추구하는 최소한의 합리성을 관철시킨다는 의미에서 안티조선운동이야말로 신자유주의 문제를 포괄하고 있는 것이다.

조정환은 안티조선운동이 '닫혀 있다'고 주장한다. '다양한 투쟁'을 인정하지 않는다는 말도 했다.[6] 도무지 이해하기 어려운 말씀이다. 그런 식으로 따지자면 일제 치하의 독립운동에서부터 반독재 민주화투쟁도 모두 '닫힌 운동'이지 '열린 운동'이었나? 아니면 이젠 세상이 달라졌으니 '열린 운동'을 해야 한다는 걸까? 그러나 조정환은 반(反)신자유주의 투쟁이 '열린 운동'이 될 수 없다는 건 기꺼이 인정하실 게다. 만약 누가 그 운동도 '다양한 투쟁'을 인정하면서 열린 자세로 하자고 외치면서 김대중 정권의 어떤 정책에 동참할 수도 있다고 주장하면 뭐라고 할 것인가? 만약 조정환이 그 사람의 주장을 비판하면 그거야말로 닫혀 있는 거고 다양한 투쟁을 인정하지 않는 게 되고 말게 아닌가 말이다. 따라서 열렸느냐 닫혔느냐 하는 어설픈 '지식폭력'을 행사하려 하기보다는 그냥 내용만 갖고 논쟁에 임하는 것이 옳을 것이다.

이론주의를 사랑하는 조정환이 왜 "모든 이론은 다 닫혀 있다"는 기본 이치를 모르는 건지 안타깝다. 무슨 말인가? 『조선일보』 기고를 포함한 다양한 투쟁을 인정하면서 활짝 열려 있는 이론이라 할지라도 그 이론은 그렇지 않은 이론에 대해 닫혀 있다는 것이다. 피차 매일반이라는 뜻이다.

이론이라는 건 그 자체로서 폐쇄적인 시스템이다. 폐쇄적이기 때문에 '이론'이라고 부르는 것이다. '다양한 투쟁'을 해야 한다는 이론이나 '한 가지 투쟁'만 해야 한다는 이론이나 그 어느 쪽도 상대방을 껴안을 수 없

---

6) 홍기돈, 『페르세우스의 방패: '비평과 전망' 동인 홍기돈 비평집』(백의, 2001), 179쪽에서 재인용.

다는 점에서 폐쇄적이라는 말이다. 어차피 둘 다 폭력을 정당화하는 이론이 아닌 이상, 그냥 말로 치고 박고 싸우면 그것이 열려 있는 거고 다양성을 보장하는 거다. 물론 이 이치에 따르자면, 조정환의 그러한 비판역시 타당하고 나의 이러한 비판 역시 타당한 것이다. 일방적으로 조정환의 주장만 옳다고 생각할 사람들이 있을까봐 드린 말씀일 뿐이다.

이문열을 키워준 이데올로기

다시 본론으로 돌아가자. 사정이 그와 같으니 이문열로서는 나의 비판에 대해선 새로운 논리를 개발해야 할 터인데도 불구하고 여전히 과거의 '이념 투쟁'과 그에 따른 '색깔론'으로만 대처하고 있으니 이만저만딱한 일이 아니다.

더욱 딱한 건 이문열의 '이념 투쟁'이라고 하는 가짜 싸움을 도와주는일부 좌파 · 진보적 지식인이 아닐까? 재미있는 건 일부 좌파 · 진보적지식인은 내가 나에 대해 '우파'니 '자유주의자'니 하는 딱지를 스스로붙이는 것에 대해선 매우 경멸하는 반응을 보이면서도 이문열의 정치적발언에 대해선 매우 차분하게 반응하더라는 것이다. 왜 그럴까? 그들의문제의식은 철저하게 관념적인 건 아닐까?

사실 나는 '좌파'니 '우파'니 하는 딱지를 믿지 않는 사람이다. 그게무슨 상추쌈 해 먹을 때 싸먹을 수 있는 것도 아닌데다 그 분류의 잣대가조악하기 이를 데 없어 어린애들 딱지치기할 때에도 써먹기 힘들 거라고생각한다. 나는 『조선일보』와 이문열과 그 일행이 어찌나 그 딱지를 악용하는지 거기에 열 받아 내가 '우파'를 자처해도 큰일 날 건 없다고 생각하는 것이거니와 현재 한국 사회의 주요 갈등 구도는 '좌우'의 문제가아니라 최소한의 '상식-반(反)상식' 문제라는 게 나의 소신인 것이다. 어찌됐건 나는 일부 좌파 · 진보적 지식인의 허세 또는 '지식폭력'이 이문

현재 한국 사회의 주요 갈등 구도는 '좌우'의 문제라로 보기보다 최소한의 '상식 대 반(反)상식' 문제로 보아야 할 것이다.

열을 돕는 역할을 수행했다고 믿는다.

노골적인 '지식폭력'은 주로 극우주의자들에 의해 저질러진다. 내가 『노무현과 국민 사기극』에서 밝힌 바와 같이, 대통령의 자격 조건에서 학력 차별을 주장한 서울법대 동기동창 최병렬―이상우 듀엣을 보더라도 이는 분명한 사실이다. 이 두 사람을 능가하는 또 하나의 극우주의자가 있는데, 그게 바로 연세대 교수 송복이다. 그는 『중앙일보』에 두 번에 걸쳐 대통령 자격에 있어서 대학 졸업이 절대적으로 중요하다는 궤변을 늘어놓았다.[7]

그렇다고 해서 좌파 · 진보적 지식인들은 '지식폭력'을 저지르지 않느냐 하면 그건 아니다. 그건 오랜 역사를 자랑한다. 아마도 1920년대의 한반도를 휩쓸었던 사회주의 열풍도 일종의 '유행'으로 전락할 만큼 지식폭력적 성격을 가졌던 게 아닐까? 역사학자 배경식은 다음과 같이 말한다.

1920년대에 접어들면서 사회주의를 신봉하고 사회혁명을 논하지 않는다면 사람 축에도 들지 못하는 시대 풍조가 나타났다. 사회주의는 젊은이들의 의식 속에 급속도로 파급되어 '입으로 사회주의를 말하지 아니하면 시대에 뒤진 청년' 같이 생각될 정도로 영향력을 발휘하였다. 심지어 사회주의는 젊은이들 사이에서 일종의 '처세의 상식'이란 치장용의 지식으로 전락하기도 하였다. 당시 발간된 『혜성』이란 잡지는 사회주의 서적을 광고하면서 "사회주의를 믿고 안 믿는 것도 딴 문제요, 사회주의가 실현되고 안 되는 것도 딴 문제이다. 다만 사회주의가 무엇인지는 알아야만 행세할 수 있는 것이 오늘의 형편이다"라고 하였다. 이러한 처세의 상식으로 행세하기 위해 유행병처럼 사회주의자를 자처하는 자가 늘어났다. 사회주의에 대하여 거의 무지상태이면서도 독선적으로 사회주의자인 척하는 작태는 기이하게도 당시 이른바 지식청년의 풍조가 될 정도였다.[8]

정도의 차이는 있을망정, 좌파·진보적 사상이 유행이 되어 '지식폭력'의 도구로 변질된 사례는 그 후에도 여러 차례 있었으며, 80년대에도 일부나마 그런 경향이 좀 나타났던 게 아닐까? 그런데 바로 그런 경향이 이문열을 키워준 바람이었다면?

난 일부 좌파·진보적 지식인들이 지금도 저지르고 있는 '지식폭력'

---

7) 송복, 〈제왕의 난파선〉, 『중앙일보』, 2001년 3월 26일, 7면; 송복, 〈형안과 총이〉, 『중앙일보』, 2001년 5월 28일, 7면.
8) 배정식, 〈'모던 보이'에서 'X 세대'까지〉, 한국역사연구회, 『우리는 지난 100년 동안 어떻게 살았을까 2』(역사비평사, 1998), 194-195쪽.

에 깊은 관심을 갖고 있다. 이 주제만으로 책을 한 권 쓸 생각도 하고 있다. 이들이 저지르는 '지식폭력'이 때로 개혁과 진보에 역행하고 있다고 보기 때문이다. '조선일보 제 몫 찾아주기'가 끝나면 반드시 쓸 것이다. 지금은 '조선일보 제 몫 찾아주기'를 위한 대국적인 차원에서 인내하고 있을 뿐이다.

일부 좌파·진보적 지식인이 저지르는 '지식폭력'은 크게 보아 두 가지 유형으로 나눌 수 있다. 하나는 '도덕적 우월감'을 주무기로 사용하는 '지식폭력'과 또 다른 하나는 실천은 전혀 없이 '허공에만 대고 떠드는 거대 담론'을 주무기로 한 '지식폭력'이다. 물론 이 두 가지가 동시에 사용되기도 한다.

나는 문학평론가 윤지관이 『문학동네』 2001년 여름호에 쓴 〈푸코에 들린 사람들: 비평과 비판의 경계〉라는 글에서 '자본주의 타도'라는 명분을 앞세우며 나의 '자유주의적' 비판 행위를 보잘것 없는 것으로 폄하하고 조롱하는 걸 보고서 그러한 '지식폭력'의 폐해를 새삼 절감할 수 있었다. '자본주의 타도'라는 명분을 내걸고 이문열을 비판하는 것 역시 어리석을 뿐만 아니라 위선적이라는 게 내 생각이다. 닭은 닭칼로 잡아야지 소칼로 잡으면 안 된다는 것 역시 내 생각이다.

이문열의 고언에도 주목하자

앞서 말씀드린 바와 같이, 나는 이데올로기가 이문열의 방패인 동시에 일부 좌파·진보적 지식인들이 저지르고 있는 '지식폭력'도 이문열의 건재를 돕고 있다고 생각한다. 그런 맥락에서 우리는 이문열만 일방적으로 비판하고 그가 했던 발언 가운데 그의 자격에 관계없이 일리 있는 말은 전혀 없다고 무시해도 되는가 하는 점에 대해서도 반성해 보아야 할 것이다.

이 점에 주목한 거의 유일한 글로 진보적인 철학자 최종욱이 쓴 〈시대와의 불화: 역사에 개인적 보복을 가한 이문열〉을 들 수 있겠다. 최종욱의 말을 인용하는 것으로 내 뜻을 대신하고자 한다.

"『변경』을 읽으면서 나는 그가 비교적 솔직하고 매우 영리한 사람이라고 느꼈다. 그리고 그의 비판 속에 특히 진보세력들이 귀담아 들어야 할 내용도 많이 있다고 생각했다. 예컨대 그가 지적하는 '권위주의적 저항'이나 '이류 정신' 같은 것에 대해서는 우리 모두 냉철한 자기 반성이 필요하다고 본다. 다시 말하면 남을 비판하기 전에 역지사지(易地思之)가 필요하고, 자신들의 운동 방식이나 주장에는 비민주적이고 억압적인 요소가 과연 없었는지, 우리의 현실과는 무관한 외국의 이론이나 사상을 무비판적으로 베끼기에만 급급하지는 않았는지 하는 자기 반성이 필요하다는 말이다. 이문열은……자신이 민중 문학 계열의 작가들을 싫어하는 이유로 '독단과 우둔'을 거론하고 있다.……나는 이러한 충고에 대해서도 우리 모두가 겸허하게 귀담아 들어야 할 필요가 있다고 본다. 만약 독선과 독단이 있었다면, 그리고 그러한 독선과 독단에 근거한 우둔함 때문에 한을 품고 현장을 떠난 사람들이 있었다면, 민중 문학 진영은 그들에게 진심으로 사과하는 모습을 보여야 한다. 나는 이러한 자세야말로 사회를 앞장서서 민주화하고 개혁하려는 이 땅의 양심적인 사람들이 마땅히 지녀야 할 품격이라고 생각한다."[9]

지당하신 말씀이다. 그런데 내가 안타깝게 생각하는 것은 최종욱의 이 말은 이문열에 대한 본격적인 비판에 들어가기에 앞서 '균형'을 유지하기 위한 차원에서 한 것일 뿐, 진보 진영의 그런 문제를 본격적으로 다루는 글은 구경하기가 매우 어렵다는 것이다. 하기야 최종욱의 이런 글

---

9) 최종욱, 〈시대와의 불화: 역사에 개인적 보복을 가한 이문열〉, 강준만 외, 『레드 콤플렉스: 광기가 남긴 아홉 개의 초상』(삼인, 1997), 82-83쪽.

조차도 희귀한 것이니 더 말해 무엇하랴.

　최근 들어 임지현을 비롯한 일부 지식인들이 '일상적 파시즘' 론으로 그런 문제를 정면으로 치고 나오는 것은 바람직한 면이 있기는 하지만, 그것 역시 예전의 버릇을 버리지 못하고 '패러다임 전환' 차원에서 너무 거창하게만 이야기하는 바람에 진보 진영에 그 어떤 자기 성찰의 기회를 줄 수 있을지 그건 의문이다. 내 말은 좀더 구체적인 비판이 필요하다는 뜻이다.

　문제는 진보 진영 내부의 어떤 문제에 대해 진보 진영은 그건 '매우 하찮은 것' 이라고 생각하는 반면, 그 밖의 사람들은 그건 '매우 중대한 것' 이라고 본다는 데에 있다. 누차 말씀드렸지만, 나는 이문열이 그런 괴리를 최대한 활용해 자신의 정당성 확보를 꾀해 왔다고 생각한다. 그런데 이런 문제가 거의 논의되지 않고 있다. 그게 안타깝다는 것이다. 이제 이문열에 관한 연구와 이야기는 편협한 이념 구도를 벗어나 좀더 넓고 다양하게 이루어져야 할 것이다. 　■

왜 '지식폭력'으로부터의 탈출이 어려운가?

이문열 지지자들의 심리 구조

이문열에 푹 빠진 사람들

나는 안다. 내가 아무리 이문열을 정당하고 설득력 있게 비판하더라도 이문열의 소설을 좋아하는 사람들은 여전히 이문열에 대한 생각을 바꾸지 않을 거라는 걸 말이다. 나는 그 이유를 앞서 '문화특권주의'라는 개념으로 설명한 바 있다.

그러나 그게 전부일까? 또 다른 이유가 있는 것 같다. 나는 몇 년 전 이문열에 관한 글을 실은 『인물과 사상 1』에 대해 평가한 한 독자 편지를 받은 적이 있다. 그 독자는 다른 글들에 대해선 칭찬을 아끼지 않으면서도 마광수와 관련하여 이문열을 비판한 것에 대해선 엄중 항의했다. 이문열을 비판한 것 때문에 다른 글들의 설득력까지 떨어진다는 걸 명심하고 앞으로 조심하라는 충고까지 곁들였다.

이 책에 대해서도 여전히 그런 독자들은 또 나올 것이다. 그러나 나는 이문열을 좋아하고 사랑하는 분들께 이런 말씀을 드리고 싶다. 이문열은 "제가 1980년대에 좌파에 대해서 화를 낸 것은 그것이 나빠서가 아니라 자기 몫 이상을 가진 것에 대한 반응이었습니다"라고 말한 바 있다. 이문열의 문학적 재능만큼은 흔쾌히 인정하는 나도 이문열에 대해 이렇게 말하고 싶다.

"제가 지금 이문열에 대해 화를 내고 있는 것은 이문열이 나빠서가 아니라 자기 몫 이상을 누리면서 위험한 '문화권력'을 함부로 행사하는 것에 대한 반응입니다."

그러나 불행히도 많은 독자들이 이문열의 '제 몫'을 알지 못한다. 이문열과 유착돼 있는 수구 신문들이 언로(言路)를 지배하고 있기 때문이다. 많은 사람들이 이문열에 대한 찬사에만 익숙해 있다. 그러다가 오랜만에 이문열을 비판하는 글을 보게 되면 '너무 사납다'고 엄살을 피운다.

이와 관련, 나는 여기서 내가 『한겨레』 2001년 8월 1일자에 기고한 〈이문열〉이라는 제목의 칼럼에 대해 받은 한 네티즌(백성민)의 반론에 대해 말하고 싶다. 우선 귀한 반론을 주신 백성민 씨(이하 존칭 생략)께 깊이 감사드린다.

백성민은 자신의 글에 〈나는 '강준만식 글쓰기'가 무섭다〉는 제목을 달았는데, 나는 다른 독자들께서 과연 '이문열식 글쓰기'가 무서운 건지 '강준만식 글쓰기'가 무서운 건지 판단해 주실 것을 요청하고 싶다. 〈이문열〉이라는 글은 내가 여태까지 이야기한 내용의 상당 부분을 요약한 것에 지나지 않지만, 백성민과의 논쟁을 위해 불가피 여기에 다시 소개하지 않을 수 없음을 이해하여 주시기 바란다. 뒤이어 백성민의 반론을 소개하겠다.

이문열

　소설가 이문열 씨는 최근 자신의 극렬한 언어 폭력에 대해 '곡학아세'라는 비판이 쏟아지자 "내가 아첨을 하려고 한다면 정부나 시민단체 쪽에 붙는 게 낫지 왜 특정 언론의 편을 들겠느냐"고 항변하였다. 그러나 이 항변은 그가 96년에 한 발언과 모순된 것으로 보인다. 그는 정치할 뜻은 없느냐는 기자의 질문을 받고 다음과 같이 답한 바 있다.

　"현실적으로 계산해서 수지(收支)가 안 맞습니다. 국회의원 자리나 기타 이렇게 영입됐을 때 정치권이 제게 줄 수 있는 게 뻔합니다. 그건 지금 제가 갖고 있는 것보다 많지 않다는 것이지요. 해방 이후로 국회의원이나 장관은 수천 수만 명이 됩니다. 그러나 제가 곱게 늙는다면 이문열이는 그렇게 많지 않을 겁니다."

　이씨는 97년에도 비슷한 질문을 받고 "국민에게 미치는 영향력으로 따져봤을 때 웬만한 국회의원만큼은 되고 의원 봉급의 수십 배 소득을 올리고 있으니 굳이 정치할 이유가 없잖은가"라고 답하였다. 따라서 그가 아첨을 하려고 한다면 자신의 소설을 팔아주는 데에 절대적인 도움을 줄 수 있는 비대 신문들의 편을 드는 것이 수지가 맞는다고 볼 수 있겠다.

　이씨는 '곡학아세'라는 비판에 대해 "정치인의 잣대로 문화인을 폄하하지 말라"는 주장도 내놓았는데, 이 또한 검증을 요하는 발언이다. 이씨는 과연 문화인인가? 다음과 같은 공개적인 언행들을 과연 문화인의 것

---

1) 원래 신문엔 "이씨는 87년 문규현 신부에게 '차라리 사제복을 벗으라'고 호통을 쳤고, 89년엔 임수경씨를 '미친 계집애'라고 불렀다"고 돼 있었으나 틀린 게 있어 사실을 바로 잡았다. '미친 계집애'라는 표현은 이우용, 〈이문열 연구: 오만과 편견 그리고 허무주의〉, 월간 『말』, 1989년 11월, 156쪽에 근거한 것이었는데, 최근 이문열은 "내가 임수경 씨를 욕했다는 부문은 이미 『말』지의 오보로 밝혀져 사과 정정까지 됐던 사안"이라고 밝혔다(『조선일보』 2001년 9월 18일, 31면). 나는 그러한 '사과 정정'을 모르고 인용하였던 것인데, 이 점 미안하게 생각한다. 이씨가 나의 『한겨레』칼럼이 나간 즉시 그걸 『한겨레』 지면을 통해 밝혔더라면 더 좋았을 것이다.

으로 볼 수 있겠는가?

이씨는 89년 문규현 신부에게 "차라리 사제복을 벗으라"고 호통을 쳤다.[1] 그는 87년 대선에선 노태우 씨를 밀었고[2] 92년 대선에선 김영삼 씨를 자신의 "있는 힘을 다해" 밀었으며, 선거 결과가 자기 뜻대로 돌아가자 자신의 "세상읽기가 맞았다는 기분에 약간은 우쭐하기도" 했다고 밝힌 바 있다.

이씨는 92년 대선시 『조선일보』에 연재하던 소설 〈오디세이아 서울〉을 통해 부산 초원복집 사건을 옹호하는 정치 프로파간다를 자행하였으며, 김영삼 정부의 개혁성에 대해선 사사건건 통제를 시도했던 『조선일보』와 똑같은 행태를 보였다. 그는 '역사 바로 세우기'를 '집단 히스테리'로 매도하였으며, "향후 쿠데타가 발생한다면 그 집권자는 총 맞아 죽을 때까지 권좌에서 물러나지 않을" 거라는 협박까지 불사했다.

이씨는 97년 봄 '대선의 계절'이 돌아오자 양비론을 빙자하여 "대권에 눈멀어 산적한 국내 현안들은 제쳐놓고 김칫국부터 마셔대는 그들(야당)에게도 섬뜩하게 반성하고 참회할 기회를 주라"고 호통을 쳤고, 가을엔 당시 유력한 대선 후보였던 조순 씨의 집을 방문해 지지 의사를 밝혔다.

이씨는 대선을 한 달 앞둔 시점에선 청와대의 국민신당 창당자금 지원설을 기정사실화하는 듯한 '소설'을 써대고선 "신물나고 역겹기까지 한 정치 술수"로 모는 작태를 보였다. 이씨의 인생 최초로 자신이 원치 않았던 정부가 들어서자 이씨는 더욱 극렬한 행태를 보이면서 순수한 시민운동단체들에게까지 '홍위병'이라는 언어 폭력을 행사한 건 이미 천하가 다 기억하고 있는 사실이다.

이렇듯 이씨는 문화인보다는 정치인에 가까운 인물이고, 정치인 가운데서도 무책임한 언어 폭력에 의존하는 '선동 정치인'에 가까운 인물이

---

2) 이미 발표된 글이라 그대로 두었으니 이 표현엔 오해의 소지가 있을 것 같다. '노태우 씨에게 표를 던졌고'로 바꾸는 게 좋겠다.

다. 지독한 '양반 콤플렉스'를 앓고 있는 이씨는 자신이 "시정의 잡문을 담는 그릇", 즉 소설가가 된 것에 대해 자신의 조상들과 문중에 대해 죄의식을 갖고 있다고 밝힌 바 있다.

이씨가 문화인의 가면을 쓴 '선동 정치인' 역할을 하지 않으면 안 되는 심리를 이해하지 못할 건 없으나, 그게 과연 수지가 맞는 일인지 단기적으로 보지 말고 장기적으로 따져보는 게 어떨까? 곱게 늙어야 할 게 아닌가 말이다.

백성민의 반론

나는 강준만식 글쓰기가 무섭다. 필요한 부분만을 정확히 찍어내고 그것을 자신의 주장에 맞춰 짜집기 해내는 강준만식 글쓰기에 나는 때로 전율을 느낀다. 나의 생각과 나의 글 일부가 무참히 찢긴 다음 다른 누군가의 논리를 뒷받침하기 위해, 그것도 바로 나 자신을 찌르기 위한 도구로 사용되는 일을 생각한다는 건 얼마나 섬뜩한 일인 것인가?

나는 강준만에게서 때로 그런 위협을 느낀다. 그래서 때로는 강한 적개심이 끓어오르곤 한다. 자신이 주장하는 바를 말하기 위해 굳이 다른 사람의 글을 차용해야만 하는 것일까? 아니, 그럴 수 있다고 해도 그것이 매번 꼭 그런 방식으로만 기능해야 하는 것일까?

나는 강 교수가 이제부터라도 그렇게 찢는 버릇은 좀 고쳐줬으면 좋겠다. 맥락을 무시한 글과 생각의 짜집기는 맥락을 알지 못하는 이들에게 있어서는 때로 씻을 수 없는 곡해를 남겨줄 수 있는 때문이다.

(강준만의) 글에서 나는 그 말들이 나온 맥락을 모두 알고 있지는 못하다. 그러기에 뭐라 마땅히 대꾸를 할 수도 없는 입장이다. 그러나 한 가지 부분만은 강 교수가 오버를 하고 있다고 여겨진다. 그리고 그것은 다름 아닌 글의 전제를 이루고 있는 부분이다.

강 교수는 "내가 아첨을 하려고 한다면 정부나 시민단체 쪽에 붙는 게 낫지 왜 특정 언론의 편을 들겠느냐"는 이문열의 말을 들어 그것이 이문열이 이전에 한 다른 말과 모순된다고 주장한다. 다음 말과는 맞지 않는다는 것이다.

"(정치는) 현실적으로 계산해서 수지가 안 맞습니다. 국회의원 자리나 기타 이렇게 영입됐을 때 정치권이 제게 줄 수 있는 게 뻔합니다. 그건 지금 제가 갖고 있는 것보다 많지 않다는 것이지요."

그러나 내가 볼 때 이런 강 교수의 주장은 범주 착오에 해당한다. 강 교수가 이후로 주장하는 바를 보면 강 교수는 이문열의 '아첨'이라는 말을 시종일관 '현실적'인 '수지' 타산의 관점 즉, 돈과 연계하여 바라보고 있다.

그러나 나는 이문열이 언급한 '아첨'이 수지 타산과는 전혀 다른 맥락에서 이뤄진 것으로 이해한다. 그것은 실제로도 '곡학'이라는 말과 함께 가고 있는 말이고 자신의 뜻을 굽혀 '아세'한다는 맥락에서 나온 말이다.

곡학아세는 굳이 '수지'를 생각하지 않고도 얼마든지 할 수 있는 일이다. 경우에 따라서는 '수지'에 역행하는 경우에도 얼마든지 행할 수 있는 일인 것이다. 그럼에도 강 교수는 그것을 시종일관 평면적인 관점에서만 조망하며 이문열을 조롱하고 있다.

나는 이런 식의 짜집기를 통한 글쓰기란 사회에 이익보다는 해악을 더할 뿐이라는 생각이다. 특히 강 교수의 마지막 멘트라니……. 저런 멘트는 인간에 대한 예의가 아니다. '이문열은 인간이 아니다'라고 말한다면 더 할 말이 없는 것이긴 하지만 말이다.

'인지 부조화' 이론

내가 백성민의 글을 읽으면서 느낀 건 사회심리학에서 말하는 '인지 부조화(cognitive dissonance)' 이론이었다.

지난 92년엔가 우리 나라에서도 기독교 일부 교파에 속하는 신자들이 '휴거 파동'을 일으킨 적이 있었다. 물론 그들이 휴거일이라고 굳게 믿었던 그 날 아무 일도 일어나지 않았다. 그렇다면 그 신자들은 이제 그 믿음을 버렸을까? 버린 사람도 있겠지만 여전히 그 믿음을 버리지 않은 사람들도 많다. 왜? 그들은 휴거일이라고 믿었던 날 아무 일도 일어나지 않음에 따라 갖게 된 인지상의 부조화를 없애거나 줄이려는 쪽으로 기존의 믿음을 강화하려 들었기 때문이다. 예컨대, 휴거일 산정에 오류가 있었을 뿐이므로

『한겨레』, 2001년 8월 1일)

이문열식 글쓰기가 무서운가, 강준만식 글쓰기가 무서운가? 내 글이 이문열에게 상처를 줄 수도 있다는 걸 염려한 이문열 지지자들께선 공정하게 이문열의 글이 얼마나 많은 사람들에게 상처를 주었을지도 같이 염려해야 할 것이다.

더욱 열심히 기도해야 한다는 더욱 강한 믿음을 갖게 되었다는 것이다.[3]

이게 바로 인지 부조화 이론이다. 상반되는 두 인지 요소 사이의 부조화는 두 요소를 조화되게 만들기 위한 압력을 일으킨다는 이론이다. 심리학자 한규석은 '금연'을 예로 들어 이 이론이 우리의 삶에서 얼마나 자주 적용될 수 있는가에 대해 다음과 같이 말한다.

"골초가 담배의 해독을 알리는 내용을 접한 경우에, 그 내용을 믿는다면 흡연행위와 부조화를 느낄 것이다. 이때 그는 담배를 끊거나 아니면 끽연의 해독을 부정할 수 있다.…… 다른 방법으로는 부조화의 의미를 감소시키는 것이다. 끽연의 해독은 금연시 겪는 스트레스의 해독보다 경미하다고 믿거나, 그 모순의 중요성을 저하시키려고 건강에 대한 보완책을 마련하여 헬스클럽에 나가는 행동을 취할 수 있다. 가장 흔히 나타나는 방법이, 취한 행동에 걸맞게 기존 신념을 변화시키는 것이다. 흡연을 혐오하던 사람이 흡연을 하게 되면서 흡연을 예찬하거나, 골초가 금연에 성공하면서 흡연을 세상에서 가장 어리석은 행동으로 여기게 되는 것이다."[4]

나는 백성민이 내 글을 읽고 상당한 인지 부조화를 경험했으리라고 믿는다. 그는 그 부조화를 없애거나 줄이기 위해 내 글쓰기 방식에 문제를 제기하는 방법을 취하고 있다. 물론 그도 인정했다시피 그는 내 글의 내용에 대해선 구체적으로 반박할 능력이 없다. 그러나 어떻게 해서든 자신의 인지 부조화를 없애지 않으면 안 될 위기(?) 상황에 처하게 된 그로선 나를 공격함으로써 이문열을 구출해내고자 한 것이다.

'수지 타산'에 대한 오해

물론 백성민의 그런 시도는 대단히 어설펐지만 그가 얼마나 큰 부조

---

3) 한규석, 『사회심리학의 이해』(학지사, 1995), 186쪽.
4) 한규석, 위의 책, 181쪽.

화를 느끼고 있는가 하는 건 적나라하게 보여 주었다. 백성민은 '전율', '무참히', '섬뜩한', '위협', '적개심' 등과 같은 감정적인 언사들만 구사할 뿐 구체적으로 무엇이 문제라는 건 전혀 말하지 않는다. 더욱 큰 문제는 백성민이 '이문열 살리기'에 급급한 나머지 '비평' 또는 '비판'의 가치 자체를 부정하는 듯한 자세를 취하다가 스스로 생각해도 '무리'라고 판단했던지 내가 그걸 많이 하는 걸 문제삼고 나선다. 다음과 같은 주장이 그걸 말해주고 있다.

"자신이 주장하는 바를 말하기 위해 굳이 다른 사람의 글을 차용해야만 하는 것일까? 아니, 그럴 수 있다고 해도 그것이 매번 꼭 그런 방식으로만 기능해야 하는 것일까?"

물론 나는 백성민에게 섭섭하게 생각한다. 나도 내 주장만 역설한 글을 많이 써 왔기 때문이며 나 역시 많은 사람들로부터 백성민이 개탄해 마지 않는 방식으로 비판의 대상이 되고 있기 때문이다. 그러나 백성민이 한 가지 의미 있는 문제 제기는 했다. "맥락을 무시한 글과 생각의 짜집기는 맥락을 알지 못하는 이들에게 있어서는 때로 씻을 수 없는 곡해를 남겨줄 수 있"다는 것 말이다.

불행 중 다행히도 백성민은 내 글이 어떻게 맥락을 무시했는지는 자기로선 알 수 없다고 실토하고 있다. 그러나 그의 의심은 정당하다. 문제는 백성민이 이문열의 언어폭력에 대해선 그런 의심을 하지 않는다는 것이다. 이건 좀 불공정한 게 아닐까?

그러나 백성민도 한 가지만은 자신 있게 내 글의 문제를 지적할 수 있다고 한다. 그는 내가 '범주 착오'를 저질렀다고 주장한다. 그렇게 볼 수도 있겠다. 그런데 백성민은 그 이전에 한 가지 큰 오해를 하고 있어서 아무래도 '착오'를 한 건 백성민이 아닌가 생각한다. 나는 이문열에게 이문열의 말을 되돌려 준 것뿐이다.

내가 볼 때에 문제의 핵심은 백성민이 '수지 타산'을 오직 '돈'의 문제로만 보고 있다는 점이다. 백성민이 "강 교수는 이문열의 '아첨'이라는 말을 시종일관 '현실적'인 '수지' 타산의 관점 즉, 돈과 연계하여 바라보고 있다"는 말이 바로 그것이다.

잘못 읽으셨다. 그리고 그러한 문제 제기는 나보다는 이문열에게 하는 것이 온당할 것 같다. '수지'라는 말은 이문열이 먼저 쓴 것이지 내가 먼저 쓴 게 아니다. 나는 이문열이 '수지'라는 말을 썼을 때 '역시 소설가답다'고 내심 긍정적인 평가를 내렸던 사람이다. 왜? 듣는 사람이 이해를 아주 쉽게 하기 위하여 그는 오해의 소지가 있을 수도 있는 표현을 과감하게 구사하였기 때문이다.

그러나 나는 이문열을 오해하지 않았다. 나는 그가 말하는 '수지'가 '돈'의 문제만이 아니라는 걸 너무 잘 알고 있기 때문이다. 프랑스의 사회학자 피에르 부르디외가 분류한 바와 같이, 나는 '수지'가 경제적 자본(전통적 의미의 자본)은 물론 문화적 자본(가족과 학교에서 얻는 지적·미학적 능력과 자격), 사회적 자본(연고와 사교활동으로 맺는 사회적 관계), 상징적 자본(신용, 명예, 인정) 등도 포함하고 있는 것이라고 생각한다. 그걸 '돈'의 문제로만 이해하려 든 사람은 백성민이지 나나 이문열이 아니다. 백성민이 혹 여태까지 이 책을 읽었다면 내가 이문열의 동기가 얼마나 복합적인가 하는 것을 잘 알고 있다는 걸 기꺼이 인정하시리라 믿는다.

한 마디만 더. 백성민은 『동아일보』 2001년 8월 7일자를 보셨는지 모르겠다. A13면을 보시라. 〈이문열 씨 4년 만에 단편 '김씨의 개인전' 펴내: "예술은 삶과 뗄 수 없는 관계"〉라는 제목의 기사가 실려 있다. 전체 지면의 거의 반을 차지한 기사다. 이제 이문열이 얼마 후 장편 소설을 하나 낸다고 생각해 보자. 수구 신문들은 앞 다투어 한 면을 통째로 내주면서 그 소설 판촉에 나설 것이다. 틀림없다. 여태까지 그래왔으니까. 출판 업계에 종사하는 분들이 흔히 하는 말로는, 그런 기사 하나의 광고 효과는 돈으로 몇천만 원짜리에 해당된다. 나는 백성민이 제발 이런 '수지 타산'에도 눈을 돌려보실 걸 권하고 싶다. 물론 천박한 짓이긴 하지만, 세상의 진실은 의외로 천박성 속에 있다는 걸 잊지 말자.

'곡학아세'에 대한 오해

내가 쓴 칼럼은 지극히 제한된 성격을 가진 것이었다. 나는 "내가 아첨을 하려고 한다면 정부나 시민단체 쪽에 붙는 게 낫지 왜 특정 언론의 편을 들겠느냐"는 이문열의 항변이 정직하지 않다는 걸 이문열의 이전 발언을 통해 말하고자 했던 것이다.

동국대 철학과 교수 홍윤기는 2001년 7월 26일 MBC〈100분 토론〉에서 이문열에 대해 비판적인 자세를 취하면서도 이문열이 일관된 소신을 밝혀온 사람이기 때문에 '곡학아세'라는 표현은 적합하지 않은 것 같다는 엉뚱한 말씀을 한 바 있다. 다음과 같은 내용이었다.

"아마 민주당의 추미애 의원께서 곡학아세론을 처음 들고 나온 걸로 기억하고 있습니다마는 저는 솔직히 말해서 개인적으로 추미애 의원 굉장히 좋아합니다. 그렇다고 무슨 의도는 하지 말고……. 근데 솔직히 추미애 의원께서 이문열 선생님을 곡학아세라고 비판한 것은 제가 볼 때는 포인트가 조금 어긋났습니다. 왜냐하면은 이문열 선생님은 한 번도 곡학아세를 한 적이 없이 일관되게 뭐가 되는가 하면은 약자에 대해서 거리를 두고 강자에 대해서 편을 들어오고 그리고 그 나름대로 수구언론이라고 보통 지칭되는 그와 같은 언론 편에서 계속적인 얘기를 일관되게 해왔습니다. 어떤 때는 제가 볼 때는 대단히 좀 저런 얘기까지 하면서까지 본인이 많은 피해를 감수할 그게 있는가, 리스크를 갖다 무릅쓸 이유가 있는가 할 정도로 일관되게 했기 때문에 그분은 곡학을 한 적은 없습니다. 학문을 곡학을 한 적은 없습니다."

아마 백성민도 홍윤기의 이와 같은 발언의 취지에서 '곡학아세'와 '수지'를 구분하고 싶어하는 것 같다. 좋다. 이건 별개로 다룰 만한 문제임에 틀림없다. 내가 말하고자 했던 건 이문열이 '곡학아세'라는 비판에 대해 정면 대응하는 게 아니라 '수지'의 관점에서 특정 언론의 편을 드는 것이 자신에게 유리할 게 없다고 말한 게 너무 속이 뵈는 뻔뻔한 발언이었다는 걸 이문열 자신의 말을 통해 밝히고자 했던 것뿐이었다.

자, 그러면 이문열처럼 일관성을 유지해온 사람은 곡학아세와는 거리가 먼 건가? 천만의 말씀이다. 그건 홍윤기와 백성민 모두 크게 착각을 한 거다. '곡학아세'를 그렇게 좁게 해석하면 안 된다. '곡학아세(曲學阿世)'란 "진리에 어그러진 학문으로 세상 사람에게 아첨함"이라는 뜻이다. 이문열은 늘 '이데올로기'의 장막 뒤로 숨는 못된 버릇을 갖고 있기 때문에 이데올로기를 대상으로 진리를 논하기는 매우 어렵다. 이 책은 이데올로기를 떠나 그가 얼마나 문화특권주의를 부당하게 누려왔는가 하는 걸 밝힌 것이기 때문에 그 장막을 벗기는 데에 성공했다고 믿는다.

홍윤기는 "제가 볼 때는 대단히 좀 저런 얘기까지 하면서까지 본인이 많은 피해를 감수할 그게 있는가, 리스크를 갖다 무릅쓸 이유가 있는가"라고 말한다. 한마디로 이야기해서 순진하기 짝이 없는 발상이다. 나는 홍윤기가 얼마나 착하고 어진 분인가 하는 걸 잘 알기 때문에 드리는 말씀인데, 홍윤기는 자기 중심으로 세상 사람을 보지 않는 게 좋을 것 같다. 큰 성공을 꿈꾸는 사람 치고 리스크를 피해가는 사람을 본 적이 있는가? 그리고 언제 이문열이 '도박'을 한 걸 본 적이 있는가? 홍윤기도 지적했다시피, 이문열은 늘 강자(强者)의 편에 서 온 사람이다. 다만 문화 영역에선 약자(弱者)들의 목소리가 비교적 많이 나오는 편이라 이문열은 이미 정치경제적으로 승산이 확실한 게임에서 문화적인 리스크만을 조금 감수했을 뿐이다. 제발이지 '수지 타산'을 제대로 해보고 말할 일이다.

푹 빠지면 판단력이 상실된다

백성민은 이문열이 워낙 강한 소신을 갖고 있기 때문에 앞으로라도 자신의 '수지'에 도움이 안 되는 일도 얼마든지 할 수 있을 거라고 믿고 있는 것 같다. 심지어 홍윤기도 그런 의미로 말하고 있는 것 같다. 나도 그 가능성을 부정할 필요는 없다고 생각한다. 그러나 이문열의 나이가 몇인가? 1948년 생이다. 그는 아직 자신의 '수지'에 도움이 안 되는 정치적 발언을 한 적이 없다. 더 기다려 봐야 할까? 물론 나는 더 기다려 줄 수도 있지만, 그거 기다려주느라고 내가 할 말 못할 필요는 없다고 생각한다.

백성민은 나의 글쓰기는 "사회에 이익보다는 해악을 더할 뿐"이라고 말한다. 이건 좀 불공정한 게임인 것 같다. 나는 내가 어떤 사회를 꿈꾸는지 밝혔다. 그러나 나는 백성민이 꿈꾸는 사회를 모른다. 파시스트가 지배하는 사회를 꿈꾸시는 건가? 그렇다면 나는 백성민의 진단에 동의할 수도 있다. 앞으론 막연하게 '사회'라고 말씀하시지 말고 어떤 사회인지 구체적으로 밝혀주시는 게 좋겠다.

백성민은 나의 마지막 멘트를 문제삼았다. "곱게 늙어야 할 게 아닌가 말이다." 그는 이 멘트는 "인간에 대한 예의가 아니다"라고 말씀하신다. 그러나 나는 백성민의 이러한 멘트에서 그가 얼마나 이문열에게 푹 빠져 있는가 하는 것만을 느낄 수 있었을 뿐이다. 백성민이 연애를 해보셨으면 잘 알겠지만, 한번 사랑에 푹 빠지면 눈에 뵈는 게 없어지는 법이다. 사랑하는 여자가 무슨 짓을 해도 다 예쁘게만 보인다. 제대로 된 판단력이 상실된다는 말이다.

이문열의 소설을 꽤 읽었을 백성민이 이문열의 그 다양한 화법과 어법을 제대로 음미하지 못했다는 건 안타까운 일이 아닐 수 없다. 백성민에게 그걸 음미할 수 있는 최소한의 문학적 소양만 있었다면, 그는 그 말이 내 말이 아니라 이문열 스스로 한 말이며 나는 그걸 이문열에게 되돌려준 것뿐이라는 걸 알 수 있었을 텐데 말이다. 이문열은 '수지'를 말하면서 "제가 곱게 늙는다면 이문열이는 그렇게 많지 않을 겁니다"라고 말했다는 걸 상기해야 할 것이다.

사회적 공인에겐 푹 빠지지 말자

나는 백성민이 이문열을 좋아하고 사랑하는 마음을 존중하련다. 그러나 자신이 좋아하고 사랑하는 사람이라고 해서 그 사람에 대해 비판을 하는 사람을 부당하게 매도할 권리는 없다고 생각한다. 그렇게 해야만 자신의 사랑이 진실된 것처럼 느껴진다면, 나는 그건 아름답지 못한 사랑이라는 말씀을 드리고 싶다.

사실 이문열을 이렇게 버려 놓은 건 바로 백성민과 같은 독자들인지도 모른다. 이문열이 무슨 언어폭력을 저지르건 관계없이 열심히 이문열 소설을 사 주는 사람들이 너무 많아 이문열로선 자기 성찰의 기회를 전혀 갖지 못하게 된 게 아닐까?

지금까지 질리도록 떠들어 온 이야기라 더 이상 반복하지 않겠지만, 이 글의 결론 삼아 묻고 싶다. 이문열식 글쓰기가 무서운가, 강준만식 글쓰기가 무서운가? 백성민은 내 글이 이문열에게 상처를 줄 수도 있다는 걸 염려한 걸까? 그렇다면 백성민은 공정하게 이문열의 글이 얼마나 많은 사람들에게 상처를 주었을지 그것도 같이 염려해야 할 것이다. 나는 백성민이 이문열을 더 버려놓는 데에 일조하지 않기를 바라지만, 인지 부조화 이론에 따르자면, 아무래도 큰 기대를 걸기는 어려울 것 같다.

이문열은 이 책에 대해 그 어떤 반론도 하지 않을 것이다. 그는 '급'을 목숨처럼 소중하게 생각하는 분이기 때문에 자신보다 '급'이 낮은 나를 상대하지 않을 게 뻔하다. 나는 백성민과 같은 이문열 지지자들에게 호소하고 싶다. 그렇게 이문열에게 푹 빠져서 맹목적으로만 좋아하지 말고 이문열에 대해 치밀한 공부를 해서 '이문열을 위한 변명'에 적극 나서주기 바란다. 나는 정말이지 이문열이 운영하는 부악문원에 있는 이문열 수제자 가운데 한 분이라도 이 책에 대해 조목조목 반박하면서 나에게 큰 상처를 줄 수 있는 글을 써 주시길 간절히 바란다.

왜? 나는 너무 떳떳하고 당당하기 때문이다. 그런데 사실 나조차 나의 이런 '오만'이 싫다. 그러나 나의 '오만'은 내 책임만은 아니다. 나는 그간 수 차례 이문열을 비판했지만 단 한 번도 반론에 접해보질 못했다. 생각하면 생각할수록 신기한 일이 아닐 수 없다. 나는 이문열의 반론을 기대했던 게 아니다. 이문열을 숭배하는 논객들도 적지 않을 터인데, 왜들 그렇게 침묵하는 걸까? 내가 너무 옳은 말만 해대기 때문에 그러는 건 아닐까?

그렇다. 또 오만하다고 욕먹을 소리겠지만, 이문열 지지자들은 이문열의 모든 걸 다 좋아하는 건 아니다. 그들은 이 책에 대해서도 "왜 이문열의 위대한 점은 보지 않고 저렇게 사소한 것만 물고 늘어지는 걸까?"라는 생각을 하는 것이다. 그래서 백성민의 '이문열을 위한 변명'도 겨우 나의 글쓰기 방식만을 물고 늘어졌을 뿐이다.

어떤 한 분야에 재능이 있으면 나머지 다른 분야에선 무슨 짓을 해도 괜찮다고 봐주는 이런 못된 풍토, 즉 '문화특권주의'가 나라 망친다는 것이 이 책의 주된 논점 가운데 하나임을 잊지 말자. 물론 이 생각에 동의하지 않을 수도 있다. 그렇다면 동의하지 않는다는 논지를 펴면 되는 것이지 백성민처럼 나의 글쓰기 방식을 물고 늘어질 필요는 없는 것이다. 우리 제발 사랑엔 푹 빠져도 사회적 공인(公人)에겐 푹 빠지지 말자.

순응주의와 허무주의에도 빠지지 말자

푹 빠지지 말아야 할 게 또 있다. 순응주의와 허무주의다. 이문열이 여전히 건재할 수 있는 이유 가운데 하나도 바로 여기에 있다. 문학평론가 윤지관은 『문학정신』 1989년 9월호에 쓴 〈믿음의 길 문학의 길〉이라는 글에서 이문열에 대해 다음과 같이 말하고 있는데, 이건 전혀 잘못 짚은 거다.

"문제는 대중을 얼마나 사로잡느냐의 여부가 아니라 대중을 상대로 하는 소설가에게는 공인으로서의 책임감이 필요할 뿐더러, 뛰어난 작가라면 무엇보다 우리 사회의 핵심문제와 씨름하는 것이 작가로서의 자질이자 의무라는 점이다. 대중은 결코 우매하지 않다. 그들은 끝내 진정한 재능과 현란한 재주를 구별해내기 마련이다."[5]

천만의 말씀이다. 이런 식으로 뻥치면 안 된다. 순응주의와 허무주의는 '우매'와 별 관련 없는 것이다. 전혀 우매하지 않으면서도 얼마든지 순응주의와 허무주의에 빠져들 수 있기 때문에 윤지관의 발언은 번지수를 전혀 잘못 찾은 거다. 오히려 문학평론가 방민호가 이문열은 '힘의 논리'를 숭배하면서 그것에 적응하고 가능하다면 그것을 선도하기까지 하겠다는 태도를 갖고 있으며, 이러한 "이문열적 사고방식은 앞으로 더욱 커다란 현실적 힘을 가질 수 있을 것이다. 이러한 사고방식이야말로 이 시대 남한 독점자본주의의 발전경향을 문학적으로 대변해주는 것이기 때문이다"라는 평가를 내린 것이 더 가슴이 와 닿는다.[6]

이문열을 그렇게 만만하게 보면 안 된다. 민중을 숭배하면서 그들의 감식력에 기대를 거는 건 어리석다. 앞으로 대중의 순응주의와 허무주

---

5) 윤지관, 『민족현실과 문학비평』(실천문학사, 1990), 161쪽.
6) 방민호, 『비평의 도그마를 넘어: 방민호 문학평론집』(창작과비평사, 2000), 18-19쪽.

가 기승을 부릴수록 이문열의 인기는 더욱 오를 수도 있다. 문학평론가 김명인은 오래 전 그걸 아주 날카롭게 꿰뚫어 보았는데, 그는 다음과 같이 말한다.

"오히려 문제는 이문열이 아니라 '이문열 이후'일지도 모른다. 이문열에게는 그나마 혐오하여 맞붙어 싸울 이념이 있으며 그러한 혐오와 적대감을 낳은 사적이면서 동시에 역사적인 체험이 있다. 그리고 그것은 그의 작품들 구석구석에서 진하게 묻어나 읽는 이로 하여금 최소한의 자각 증상을 불러일으키는 역할을 한다. 그런데 그러한 상처의 기억조차 없는 허무주의와 탈현실의 세대와 그 문학 앞에서 우리는 어떤 자세를 취할 수 있을까? 이문열이 문제가 되는 것은 그가 이 대책없는 순응주의와 허무주의의 세계로 가는 건널목이 되고 있기 때문인지도 모른다."[7]

그러나 이문열은 '건널목'만으론 만족 못하겠다는 것인지 '이 대책없는 순응주의와 허무주의의 세계'를 한껏 이용해 자신의 소설을 파는 동시에 '과거로 돌아가자'는 선동으로 자신의 이름을 파는 묘기대행진을 계속해대고 있으니 참으로 감탄을 금치 못할 일이다.

이문열, 대단하다. 그건 인정해 줘야 할 것이다. 사실 순응주의와 허무주의 타령을 할 일이 아닌지도 모른다. 대중이 소설을 찾는 가장 주된 이유가 뭘까? 10대 소녀들이 어느 가수를 좋아하는 이유와 얼마나 다른 걸까? 어느 가수가 법을 어겼다고 해서 그 가수를 좋아하는 소녀들이 그걸 수긍하던가? 이문열의 팬들도 마찬가지가 아닐까? 나에게 반론을 주신 백성민은 그런 분이 아닐 것이라 믿고 싶지만, 나는 언론개혁이 되지 않는 한 문언유착을 근거로 한 이문열의 인기는 결코 떨어지지 않을 거라고 생각한다.

---

7) 김명인, 〈한 허무주의자의 길 찾기〉, 류철균 편, 『이문열』(살림, 1993), 208쪽.

'승자독식구조' 심리에 도 빠지지 말자

이문열 지지자들의 심리 구조 가운데 또 하나 빼놓을 수 없는 것이 이른바 '승자 독식 사회(the winner take-all society)' 중독증이다. 나는 이문열 지지자들에게 미국 코넬대와 듀크대에서 공공정책을 가르치는 교수 로버트 프랭크와 필립 쿡이 쓴 『이긴 자가 전부 가지는 사회』라는 책을 꼭 읽기를 권하고 싶다. 이 책엔 출판시장의 승자독식구조에 대해 많은 지면을 할애하고 있다. 다음과 같은 이야기들이 어디 꼭 미국만의 것일까? 세 토막만 인용한다.

"성공이 성공을 낳는다는 특징은 많은 승자독식시장에서 흔히 볼 수 있는 일이며, 대중문화시장의 경우 이런 경

이문열씨 4년만에 단편 '김씨의 개인전' 펴내

"예술은 삶과 뗄수없는 관계"

소설가 이문열씨(53)가 오랜만에 신작을 발표했다. 내두 칸째 계간 '세계의 문학' 가을호에 실리는 단편 '김씨의 개인전'이 그것. 지난해 초 발표한 장편소설 '아가' 이후 1년 반, 단편으로 치자면 97년 발표한 우화 '하늘길' 이후 4년여 만이다.

이씨는 최근까지 언론 세무조사 공방에서 정부편에 공방의 한복판에 서 있었다. '홍위병' '곡학아세' 등의 말을 유행시켰던 그는 최근 논쟁을 접으면서 "이제는 작품으로 말하겠다"고 밝힌 바 있다.

이 작품은 세간의 기대대로 담긴 사회적 관심의 흔적 자국은 담지 않았다. 저명한 조각가 '수'로 10년 넘게 '조수'로 일해온 김씨 노인이 조수를 그만 둔 시언을 그렸다. 일종의 '예술가 소설'을 통해 예술의 본질을 묻고 있다.

김씨는 어느 날 갑자기 "이제는 세 일을 해야겠다"면서 따로 작업실을 내고 개인전을 열겠다고 선언한다. 석수(石手) 출신으로 조각가 품에 작품 제작을 도와야했던 김씨로서는 '작가선 생님 시절' 이야 될 수 아니란 생각이다.

소설은 김씨의 그늘진 삶의 굴레을 보여준다. 직장을 다니다가 삶에 회의가 들어 '출가' 하듯 가출한 시절, 순정을 바쳤던 '흙뿌강 색시' 에게 예술가가 아니다고 배신당한 이야기 등 곳곳에 흔적이 드러난다.

작품 '마지막' 예 작업실 바닥에 마련된 김의 '예술을 삶과 예술의 관련성'이라고 설명했다. 김씨의 치기 어린 행동에 대한 온정적 시선에는 "예술은 삶에 유리된 거창한 무엇이 아니다" 라는 작가의 예술관이 담겨 있다.

하지만 예술에 대한 관심을 보인다고 해서 이씨가 장차에서 사회적 발언을 완전히 거둬들일 것은 아니다. 사실 이 소설은 언

(사진=곽무출기자)
최근의 지식인 논쟁 와중에서도 오랜만에 신작을 발표한 이문열씨가 자신의 대청도실 앞에서 컴퓨터로 집필작업에 열중하고 있다.

사회적 이슈·정치적 주장 배제하고
연말부터 80년대 정치상황 정리 계획

론사 세무조사에 대한 비판의 칼럼을 쓰기 직전에 완성한 것이다.

하지만 '출산연한' 등 이미 구상이 끝난 대여섯 가지 되는 소재는 "일상적인 이야기를 통해 시대의 핵심을 건드리는 내용"이라고 한다. 이어지는 이름은 '아우와의 만남'(1994년) 이후 여섯 번째 작품집을 묶어낼 계획이다.

그 후 이씨는 '큰 이야기'에 본격적으로 매달릴 생각이다. 1980년대를 총체적으로 정리할

한대물을 염두에 두고 있다. 이 시대를 선택한 것 수는 이 때 해결 되지 못한 사회문제로 결과라는 소 때문이다.

정치권 문제를 소설화하는 데 대한 곱지 않은 시선에 대해 그는 "소설가의 책무"를 들어 반론을 편다.

"소설가의 존재 이유란 당대의 총체상을 이야기 형식으로 보여주는 것입니다. 아무리 지난 역사를 다룬다 하더라도 소설은 곧 당대 사람들의 이야기입니다. 우리에겐 정치적 상황이 삶에 큰 영향을 미치는데 이를 빼고 삶의 본질을 말하는 불가능하지 않 겠습니까." 〈윤정훈기자〉
digana@donga.com

(「조선일보」, 2001년 8월 7일)

이문열 지지자들께선 잘 생각해 보시기 바란다. 당신도 '인지적 한계'의 포로가 되어 '승자독식구조'에 중독돼 있지는 않은가? 이 중독증에 걸리면 이문열이 누리는 과분한 몫을 순전히 이문열의 재능 때문인 것으로 보는 비극이 발생한다.

향이 가장 심하게 나타난다. 서적시장과 영화시장에서 일어나는 양(陽)의 피드백 효과(positive-feedback effect)는 크게 시작하는 것이 성공하는 과정에 필요한 중요 요소로 되었다는 점을 의미한다. 초반에 많이 팔

리지 못하는 책들은 이내 서점의 구석진 데 놓여지며, 처음에 대대적으로 개봉하지 못한 영화는 영화관에서 오래 상영될 가능성이 줄어든다."[8]

"출판 가치가 의문스러운 저작조차 매스컴을 타기만 하면 대형 베스트셀러가 될 수 있다는 사실은 이제 출판계의 금과옥조가 되었다. 오늘날 모든 주요 출판사들은 자신들이 출판한 책이 매스컴의 주목을 받을 수 있도록 하기 위해서 수단과 방법을 가리지 않는 광고 전담자들을 필수적으로 확보하고 있다.…… 신문 등 인쇄매체를 통한 책 광고도 만만찮다.……만약 모든 출판사가 광고에 투자하는 비용을 줄인다면, 작가와 출판업자들은 보다 더 많은 수익을 올릴 수 있을 것이다. 그러나 어떤 책에 대한 광고와 판촉을 중단한다는 것은 그 책이 더 이상 베스트셀러의 자리를 지킬 수 없음을 의미하는 지위군비경쟁의 단순한 논리가 광고 비용을 줄이는 것을 막고 있다."[9]

"도서출판업은 가장 순수한 종류의 제비뽑기 게임판이라 할 수 있다. 몇 명 되지도 않는 베스트셀러 작가들이 책 한 권당 천만 달러도 넘게 받고, 반면에 그들과 동일하게 재능있는 수많은 작가들은 거의 아무 것도 벌지 못한다. 이러한 여건에서 작가들은 자신들을 더욱 주목받게 하고 판매를 증가시킬 수 있는 기회라면 무엇이든지 지체 않고 잡아채려 한다."[10]

잘 생각해 보시라. 앞서 지적했지만, 이문열 소설은 언론의 대서특필과 출판사의 광고 물량 공세로 판촉된다. 뭘 모르는 사람들은 "이제 이문열 정도의 거물이면 저렇게까지 하지 않아도 책이 팔릴텐데!"하고 생각할 지도 모르겠다. 그러나 절대 그렇지 않다. 오히려 정상에 선 사람들의

---

8) 로버트 프랭크 · 필립 쿡, 권영경 · 김양미 옮김, 『이긴 자가 전부 가지는 사회: 우리 사회 · 경제의 자화상』(CM비지니스, 1997), 45-46쪽.

9) 로버트 프랭크 · 필립 쿡, 권영경 · 김양미 옮김, 위의 책, 235-236쪽.

10) 로버트 프랭크 · 필립 쿡, 권영경 · 김양미 옮김, 위의 책, 30쪽.

마음이 더 초조한 법이다.

승자 독식구조가 발생하는 데엔 여러 이유가 있지만, 그 가운데 하나는 소비자들의 '인지적 한계(cognitive limitations)' 때문이다. 예컨대, 우리 인간은 일곱 개 이상의 항목이 기재된 리스트를 두뇌에서 처리할 때 어려움을 겪는다는 것이다.[11] 사회학자 윌리엄 구디는 다음과 같이 말한다.

"어떤 특정한 분야(심지어 자기 자신이 속한 분야)에 대해서 개개인이 투자하거나 관심을 가지는 것은 제한되어 있다. 대부분의 사람들은 몇 안 되는 야구선수, 과학자, 바텐더, 조각가, 정치가들의 이름만 알아도 만족한다. 여럿이 모여서 하는 평범한 대화들은 이 주제들 중 어느 것에 대해서도 오래 계속되지 않으며, 모든 사람들이 각 주제들에 대해서 평가하는 말을 조금씩만 해도 만족한다. 만약 모든 사람들이 각 활동 분야에서 전혀 다른 '영웅들'을 동경하고 있었다면, 그들은 적절한 대화 또는 만족스런 대화를 나누지 못했을 것이다. 몇 안 되는 최고 실력자들에 대한 합의 자체가 친구들 사이의 사적인 대화에서는 기쁨의 근원이다. 참으로, 어느 집단이든지 간에 그들의 대화를 검토해 보면, 이웃들의 모임이거나 가족이 함께 저녁 식사를 하는 자리이거나 혹은 여자들끼리의 모임이거나 간에, 소수의 이름들만이 잘 알려져 있고 높이 평가되거나 혹은 악명 높은 사람들의 이름들만이 한참 동안 토론된다는 점이 분명해진다. 다시 말하면, 심리적인 면에서 그리고 시간적인 면에서, 사람들은 일류 경쟁자들을 제외한 나머지 것들에 대해서는 초점을 맞출만한 충분한 시간적 여유와 에너지– 충분한 '여분의 공간' –를 전혀 갖고 있지 않다."[12]

---

11) 로버트 프랭크 · 필립 쿡, 권영경 · 김양미 옮김, 『이긴 자가 전부 가지는 사회: 우리 사회 · 경제의 자화상』(CM비지니스, 1997), 75쪽.
12) 로버트 프랭크 · 필립 쿡, 권영경 · 김양미 옮김, 위의 책, 75–76쪽에서 재인용.

이문열 지지자들께선 잘 생각해 보시기 바란다. 당신도 '인지적 한계'의 포로가 돼 있지는 않은가? 그래서 '승자독식구조'에 중독돼 있지는 않은가? 이 중독증을 갖고 있으면 '승자독식구조'로 인해 이문열이 누리는 과분한 몫을 순전히 이문열의 재능 때문인 것으로 보는 비극이 발생한다. 공개적으로 이문열을 열심히 '지원 사격'하는 사람들의 경우엔 그런 중독증을 갖고 있을 수도 있지만, 이문열을 중심으로 한 승자 독식구조에 편승하려고 하는 계산이 작동할 가능성도 높다.

이문열과 서정주

승자 독식구조에선 한번 정상에서 밀려나면 영원히 밀려나는 경향이 있기 때문에 절대 정상에서 밀려나지 않게끔 발버둥을 쳐야만 한다. 이문열의 잦은 언어폭력은 바로 그런 발버둥과 관련이 있을 수도 있다. 이는 미당 서정주의 행태와도 통하는 면이 있는데, 미당을 존경하는 고려대 교수 민용태는 다음과 같이 말한다.

"어렸을 때부터 가난한 집안에 태어나서, 남의 종살이하는 아버지 밑에 태어나서, 잘 살아보자고, 출세하자고 급급했던 마음이 미당에게는 늘 있어 왔다. 그런 신분 문제가 아니라도 시골에 태어난 자체만으로도 기회만 닿으면 서울에서 출세하고 싶었으리라. 그것이 일제 때 출세를 한 것, 이승만 대통령 시절에 출세한 것, 전두환 때 국제적 명성을 얻어 노벨상이라도 타 볼까 했던 미당의 욕심이었다. 그도 이런 짓이 '…… 치사한 짓을 하면서 그 사람 값을 얼마를 에누리하며……' 사는 일인 줄 알았다. 미당의 출세욕과 아부는 이렇다 할 아무 결과도 정치적 출세도 가져오지 못했다. 생시에도 오히려 그에게 더 큰 부담만 안겨주고 욕만 바가지로 얻어먹었을 뿐이다. 특히 전두환 정권 때 미당은 민중으로부터 그 많은 욕을 먹고, 허세욱을 비롯한 많은 애제자들의 등을 돌리게 했다.

그럴 줄을 알면서도 그런 '치사한 짓'을 하지 않으면 안 되었던 선생의 출세욕은 결국 더욱 유명해지고 싶은 불가피한 존재의 내적 투쟁의 결과였다. 말을 바꾸면, 아무 것도 아닌 사람, 아무 권세도 없는 사람, 아무도 찾지 않는 사람, 아무 것도 아닌 것이 될까 하는 깊은 내적 두려움이 그를 자꾸 세속으로 몰아넣었던 것이다."[13]

물론 이문열과 서정주의 차이는 많다. 서정주는 실패한 반면 이문열은 적어도 지금까지는 성공했다. 서정주는 미련한 방법을 썼고 이문열은 '문화특권주의'를 이용하는 '현명한' 방법을 쓴 것이다. 그래서 서정주는 자신의 방법이 '치사한 짓'인 걸 알았지만, 이문열은 그걸 모르거나 모른 척한다. 어쩌면 이문열 자신이 '승자 독식 사회' 중독증을 갖고 있기 때문에 그렇게 당당하고 오만한 건지도 모르겠다.

---

13) 민용태, 〈미당 읽기의 고뇌와 행복〉, 월간 『문학과 창작』, 2001년 7월, 80쪽.

맺는 말

'지식폭력'의 종언을 위해

이문열과 김용옥이 준 교훈

'맺는 말'에서 요약해서 해야 할 말을 성질 급한 독자들을 위해 '머리말'에서 미리 다 해버렸기 때문에 여기서 다시 그걸 반복하지는 않겠다. 여기선 두 사람에 대한 논의를 좀더 확장시켜 그 사회적 의미를 살펴보기로 하자.

문화특권주의와 지식폭력에 비추어 볼 때에 '이문열 신드롬'과 '김용옥 신드롬'은 둘 다 바람직스럽지 않은 현상임에 틀림없다. 좋은 의미에서건 나쁜 의미에서건 둘 다 '정상'은 아니라는 말이다. 두 지식인이 엄청난 화제가 된 것 자체가 한국 사회의 문화특권주의와 지식폭력이 매우 심각하다는 것을 웅변해주는 것에 다름 아닐 것이다.

'지식폭력'은 최근 사회 일각에서나마 격렬한 도전을 받고 있다. '지식의 권위'라고 하는 기성 피라미드 체제에 균열이 일어 상층부에 속한 다고 자부해온 세력의 '말발'이 서지 않을 뿐만 아니라 그들의 발언이 비판의 대상이 되는 움직임이 왕성하게 일어나고 있는 것이다. 최근의 언론개혁 논란과 관련해 '지식인 사회의 위기'를 떠드는 수구 세력을 향해 문화평론가 진중권은 다음과 같이 말한다.

"위기라면 그것은 친조선일보 지식인의 위기일 뿐(이다). 이전엔 『조선일보』라는 거대 언론에서 지식인의 이름을 걸고 발언하면 곧 사회적 진리로 통용됐다. 그러나 지금은 사람들이 지식의 외관에 속지 않는다. 지식인사회 안에서도 공개적인 논박이 이뤄진다. 그게 불편한 거고, 위기로 느껴진 거다."[1]

그렇다. 누군가가 '위기'를 떠들면 우리는 그것이 과연 누구의 위기 인가 하는 걸 먼저 따져 보아야 할 것이다. 위기가 있다면 그건 친(親)조선일보 지식인의 위기이며, 이는 곧 이문열의 위기를 말한다. 문화특권 주의라고 하는 갑옷과 수구 신문과의 유착이라고 하는 창으로 무장한 채 '지식폭력'을 행사해 온 이문열과 그 일행들의 위기인 것이다.

김용옥은 많은 문제들을 던져주고 무대에서 사라졌다. 물론 그는 언젠가 다시 무대에 복귀하겠지만, '김용옥 현상'이 제기했던 문제들은 우리 모두의 과제로 껴안아야 할 것이다. 김용옥은 '지식폭력'에 휘둘려온 대중이 '대중적인 지식'을 갈구한다는 걸 드라마틱하게 입증해 보였다. 물론 그 과정에서 김용옥이 작은 지식폭력을 행사하기도 했고 '지식 대중화'를 위한 포장에서 여러 문제들이 드러나기도 했다. 그러나 그것이 '김용옥 현상'이 제기한 문제의 핵심을 가리게 해서는 안 될 것이다.

우리가 '김용옥 현상'에서 얻어야 할 교훈은 "함부로 까불면 안 된다"는 종류의 것이어서는 절대 아니 될 것이다. 사회개혁적인 메시지를 김

---

1) 손원제, 〈말하라, 당신은 누구인가!〉, 『한겨레 21』, 2001년 8월 9일, 43면.

용옥식으로 전파시킬 수 없겠는가 하는 것이 주된 고민이 되어야 할 것이다. 비록 메시지의 성격은 달랐을망정 김용옥은 그런 가능성을 던져주었다는 점에서 긍정적인 평가를 받아 마땅할 것이다.

'개혁적 실용주의'를 위하여

나는 그런 문제의식의 연장선상에서 최근에 낸 『인물과 사상 19: 시장은 누구의 것인가』를 통해 사회개혁과 진보를 바라는 사람들은 시장을 적극적으로 이용해야 한다는 주장을 한 바 있다. 이 주장은 지식이 기존의 '상징성'에서 좀더 '실용성'으로 이동해야 한다는 걸 의미하는 것이기도 했다. 주의해야 한다. 양자택일이 아니다. 둘 사이의 균형이 필요하다는 말이다.

지식 논의에 있어서 실용주의가 천박하다고 욕을 먹는 이유 중의 하나는 실용주의가 갖고 있는 잣대의 단순성 때문일 것이다. 물론 그 잣대는 현실적인 효용 중심의 잣대다. 확실히 그건 위험의 소지가 크다. 그런데 그런 잣대가 지배하는 곳에서는 '상징적 폭력' 현상이 설 땅은 없다. 지식이 발휘되는 현장에서 그것도 모르느냐는 면박은 당할지언정 그게 영혼에까지 상처를 주는 아픔으로까지 다가오진 않는다. 그러나 상징적 가치가 큰 지식의 경우엔 결코 그렇지 않다. 그 지식을 모른다고 누구도 면박을 주진 않지만 그건 묘하게 사람을 주눅들게 만들고 비굴하게까지 만들 수도 있다.

나는 '국민교육헌장'의 파시즘엔 개탄을 금치 못하지만 그것 가운데 '실질을 숭상하자'는 요청은 오히려 이제서야 설득력을 갖는다고 생각한다. 과거 그 시절엔 굳이 그 말을 할 필요조차 없었던 게 아닐까? '지식폭력'은 실질이 별 의미를 갖지 못하는 종류의 지식이 판을 치는 사회에서 기승을 부리게 돼 있는 것이다.

그러나 한국의 지식계에서 실용주의는 매우 고독한 위치에 처해 있는 개념이다. 최근 활발히 논의된 바 있는 '인문학의 위기'와 관련해 천박한 실용주의가 열띤 비판의 대상이 되고 있는 것도 결코 우연이 아니다. '실용주의'라는 단어 자체가 그렇게 수많은 사람들의 반발을 초래한다면, '공공적 실용주의' 또는 '개혁적 실용주의'라는 단어를 쓰는 게 어떨까?

그런데 한 가지 흥미로운 건 한국 사회에서 '실용주의'는 1970년대 초부터 욕을 먹은 용어이며 심지어 지식인의 굴종과 대학입시 제도 문제의 원흉으로까지 지목되었다는 점이다. 이게 말이 되나? 그러나 그게 사실이었다. 예컨대, 1970년대 한국 사회의 대표적 지식인 가운데 한 명인 김병익은 『문학과 지성』 1971년 여름호에 쓴 〈지성과 반지성〉이라는 제목의 글에서 다음과 같이 말한다.

"미국 실용주의적 교육 방법이 도입되고 많은 우수한 젊은이들이 지적 성숙을 이룩하기 전에 프래그머티즘의 본고장인 미국으로 유학 갔다는 것은 우리 정신사에 있어 중요한 대목을 이룬다. 실용의 교육은 창조보다 응용을, 상상보다 실제를, 비판보다 순응을, 문제 제기보다 문제 해소를, 비관보다 낙관을, 허무와의 투쟁보다 현재에의 집착을 주입시켰다."[2]

과연 그런 걸까? 나로선 별로 믿기지 않는 주장이다. 더욱 믿기지 않는 건 김병익이 『지성』 1972년 3월호에 쓴 〈지성의 형성과 패배〉라는 제목의 글에서 한 다음과 같은 주장이다.

"입시 제도가 악화된 것은 사회적 실정에 있지만 그 원인은 먼저 실용주의의 한국적 수용이 성급, 오도된 데에 있었다."[3]

---

2) 김병익, 『지식인됨의 괴로움』(문학과지성사, 1996), 219쪽.
3) 김병익, 위의 책, 194쪽.

나는 이런 견해가 전형적인 문화주의적 사고방식이라고 생각한다. 군사독재정권의 개발독재 패러다임이라고 하는 정치경제적 문제를 겨우 실용주의, 그것도 겨우 시늉만 냈을 뿐인 실용주의라고 하는 문화적 문제로 몰고 가는 것엔 동의하기 어렵다. 당시엔 개발독재 패러다임을 정면 비판하기가 어려워 그런 우회적인 비판을 한 걸까? 아니면 지금은 그때의 생각을 후회하고 있는 걸까?[4]

어찌됐건 나는 실용주의에 대한 세간의 비판에 대체적으로 동의한다. 그러나 나는 동시에 극단적인 반(反)실용주의에 대해서도 경계를 해야 한다고 생각한다. 그런 경계를 위해선 무엇보다도 인문학 내부에도 다양한 갈등 구조가 있음을 직시하고 차별화되고 세분화된 논의가 필요하리라고 생각한다. 또 그와 동시에 크게는 인문학을 위기로 몰고 가는 문명사적 조류와 작게는 그간 내부적으로 얼마나 '많은 자기 성찰을 했었는가에 대해서도 관심을 기울여야 할 것이다.[5]

이문열이여, 용기를 내시라!

외람되지만, 이문열과 김용옥을 주제로 책을 쓴 이상 두 분께 감히 고

---

4) 김병익은 23년 후 『문학과 사회』 1994년 겨울호에 쓴 〈지식인에 대한 몇 가지 단상〉이라는 글에서 자신에게 다음과 같은 질문들을 던지고 있다는 걸 참고할 필요가 있겠다. "박정희 대통령의 정치적 범죄 때문에 경제 성장을 이룩한 그의 성과마저 지웠던 것은 아닐까.…… 비판적 지식인의 고통스러운 정신 활동 때문에, 나의 〈지성과 반지성〉에 드러난 것처럼 기능적 지식인의 역할에 대해 지나치게 폄하한 것은 아닐까.…… 이념적 지식인들이 받아온 갖가지 수난들 때문에 그들이 자칫 빠져들던 비성찰적 행동주의를 시대가 강요하여 필연적으로 수행한 행위 형태로 유보 없이 상찬한 것은 아닐까.…… 나의 잘못된 판단이 설령 현실적인 책임으로부터 면죄된다고 해서 자질 없는 국회의원들처럼 면책특권을 마구 휘두른 것은 아닐까.…… 세월과 함께 때문은 나이가 되어 내 젊었을 시절의 순진한 정열을 배반하며 스스로를 호도하고 있는 것은 아닌가." 김병익, 『지식인됨의 괴로움』(문학과지성사, 1996), 53-54쪽.
5) 이에 관한 본격적인 논의는 다른 기회로 미룬다.

언을 드리고자 한다. 이문열에겐 용기를 내라는 말씀을 드리고 싶다. 무슨 용기인가? 자신의 정체를 드러내는 걸 두려워하지 말라는 것이다. 이와 같은 고언은 이문열과 똑같은 행태를 취하고 있는 『조선일보』에게도 적용된다. 『조선일보』에게 주는 고언 형식을 빌려 좀더 구체적으로 말씀 드리겠다.

나는 『조선일보』 주필 김대중이 이 신문 2001년 7월 28일자에 쓴 〈좌·우대립의 시대〉라는 제목의 칼럼을 읽고 정말이지 콧구멍이 두 개라서 숨쉰다는 말이 절로 실감이 났다. 그의 주장에 따르면, 현재 대한민국은 좌와 우가 대립하고 있댄다. 물론 『조선일보』는 우고 『조선일보』를 비판하거나 반대하는 사람들은 좌라는 것이다.

나는 좌우대립이건 무슨 대립이건 대립 자체가 나쁘다고는 생각하지 않는다. 중요한 것은 대립 관계를 어떻게 끌고 가느냐 하는 과정과 방법에 있는 것이지 대립 자체를 없앨 수는 없다고 보는 것이다. 대립 관계를 원만하게 운영하기 위해선 대립의 성격을 분명히 규명하는 게 전제되어야 할 것이다. 그런데 지금 『조선일보』가 하는 짓은 어떻게 해서든 기존의 대립 관계를 좌우대립 구도로 몰고 가려고 하는 것이다.

그 속셈은 이렇다. 한국 사회에서 대립 구도가 좌와 우로 형성되면 반드시 우가 이기게 돼 있다. 그 이유를 굳이 설명할 필요는 없으리라 믿는다. 그러니까 『조선일보』는 손도 안 대고 코 풀겠다는 속셈으로 존재하지도 않는 좌우 대립구도를 만들기 위해 극렬한 '언어폭력' 까지 동원하는 발버둥을 치고 있는 것이다.

물론 나는 좌우대립 구도가 전혀 없다고는 생각하지 않는다. 어떤 사회적 갈등에 있어서 대립 구도가 하나만 존재하는 건 아니다. 여러 개의 대립 구도가 중층적으로 작동한다고 보아야 할 것이다. 따라서 우리가 따져야 할 것은 주된 대립 구도가 무엇이냐 하는 점일 것이다.

과연 현 정국의 주된 대립 구도가 좌우대립 구도인가? 이렇게 주장하는 사람들의 논리를 그대로 원용한다면, 현 정국의 대립 구도는 '파시스트 대 민주주의 세력' 대립 구도라고 말할 수도 있다. 왜냐하면 『조선일보』 지지세력 가운데엔 과거의 군사독재정권을 동경하는 세력이 적잖이 포함돼 있기 때문이다. 그러나 그런 세력이 있다 하여 『조선일보』 지지세력을 '파시스트 세력'이라고 불러서야 쓰겠는가? 그건 매우 위험한 '언어폭력'이 될 것이다.

그래서 『조선일보』를 반대하는 사람들은 그런 '언어폭력'을 쓰지 않는데, 『조선일보』는 어찌하여 김 주필을 필두로 하여 '좌우대립의 시대'라는 '언어폭력'을 자행하는 것인가? 우리 사회에 '언어폭력'이 난무한다며 수일간 특집 기회 기사를 낸 게 얼마나 됐다고 『조선일보』는 그런 '기억의 빈혈' 증세를 보이는 건가?

우리 입은 비뚤어졌어도 말은 바로 하자. 현 정국은 '수구 대 개혁' 대립 구도다. 『조선일보』는 '수구(守舊)'라고 그러면 펄펄 뛰는 경향이 있는데, 나는 그 말이 뭐가 어떻다고 그렇게 난리 치는지 모르겠다. '수구'가 무언가? 옛것을 지키자는 것이다. '개혁'이 무언가? 옛것을 바꾸자는 것이다. 『조선일보』가 모든 걸 다 그대로 지키자고 주장했던 건 아니다. 그러나 그건 마찬가지로 이른바 '개혁 세력' 역시 모든 걸 다 바꾸자고 주장했던 건 아니다. 한 가지 분명한 건 『조선일보』가 그간의 중요한 사회적 이슈에 있어서 바꾸자는 것보다는 지키자는 쪽을 압도적으로 많이 택해 왔다는 것이다. 『조선일보』는 이걸 인정할 수 없단 말인가?

나는 '개혁'이 무조건 좋다거나 선(善)하다거나 정의롭다고는 생각하지 않는다. 말이야 바른 말이지, 현 정권이 '개혁'합네 하고 그르친 일이 어디 한두 가지인가? 의외로 많은 국민들이 '개혁'에 신물 나 '수구'를 더 좋아할 지도 모른다. 그러니 『조선일보』는 '수구'라는 단어에 너무 두려움 갖지 말고 자기 정체를 있는 그대로 드러내도록 해야지 왜 자꾸 '좌우대립의 시대'라는 허무맹랑한 도깨비 장난을 하느냐 이 말이다.

『조선일보』여, 용기를 내라! 각자 정체를 그대로 드러내고, 모든 걸 국민 각자가 판단케 하자.

이문열도 마찬가지다. 그는 자꾸 "보수를 수구로 몰지 말라"고 호통을 치는데, 그렇게 어거지 쓰지 말고 용기를 내시기 바란다. 나는 이문열의 위선과 기만에 분노하는 것이지, 이문열의 색깔이 그 무엇이건 그건 존중할 뜻이 충만하다. 그 색깔에 시비를 걸 만큼 내가 한가하지도 않다. 그러나 자꾸 마음에도 없는 말씀을 하시거나 아니면 자기 자신까지 속여 앞뒤가 맞지 않는 말씀을 하시는 건 인내하기 어려워진다. 그건 청소년 교육에도 영 좋지 않기 때문이다.

김용옥이여, 유연성을 가지시라!

김용옥에겐 유연성을 가지라는 고언을 드리고 싶다. 부러지지 말고 휠 땐 휘는 게 좋다는 말이다. 지금 무슨 독립운동 하는 것도 아니잖은가. 내가 김용옥에 대해 가장 비판적인 건 그의 오만한 권위주의다. 좋게 말해서 완벽주의라고나 할까? 나는 방송을 일방적으로 그만 두는 일이 벌어진 것도 그의 권위주의 또는 완벽주의 성향 때문이라고 생각한다. 자신을 향해 쏟아지는 비판에 대해 느끼는 스트레스를 그렇게 속으로 쌓아둘 것이 아니라 평소 부당한 비판에 대해선 반론을 하고 말 된다 싶은 비판에 대해선 흔쾌히 수긍하면서 자신의 한계를 인정했어야 옳았다.

사안에 따라 9단이 9급에게 무릎을 꿇을 수도 있다는 걸 인정했더라면 김용옥이 그렇게까지 피곤함을 느끼진 않았을 것이다. 그런데 그는 끝까지 9단의 명예와 위엄을 지켜야 한다는 강박관념의 포로가 되어 있었던 게 아닐까? 게다가 그가 진짜 9단인지 아닌지는 좀더 검증을 필요로 하는 것이었으니 그것도 비극이 아닐 수 없겠다.

김용옥이 자기 자신이 권력화되는 걸 우려했다는 것도 말이 안 된다.

그는 사퇴서에서 "저를 못 견디게 만드는 중요한 사실은 저 자신이 제 강의로 인하여 권력화하고 있으며, 이러한 권력구조 속에서 도올 김용옥이라는 인간이 소외되어 간다는 것입니다."라고 말했다. 그러나 그 누구건 이름을 얻게 되면 '권력화'는 피할 수 없는 현상이다. 중요한 건 비판이 있느냐 하는 것이다.

김용옥의 경우 그에 대한 비판은 충분했다. 그의 권력화로 인한 부작용을 상쇄하고도 남을 정도로 말이다. 나도 김용옥의 어떤 점에 대해선 대단히 비판적이지만, 나는 김용옥이 자신의 권력화를 우려했다는 말을 듣고 한 편의 코미디를 보는 것 같았다. 지식·문화계에서 진짜로 권력화돼 권력의 남용과 오용을 저지르는 사람들은 지금 자신의 막강한 패거리를 거느리면서 사회적 존경을 누리고 있는데, 겨우 '지적 엔터테인먼트 권력', 그것도 '1인 권력'이 자신의 권력화를 우려한다며 자신을 향해 쏟아지는 비판에 대해 굴복하는 게 말이 되느냐 이 말이다. 이와 관련, 언론인 정경희의 다음과 같은 날카로운 지적도 유념할 필요가 있겠다.

"우리는 그의 기이한 행동에서 대중매체의 권력화와 맞닥뜨리게 된다. 도올 자신은 '논어 이야기'의 권력화를 거부한다고 했다. 그러나 과거 군사정권의 충성스런 하수인이었고, 김영삼 정부의 허망한 정치구호를 합창하는 확성기 노릇을 함으로써 IMF 사태를 불러들이는 공범이 된 언론은 자신의 권력화를 반성한 적이 없다. 게다가 여론을 과점지배하고 있는 큰 신문들은 기득권 집단의 나팔수 노릇을 하면서 개혁과 변화에 저항하고 있다. 그러고 보면 '논어 이야기'의 권력화를 반성하고, 그것을 거부한다는 김용옥 씨는 지나치게 순진한 셈이다. 언론의 권력화, 그것은 권언유착, 경언유착을 뛰어넘은 오늘날 거대매체의 현주소다. 김용옥 씨의 '방송 사퇴서'라는 기이한 행동은 깃털에 불과한 '논어'의 권력화가 아니라, 그 몸통인 언론의 권력화를 제기한 것이다."[6]

그렇다. 나는 김용옥이 스쳐 지나가는 말로만 언론을 욕할 게 아니라,

수구 신문들에 대한 정당한 응징을 하는 일에 나서야 한다고 생각한다. 수구 신문들에 대해 화가 나지도 않는가? 그 화를 속으로만 참으면 아무리 성인군자도 화병 생겨 오래 못 산다. 오래 살기 위해서라도 수구 신문들을 응징하는 일에 자신의 신명을 바쳐야 할 것이다.

그리고 앞서 말씀드린 바와 같이 제발 유연성을 갖고 응할 만한 논쟁엔 응해 주시기 바란다. 그게 민주적이라거나 겸손한 게 좋다는 뜻에서 그렇게 하시라는 게 아니다. 논쟁을 통해 반드시 배우는 게 있다! 논쟁을 통해 더욱 정교한 이론이 구성될 수 있다! 그러나 나는 안다. 김용옥은 나의 이런 감언이설(?)에 넘어갈 사람이 아니라는 것을. 그는 자신이 논쟁에 응하지 않는 이유에 대해 다음과 같이 말한 바 있다.

"나는 나에 대한 비판에 영원히 답하지 않는다. 그 비판 중에서 나의 지적 예리함(intellectual sharpness)을 연마시키는데 도움을 주는 논리가 있다고 판정될 때에는 그를 고맙게 여기고 앞으로의 나의 논리 구성에 대한 궤도수정으로서 받아 들여나갈 뿐이다. 사실 졸개들에 대하여서는 언급할 하등의 가치도 없는 것이언만, 여기 수도(修道)의 인내의 계율을 어기고 경망스럽게 한 마디 하고야 마는 아직까지 살아있는 나 자신의 혈기를 부끄럽게 여긴다."[7]

'졸개들' 을 좀 사랑하는 마음을 가지면 안 되는 걸까? 물론 논쟁에 응하지 않아도 좋다. 조용히 혼자서 취할 것만 취하면 되는 것이다. 그러나 문제는 결국 그런 식으로 버티다가 견뎌내지 못하고 자신이 그토록 원했던 TV 강연도 중도하차하고 말았지 않는가. 나는 유연성으로 무장해 다시 무대에 오르는 김용옥을 보고 싶다.

---

6) 정경희, 〈 '논어' 의 권력화 언론의 권력화〉, 『미디어오늘』, 2001년 5월 31일, 9면.
7) 김용옥, 『기철학산조』(통나무, 1992), 92쪽.

강준만의 '문화특권'과 '지식폭력'

이 책을 쓴 나에 대한 자기 성찰을 빼놓는다면 예의가 아닐 것이다. 강준만의 '문화특권'과 '지식폭력'은 없는가? 내 경우엔 '문화특권'보다는 '지식폭력'을 먼저 떠올리는 사람들이 많을 것이다. '문화특권'이야 나도 대학교수로서 누리고 있는 것이긴 하지만, 소위 '지방대 교수'로서 매우 약하니 그건 제쳐놓고 '지식폭력'에 대해서만 이야기해 보자.[8]

내가 즐겨 하는 독설이 '폭력적'이라고 주장하는 사람들이 많다. 일리 있는 지적이다. 그러나 내 글은 비판의 대상에 따라 다르고 비판의 내용에 따라 다르다. 매우 공손하고 정중하게 쓴 글도 많다는 뜻이다. 나는 화를 낼 때엔 내야 한다고 생각한다. 나의 그런 분노가 폭력적이라 하더라도 그 폭력은 내 비판의 대상이 된 사람이 저지른 폭력에 비해 약한 것이라는 게 내 주장이다. 물론 오른뺨 때리면 왼뺨까지 내밀어야 한다는 원리를 믿는 분들은 나의 이런 주장이 마땅치 않게 생각되겠지만, 나는 그렇게 할 뜻이 없다는 걸 분명히 밝혀둔다.

물론 내 판단에 따라 내가 심판관 노릇을 한다는 점에서 내게도 분명히 위험한 점이 있다. 그러나 나는 열려 있다. 나에 대한 그 어떤 비판에 대해서건 그냥 넘어가는 법이 없다. 나는 나를 긍정적으로 평가하는 글에 대해서만 침묵할 뿐 네티즌의 비판에 대해서까지 반드시 답을 한다. 나의 경우 오히려 나에 대한 비판에 대해 내가 너무 상대한다고 욕을 먹을 정도다. 대범하지 못하고 옹졸하다나. 맞다. 그러나 반드시 내가 '열려 있다'는 말은 같이 해주셔야 할 것이다. 이 정도면 나의 위험성 문제

---

8) 물론 교수가 아닌 분들이 내가 누리는 '문화특권'에 대해 비판을 한다면 나는 겸허히 그걸 수용할 것이며 그들의 투쟁에 동참할 것이다. 내가 교수를 그만 두는 게 대안이라는 잔인한 요구는 하지 않으리라 믿는다.

는 해결된 걸로 보아도 무방하리라 믿는다. 독자들이 나의 무서운 감시자 역할을 맡고 있다는 걸 믿으셔도 된다.

내가 어떤 독설을 구사하건 그건 내가 이 책에서 말하는 '지식폭력' 과는 거리가 먼 것이다. 나의 독설은 투명하다. 사람들은 내 독설에 대해 즉각 반응한다. 그건 '지식폭력' 일 수가 없는 것이다. 나의 거친 글은 단점만 있는 게 아니다. '지식폭력' 의 관점에선 엄청난 장점이 있다. 앞서도 인용한 바 있지만, 김용옥의 다음과 같은 말에 주목할 필요가 있겠다.

"프로이드는 내가 즐겨 하는 말로, 나만큼이나 '구라가 좋은' 사람이다. 그는 유려한 문장을 쓰기로 유명한 사람이다. 그의 문장을 읽다보면 그의 논리의 허점을 보지 못할 정도로 아름다운 문학성에 빠져버리고 만다."[9]

그렇다. 우리는 '유려한 문장' 을 오히려 조심해야 할 것이다. 내용은 대단히 위험한데도 단지 유려하고 현학적인 문장에 놀아나는 사람들이 아주 많다. 또 그런 사람들일수록 나의 글쓰기 스타일에 강한 혐오감을 드러낸다. 이거 아주 경계해야 할 '지식폭력' 이다. 다시 말씀드리지만, 내가 이 책에서 말한 '지식폭력' 은 '헤게모니' 다. 다시 한번 그 정의를 내리면 다음과 같다.

"'지식폭력' 은 삶의 실질과는 무관하거나 큰 관계가 없는 현학적 지식 또는 제도적 지식 자격증으로 그걸 갖추지 못한 사람들을 고통스럽게 만들고 그 고통을 그들의 책임으로 돌리게 만드는 상징적 폭력을 의미한다."

나의 독설은 누구를 화나게 만들 수는 있어도 주눅들게 만들진 않는다. 따라서 설사 내 독설이 아무리 폭력적이라 하더라도 그건 내가 여기서 논하는 '지식폭력' 과는 거리가 멀다는 데에 기꺼이 동의하시리라 믿는다.

---

9) 김용옥, 『여자란 무엇인가』(통나무, 1989, 중판 1990), 161쪽.

'급'과 '격'을 따지지 말자

최근 나의 비판에 대해 반론을 제기한 바 있는 철학자 윤평중은 내게 "강준만에게 공격받은 내로라 하는 한국의 논객 가운데 거의 대다수는 응답하지 않고 있는데, 이에 대해 강준만은 그 이유를 한 번이라도 생각해 보았는가?"라고 물으셨다.[10]

윤평중은 스스로 그 이유가 "강준만의 독선적인 어법과 방법론" 때문이라고 밝히고 있다.[11] 일리 있는 지적이라고 생각한다. 그러나 나는 동시에 윤평중이 가슴에 손을 얹고 이 책에 인용된 조정래의 개탄에 대한 평가에 임해주길 바란다. 조정래가 보기에 어떤 신뢰할 만한 비평가가 문단과 비평의 부조리함을 지적했을 때 돌아온 반응은 "철저하게 무시하기, 철저하게 외면하기, 철저하게 깔아뭉개기"였고, 때문에 그 비평가는 그런 외면, 무시의 전략에 "걸려들어 혼자 떠벌린 형편이 되었다"고 한탄한다는 내용이었다.[12]

내가 묻고자 하는 건 학계는 문단과 얼마나 다른가 하는 것이다. '부조리함'을 지적하는 비판엔 원래 응답이 없는 법이다. 내게 차라리 '부조리함'을 지적하지 말라고 말하는 게 낫지, 시치미를 떼고 내 비판에 대한 응답이 없는 이유를 내게 묻는 건 그리 온당치 않은 것 같다. 좋다. 백보 양보하여 내 글쓰기 방식에도 문제가 있다고 하자. 바로 여기서 내가 역설해 온 '문화특권주의' 현상을 목격하게 된다. 각자의 '안전 장치'를

---

10) 윤평중, 〈독단의 풍요, 비판적 지성의 빈곤: 강준만 교수의 비판에 답하며〉, 『비평』, 제 4호(2001년 상반기), 135쪽. 이 반론에 대한 나의 재반론은 강준만, 〈'독설'이 문제인가, '성실성'이 문제인가?: 윤평중의 반론에 답한다〉, 『인물과 사상 19: 시장은 누구의 것인가?』(개마고원, 2001), 283–322쪽을 참고하시기 바랍니다.
11) 윤평중, 위의 책, 135쪽.
12) 이성욱, 〈대중사회의 전개와 자본의 문화사업, 예술의 테러리스트가 되고 있다〉, 『문예중앙』, 1997년 겨울, 365쪽.

전제로 한 논쟁만을 논쟁이라고 부르면서 자기들의 기득권을 지키겠다는 '특권주의' 말이다.

나는 과거 나에 대해 새빨간 거짓말까지 한 책을 낸 사람에 대해 반론을 한 바 있으며, 최근엔 나를 내가 강씨라는 이유로 '강아지' 라고 부르면서 보신탕집에서 나를 만나고 싶다고 주장한 반경환의 글에 대해서도 매우 성실한 반론을 한 바 있다.[13] 모두 다 꼭 나처럼 해야 된다는 말은 아니지만, 자신의 머리카락 하나 다치지 않을 수준에서의 화기애애한 설전을 주고받겠다는 기존의 논쟁관은 하루 빨리 타파해야 할 '문화특권주의' 임을 분명히 말해두고 싶다.

윤평중의 오답에 대해 내가 정답을 말씀드리겠다. 문제의 핵심은 내 글의 '독선적인 어법과 방법론' 이 아니다. 내 비판의 성격을 잘 보셔야 한다. 내 비판은 삶과 거리가 있는 추상적인 이론에 관한 것이 아니다. 삶과 밀착된 구체적 현실과 관련된 행태에 대한 비판이다. 그간 학계에서의 '논쟁' 이라는 건 전자(前者)에 관한 논쟁 뿐이었다. 윤평중은 기억을 더듬어 보시기 바란다. 지금 내가 하는 것과 같은 종류의 비판이 얼마나 있었는가?

말이야 바른 말이지, 나의 '독선적인 어법과 방법론' 이 문제라면 그건 반론을 통해 얼마든지 차분하게 나를 개망신줄 수 있지 않을까? 내가 계속 개망신당하면서도 그 짓을 계속 할 수 있을까? 내가 화를 낼만한 건수를 제대로 잡아서 화를 내기 때문에 사람들이 '좀 심하네!' 하면서도 내 글의 가치를 조금이라도 인정해주는 게 아닐까? 막말로 내가 말끝마다 '사기꾼' 이라는 욕설을 남발해대는 반경환은 아니지 않은가 말이다.

---

13) 강준만, 〈'학문 신비주의' 라는 지식폭력: 반경환은 '지식폭력' 의 희생자인가?〉, 『인물과 사상 19: 시장은 누구의 것인가?』(개마고원, 2001), 243-282쪽을 참고하시기 바랍니다.

그리고 윤평중이 쓴 "내로라 하는 한국의 논객"이라는 표현에 주목할 필요가 있다. 그 기준이 무얼까? 나이인가? 난 모르겠다. 윤평중은 아시는지 모르겠지만, 그간 난 수십 건의 반론을 받은 사람이다. 그들 가운데 누가 "내로라 하는 한국의 논객"인지는 모르겠다. 그러나 한가지 분명한 건 자기 스스로 "내로라 하는 한국의 논객"이라고 자부하는 사람이라면 내 비판에 응답을 하지 않으리라는 건 거의 분명하다는 점이다.

그것 역시 문화특권주의의 산물이다. 한국의 지식인들은 '급' 과 '격'을 따지는 데에 미쳐 있다. TV 토론 프로그램 PD들의 말을 들어 보라. 대학 교수 섭외 할 때에 가장 힘든 게 바로 그 '급' 따지고 '격' 따지는 거라고 하지 않는가. 그러나 윤평중은 그 점에 대해선 안심해도 될 것이다. 내가 장담하지만, 앞으로 내 비판에 대한 응답은 크게 늘어날 것이다. 왜? 내가 점점 나이를 먹어가기 때문이다.

내 언젠가 공언 한 적 있지만, 다시 공언하겠다. 앞으로 나를 지켜 보시라. 난 '급' 과 '격' 안 따진다. 그건 논쟁에 임하는 지식인이 할 짓이 아니다. 나는 내 머리가 백발이 되더라도 초등 학생과도 대등한 논쟁에 임하겠다. 내가 이런 말 했더니 누군가가 '그래도 필요한 권위라는 게 있다' 고 그러신다. 물론이다. 어떤 주제로 30년 공부한 사람에게 겨우 3개월 공부한 사람이 맞먹자고 하는 걸 대등하게 대해 주긴 어려울 것이다. 그러나 학술적 주제가 아니라 누구든 관심을 갖고 있고 가치 판단의 영역에 속하는 사회적 현안에 대해선 그런 권위를 주장하면 안 된다. 자신의 권위가 도전 받는 게 싫으면 상아탑의 세계에서만 지내면서 현실참여적 발언을 삼가야 할 것이다.

내가 자꾸 나에 대한 비판에 대해 '좀더 기다려 보자' 고 큰소리치는 이유도 바로 여기에 있다. 앞으로 시간이 흐를수록 제대로 된 논쟁이 많이 쏟아져 나올 것이니 걱정하지 않아도 될 것이다. 나는 많은 사람들로부터 존경을 누리고 있으면서도 믿기지 않을 정도로 권위주의적인 지식인들이 적잖이 있다는 걸 잘 알고 있다. 이젠 그런 풍토 끝장내야 한다. 우리 모두 한국 지식인들의 문화특권주의 박탈하고 지식폭력 척결해 명랑 사회 이룩하자. 🔲